HARALD SCHNEIDER
Parkverbot

MÖRDERISCHE PARKIDYLLE Im Mannheimer Luisenpark findet eine Ausstellung statt, in welcher der TSV ein neuartiges Fitnesskonzept vorstellt. Obwohl für Kommissar Rainer Palzki nicht besonders interessant, muss er dennoch seinen Chef begleiten. Dieser sucht nämlich nach einer neuen Möglichkeit, seine Beamten sportlich zu fördern. Währenddessen wird der Hausmeister der Festhalle Baumhain ermordet. Palzki übernimmt den Fall und befindet sich sofort im Streit mit der neuen Mannheimer Polizeipräsidentin Daniela Berlinghof. Denn die sieht die Ermittlungen eindeutig in ihrem Verantwortungsbereich. Als ein Unbekannter vom Fernmeldeturm stürzt, rücken zwei Mitglieder des TSV in den Fokus der Ermittlungen. Seine Frau hingegen hat ganz andere Pläne: Sie verordnet Palzki mehr Bewegung und zwingt ihn zu einer Mitgliedschaft im TSV …

Harald Schneider, 1962 in Speyer geboren, wohnt in Schifferstadt und arbeitet als Betriebswirt in einem Medienkonzern. Seine Schriftstellerkarriere begann während des Studiums mit Kurzkrimis für die Regenbogenpresse. Der Vater von vier Kindern veröffentlichte mehrere Kinderbuchserien. Seit 2008 hat er in der Metropolregion Rhein-Neckar-Pfalz den skurrilen Kommissar Reiner Palzki etabliert, der neben seinem mittlerweile dreizehnten Fall »Mordsgrumbeere« in zahlreichen Ratekrimis in der Tageszeitung Rheinpfalz und verschiedenen Kundenmagazinen ermittelt. 2013 wurde mit den Kindern von Reiner Palzki mit »Die Palzki-Kids in großer Gefahr« eine eigene interaktive Kinderbuchreihe etabliert.

Bisherige Veröffentlichungen im Gmeiner-Verlag:
Mordsgrumbeere (2016)
Sagenreich (2015)
Weinrausch (2015)
Wer mordet schon in der Kurpfalz? (2014)
Tote Beete (2014)
Ahnenfluch (2013)
Künstlerpech (2013)
Pilgerspuren (2012)
Palzki ermittelt (2012)
Blutbahn (2012)
Mörderischer Erfindergeist (2011)
Räuberbier (2011)
Wassergeld (2010)
Erfindergeist (2009)
Schwarzkittel (2009)
Ernteopfer (2008)

HARALD SCHNEIDER
Parkverbot

Palzkis 14. Fall

GMEINER SPANNUNG

Besuchen Sie uns im Internet:
www.gmeiner-verlag.de

© 2017 – Gmeiner-Verlag GmbH
Im Ehnried 5, 88605 Meßkirch
Telefon 07575 / 2095 - 0
info@gmeiner-verlag.de
Alle Rechte vorbehalten
1. Auflage 2017

Lektorat: Claudia Senghaas, Kirchardt
Herstellung: Mirjam Hecht
Umschlaggestaltung: U.O.R.G. Lutz Eberle, Stuttgart
unter Verwendung eines Fotos von: © Silvia Burré
Druck: GGP Media GmbH, Pößneck
Printed in Germany
ISBN 978-3-8392-2049-8

Personen und Handlung sind frei erfunden.
Ähnlichkeiten mit lebenden oder toten Personen
sind rein zufällig und nicht beabsichtigt.

INHALT

GEDICHT

Wilder Park

Feuchter schatten fällt aus den buchen
Fettes gras schießt wuchernd empor
Hüllt den weiher – gehst du ihn suchen?
Welch geraun entquoll seinem moor?

Halblicht sinkt durch buschige dächer ·
Trauernd schmiegt sich moosig umwirrt
Nackter gott vorm schilfigen fächer –
Welch ein klaglaut hat dich umgirrt?

Lächelnd streifst du steinprunk der vasen ·
Laub ist spröde früchte sind firn.
Welch ein wind kam fernher geblasen?
Welch ein zweig fuhr um deine stirn?

Leise bebst du glücklich umgaukelt ·
Eilst dem tor zu linde bedrückt.
Welche blume hat dir geschaukelt?
Welch ein strahl kam auf dich gezückt?

Stefan George, 1868–1933

KAPITEL 1 –
EINE BESONDERE LEISTUNG

Es hätte so ein schöner Tag werden können.

98.

Mit einem glasigen Blick erahnte ich die Zahl mehr, als ich sie erkannte. Zudem hatte ich jegliches Zeitgefühl verloren. Waren Stunden oder gar Tage vergangen, seit ich diesen Ort betreten hatte? Meine geschwollenen Halsarterien würden in den nächsten Sekunden platzen, wenn diese Tortur nicht sofort enden würde. Mein Puls, längst im letalen Bereich, war nur noch ein Flimmern. Es musste aufhören, und zwar sofort.

»110«, schrie mir jemand aus nächster Nähe ins Ohr.

Dreistellig. Eine Art Stolz überflutete für einen Augenblick meine Gedanken. Der Wert lag weit außerhalb meiner Vorstellungskraft, irgendwo in der Nähe von unendlich. War ich die ganzen Jahre zu pessimistisch gewesen? Egal, die 110 waren mein ganz alleiniger Erfolg. Vielleicht konnte ich noch eine Nuance zulegen. Die höllischen Schmerzen in meiner Muskulatur waren zwar nicht verschwunden, doch ich gab alles. Die Schweißdrüsen an meiner Stirn ließen Sturzbäche über mein Gesicht laufen.

»135. Mensch, das gibt's doch nicht. Halte durch, Reiner!«

Das war mein Kollege Gerhard Steinbeißer. Der Menschenschinder versuchte, mich zu motivieren. War er nur scharf auf meinen Job als stellvertretender Dienststellenleiter? Würde man auf meinem Grabstein lesen: »Er hatte die 135 geschafft!«?

Ich wankte. Immer mehr verlor ich die Kontrolle über meinen Körper. Der Gliederschmerz war inzwischen unvorstellbar, selbst ein Kilogramm Paracetamol würde nichts mehr ausrichten können. Trotz theoretischer Überversorgung an Sauerstoff fiel meine Hirnleistung rapide ab. Die ersten Sekundenalbträume poppten auf. Orientierungslosigkeit machte sich in mir breit. Ich musste sie nutzen, die letzte aller allerletzten Chancen: Die Maschine zu stoppen, gelang mir nicht, stattdessen ließ ich mich einfach zur Seite fallen. Mit einem harten Rumpeln landete ich auf dem Holzfußboden. Bewegungsunfähig.

»148!«, rief Gerhard. »Ich hatte höchstens 30 geschätzt.«

Jutta Wagner, die dritte Person im Raum, verteidigte mich halbherzig. »Also ich hätte ihm 50 zugestanden«, sagte sie mit einem süffisanten Lächeln zu Gerhard.

Während die beiden mich weiter veralberten, versuchte ich, ins Reich der Lebenden zurückzukehren. Meine Beine waren schwer wie Blei, meine Arme schienen auf dem Boden festgenagelt zu sein. Nur mein Blick klarte sich auf, da der Schweiß den Weg über meine Wangen nach unten gefunden und auf dem Holzboden eine beträchtliche Lache gebildet hatte.

»Wie lange möchtest du noch auf dem Boden liegen?«, fragte Jutta nach ein paar Minuten. »Sollen wir dir aufhelfen?«

Gerhard wartete die Antwort nicht ab und riss mich an meinem Unterarm in die Höhe. Der Schwindel war diabolisch, meine Beine zitterten um die Wette, aber ich stand, und nur das zählte. Jutta erkannte das Malheur und schob mir einen Stuhl in die Kniekehlen.

»Du siehst richtig scheiße aus«, meinte sie mitleidig.

»Aber immerhin hat er 148 geschafft«, erwiderte Gerhard und zeigte auf den Crosstrainer.

Inzwischen fühlte ich mich geistig genug erholt, um an dem Gespräch aktiv teilhaben zu können. »Habe ich euch nicht zu viel versprochen? So unsportlich, wie ihr immer meint, bin ich gar nicht. Nächstes Jahr fahre ich nach Hawaii zum Ironman.«

»Höchstens als Zuschauer«, lästerte Gerhard. »Du wirst wahrscheinlich nicht mal den langen Flug durchstehen. Für dich ist Sitzen bereits Hochleistungssport.«

»Lass ihn doch, Gerhard«, sagte Jutta. »Er hat 148 Meter auf dem Crosstrainer geschafft. Ohne Pause.«

»Und ohne Belastung«, ergänzte er. »Das Ding bewegt sich so leicht wie ein Kinderroller.«

»148 Meter sind 148 Meter«, stellte ich fest. »Das ist ein guter Startwert, um darauf aufzubauen. Nächstes Jahr oder übernächstes werde ich es vielleicht erneut versuchen.«

»Nix da«, brüllte Gerhard. »Deine Trainingszeiten haben wir mit dreimal wöchentlich festgelegt. Ich habe bei unserem Chef nicht ewig lang für einen Fitnessraum gekämpft, damit du die Sache boykottierst! Ich bin dafür verantwortlich, dass die Geräte die ganze Woche über ausgelastet sind.« Mit einer Geste zeigte er auf einen Plan, der an der Wand hing.

»Welche Geräte?«, fragte ich zurück. »Ist doch nur das eine Folterinstrument da.«

»Das wird schon noch«, antwortete Gerhard. »KPD ist dabei, weitere hochwertige Fitnessgeräte zu organisieren.«

Unser Chef Klaus P. Diefenbach, den wir alle nur KPD nannten, war eine Sache für sich. Ständig jonglierte er mit seinen diversen Schwarzgeldtöpfen, um insbesondere sein eigenes Leben als Dienststellenleiter angenehmer zu gestalten. Sein Büro, das man eher als Saal bezeichnen musste, nahm nach diversen Umbau- und Vergrößerungsmaßnahmen mehr als zwei Drittel des ersten Obergeschosses ein. Mein Kollege Gerhard, als Marathonläufer leider sportlich interessiert, versuchte bereits seit Längerem, bei unserem Chef einen Fitnessraum für die Polizeibeamten durchzusetzen. Mit dem Hinweis auf meine angeblich schlechte körperliche Verfassung konnte Gerhard letzte Woche den entscheidenden Impuls geben.

»Also gut«, sagte KPD an diesem denkwürdigen Tag zu ihm. »Da ich selbst knapp 100 Gramm Körpergewicht zugelegt habe, genehmige ich Ihnen ein eigenes Zimmer für sportliche Aktivitäten.« Er öffnete eine Keksdose und zählte Gerhard zehn 100-Euroscheine auf die Hand. »Das dürfte für das erste Gerät reichen. Dann sehen wir weiter. Eine Quittung brauche ich nicht, denken Sie aber an die Gewährleistung.« Auf die Frage von Gerhard, wo er diesen Raum einrichten solle, antwortete KPD: »Bei mir im Büro auf keinen Fall. Es sollen schließlich alle Beamten trainieren. Am besten, wir nehmen Herrn Palzkis Büro. Ja, das dürfte das Beste sein.«

So kam es, dass ich seit ein paar Tagen nur noch ein winziges Büro, eigentlich ein Kabuff mit kleinem Fenster inklusive Mäusegitter im Kellergeschoss zwischen Toilette und Putzraum hatte. Dies war aber nicht weiter schlimm, da ich mein Büro seit Monaten nur sehr unregelmäßig bis gar nicht nutzte. Die meiste Zeit war ich im Außendienst, und ansonsten hatte sich das Büro von Jutta als gemeinsamer Treffpunkt unseres Teams etabliert.

»Die anderen Geräte, die da noch kommen mögen, muss ich aber nicht ausprobieren, oder?«

Gerhard lachte. »Und ob, Reiner. Sobald wir eine gewisse Auswahl haben, werde ich für alle Beamten und insbesondere für dich ein individuelles Zirkeltraining erstellen. Du wirst sehen, in ein paar Monaten schaffst du 200 Meter.« Er dachte kurz nach und verbesserte sich: »170. Ohne Belastung.«

Ich zog eine Schnute. Was Gerhard wohl mit *Zirkel* meinte?

»Gibt es bei dir bestimmte Vorlieben an Sport, Reiner?«, fragte Jutta. »Vielleicht könnte Gerhard das beim Kauf weiterer Geräte berücksichtigen.«

»Schachsport und Angelsport«, nuschelte ich mehr zu mir selbst.

Nachdem die beiden über meine ernsthaft gemeinten Vorschläge ausgiebig gelacht hatten, klopfte mir Gerhard auf den Rücken. »Wenn du erst mal ein paar Wochen trainierst, wirst du das mit anderen Augen sehen. Dann kannst du mehr als 100 Meter gehen, ohne gleich wiederbelebt werden zu müssen.« Er schaute auf die Wanduhr. »Du hast ab heute Mittag frei, habe ich auf dem Dienstplan gesehen. Freitags wird das nicht so gern gesehen, du weißt ja, dass KPD öfters kontrolliert, wer Freitagmittag noch im Dienst ist.«

Damit hatte er mein zweites Waterloo angesprochen, das heute auf meiner Agenda stand. Bis eben hatte ich es erfolgreich verdrängt.

»Ich habe nicht frei«, erklärte ich den beiden. »Ich habe einen Außentermin mit KPD.«

Gerhard und Jutta bekamen große Augen. »Du?«, fragten sie fast gleichzeitig.

»Ja, ich«, antwortete ich angesäuert. »Will einer mit mir tauschen?«

»Wo geht's denn hin?«, hakte Jutta vorsichtig nach.

»Luisenpark«, gab ich kurz und knapp zur Auskunft. Meine Antwort befriedigte sie nicht.

»KPD und du im Luisenpark«, grinste Jutta. »Da sind die beiden größten Spezialisten zum Thema Flora und Fauna vereint«, alberte sie. »Keiner von euch beiden kann eine Birke von einer Eiche unterscheiden.«

»Darauf kommt es nicht an«, erwiderte ich energisch. »In der Festhalle ›Baumhain‹ findet irgendeine Ausstellung statt, die sich KPD anschauen will.«

»Und da musst du mit? Ist das vielleicht eine Bettenausstellung, und die suchen Testschläfer mit Übergewicht?«

»Keine Ahnung«, sagte ich, ohne auf die Anspielung einzugehen. »Ich vermute, dass es eher um Kinder geht.«

»Kinder?«

»Na ja, damit habe ich schließlich Erfahrung. Vielleicht will KPD ein Kind?«

»Von dir?«, rief Jutta und lachte orkanartig.

»Kannst du nicht einmal vernünftig bleiben?«, rügte ich sie. »Ich vermute, dass es in der Ausstellung um Babyausstattung geht und KPD mich als Berater braucht.«

»KPD und ein eigenes Kind?« Jutta schüttelte ungläubig den Kopf. »Das kann ich mir überhaupt nicht vorstellen.«

»Ich schon«, antwortete ich. »Dann würde er mehr Zeit zu Hause verbringen, anstatt uns im Büro auf die Nerven zu gehen.«

»Armes Kind«, sagte Jutta.

»Natürlich ein Pflegekind. Ein eigenes kriegt der niemals zustande. Ich möchte besser nicht wissen, wie KPDs Liebesleben aussieht.« Ich schüttelte mich.

Gerhard grölte plötzlich völlig motivationslos. Wir sahen ihn an. In einer Ecke stand auf einem Tisch ein PC, an den er sich gesetzt hatte.

»Ich habe mal schnell nachgeschaut, was wirklich in der Festhalle los ist. Das ist der Hammer!« Er schlug mit seiner Faust auf den Tisch und benötigte eine Weile, um sein Lachen unter Kontrolle zu bringen.

Nachdem meine entgleisten Gesichtszüge wieder auf Normalniveau waren, traute ich mich zu fragen. »Erzähl schon«, bettelte ich.

»Auf keinen Fall«, antwortete er. »Sonst ist der Überraschungseffekt beim Teufel. Du wirst heute noch viel Spaß haben, Reiner, das verspreche ich dir.«

Jutta, die inzwischen ebenfalls auf den Monitor blickte, fiel in sein Lachen ein.

Plötzlich stand KPD in der Tür.

Meine Kollegen sahen ihn an, und sofort erstarb ihr Lachen. Das lag aber nicht daran, dass unser Chef das Lachen verboten hat, sondern an seinem Aussehen. Im Dienst lief er in einer maßgeschneiderten Uniform herum, behangen mit mehreren Kilogramm Orden und Abzeichen. Ich vermutete, dass er ein Korsett trug, da er sich immer mit kerzengeradem Rücken bewegte, um seine Wichtigkeit besser demonstrieren zu können.

Heute war alles anders. KPD trug einen fliederfarbenen Jogginganzug aus Ballonseide, wie er vor 20 Jahren eine Zeit lang modern war. Dazu trug er völlig unpassend seine Businessschuhe. Um dem ganzen Erscheinungsbild die Krone aufzusetzen, hatte sich unser Chef eine Auswahl seiner Orden an die Jacke des Jogginganzugs geheftet. Auf dem Kopf trug er ein blaues Baseballcap mit der Aufschrift *Ich bin der Chef*.

»Da ist ja das gute Stück«, meinte er und zeigte auf den Crosstrainer. »Ich wollte mal sehen, wie weit Sie mit der Einrichtung sind, Herr Steinbeißer.« KPD ging zu der Maschine und streichelte die Handgriffe. »Mit diesem Modell haben Sie eine gute Wahl getroffen.«

Gerhard, der sich inzwischen bezüglich des Aussehens unseres Chefs beruhigt hatte, entgegnete: »Wann dürfen wir mit weiteren Geräten rechnen, Herr Diefenbach?«

KPD stellte sich breitbeinig in Positur. »Bald, Herr Steinbeißer. Ich habe den weiteren Ausbau unseres Fitnesscenters zur Chefsache erklärt. Ab der nächsten Woche werde ich für jeden meiner Untergebenen einen eigenen Trainingsplan erstellen. Bei manchen wird das einfach sein, bei anderen dagegen ausgeprägt schwierig.« Bei seinen letzten Worten blickte er zu mir und erschrak. »Herr Palzki, wie sehen Sie denn aus? Haben Sie es mit dem Training übertrieben? Ich habe Herrn Steinbeißer extra gesagt, er soll Ihnen in den ersten Monaten nur Trainingsslots von maximal fünf Minuten bereitstellen.«

»Länger war es auch nicht, Herr Diefenbach«, wehrte sich Gerhard. »Herr Palzki benötigt allerdings eine gewisse Eingewöhnungszeit. Immerhin hat er heute 148 geschafft!«

KPD nickte anerkennend, ohne die Zahl zuordnen zu können. »Das ist schon mal ein guter Wert. Bitte erstellen Sie für jeden Mitarbeiter eine eigene Statistik mit Diagramm, Herr Steinbeißer. Sie wissen ja, wie gerne ich mit statistischen Daten arbeite. Vielleicht kann ich eine Abhängigkeit zwischen dem Fitnesszustand meiner Untergebenen und der Aufklärungsquote meiner Dienststelle errechnen.«

Unser Chef wandte sich erneut dem Crosstrainer zu. Er drehte das Stellrad, mit dem man den Reibungswiderstand verändern konnte, von null auf acht, die höchste Marke.

Mit herausgestreckter Brust stellte er sich auf den Crosstrainer. »Mal sehen, wie viele Kilometer ich schaffe, bis sich die ersten Schweißperlen zeigen.« Sein erster Versuch, die Pedale zu bewegen, scheiterten. »Da hat sich wohl die Mechanik verhakt«, meinte er leise und korrigierte das Stellrad auf Stufe fünf. Sichtlich bemüht brachte er das Gerät in Schwung. Da ich inzwischen einigermaßen regeneriert war, stellte ich mich seitlich vor das Gerät und starrte meinen Chef an, was ihn irritierte. Genau dies war meine Absicht. Sofort kam er aus dem Takt. Außerdem zeigten sich die ersten Schweißperlen auf seiner Stirn, obwohl er die Pedale noch kein Dutzend Mal zum Schwingen gebracht hatte.

Ohne sich etwas anmerken zu lassen, verließ er den Crosstrainer. »Leider habe ich im Moment keine Zeit, um bis an meine Leistungsgrenzen zu gehen. Ich werde in Zukunft abends trainieren, wenn Sie alle Feierabend haben. Nicht, dass ich Sie mit meiner Fitness frustriere.«

KPD nickte Gerhard und Jutta kurz zu. »Dann will ich Sie mal alleine lassen.« Am Türrahmen angekommen, drehte er sich um. »Ja was ist nun, Herr Palzki? Los, kommen Sie. Unser Termin in Mannheim, oder haben Sie das vergessen?«

Ich stöhnte auf. Alles, was ich im Moment benötigte, war eine Dusche, aber kein Termin mit KPD im baden-württembergischen Ausland. Ich musste Zeit gewinnen. »Sie wollen sich doch sicher vorher umziehen, Herr Diefenbach?«, flötete ich.

»Ach was«, wehrte er ab. »Das passt schon. Los, sonst kommen wir zu spät.«

KAPITEL 2 –
EIN SCHOCK FÜR REINER PALZKI

Eine Fahrt in KPDs Dienstwagen war gefährlicher als das Verteilen von politischen Flugblättern in Nordkorea, was ausschließlich an seiner Fahrweise lag. Als Mitfahrer hatte man den Eindruck, er wüsste nicht, dass zum Führen eines Kraftfahrzeugs ein Führerschein obligatorisch war. Aber wer kontrollierte schon einen Dienststellenleiter, insbesondere wenn er so autoritär wie KPD auftrat? Ich kam mir vor wie in einem Computerspiel, als mein Chef ohne Rücksicht auf Verluste seinem Ziel entgegenfuhr und dabei oft genug die komplette Straßenbreite für sich beanspruchte. Lediglich auf der vierspurig ausgebauten B9 musste er sich wegen der Mittelleitplanken auf zwei Spuren beschränken. Als zum wiederholten Mal im Ludwigshafener Stadtgebiet ein entgegenkommender PKW gerade noch ausweichen konnte und KPD »Wo kam der denn jetzt wieder her« fluchte, hatte ich einen Geistesblitz.

»Herr Diefenbach«, sagte ich. Das lenkte ihn zwar weiter vom Verkehrsgeschehen ab, doch das ging im Grundrauschen unter. »Kann es sein, dass Sie Ihre Brille vergessen haben?« Ich hatte KPD noch nie Brille tragen gesehen.

Sein Gesicht wurde schlagartig rot. Grimmig schaute er mich länger an, was zum nächsten Problem führte.

»Vorsicht, die Ampel ist rot.«

KPD stieg in die Eisen. »War an dieser Stelle schon immer eine Ampel?«, fragte er mich überrascht.

Nach meinem zaghaften Nicken sprach er weiter. »Wie haben Sie das herausgefunden, Herr Palzki?«

»Das mit der Ampel?«

Er reagierte über meinen Scherz unwirsch. »Ich meine die Brille. Das können Sie doch keinesfalls wissen. Ich lasse sie doch immer zu Hause liegen, damit mich niemand damit sieht.«

»Eine Fernbrille macht zu Hause wenig Sinn«, antwortete ich. »Wie viele Dioptrien haben Sie so angesammelt?«

»Ich weiß nicht«, antwortete er. »Der letzte Sehtest vor fünf Jahren war eine Farce. Der Optiker wollte mir fast eine Binde mit drei schwarzen Punkten verschreiben. Stellen Sie sich das einmal vor, Herr Palzki! Das geht doch nicht als guter Dienststellenleiter. Nein, mit solch einem Makel würden mich meine Untergebenen nicht mehr ernst nehmen!«

Ich lachte innerlich. Auch ohne Brille nahm KPD niemand ernst.

»Grün«, sagte ich zu ihm.

Nachdem er meine Bemerkung geistig umgesetzt und verstanden hatte, legte er mit einem Kavalierstart los. »Ich habe keine Probleme mit meinen Augen. In meiner Dienststelle sehe ich alles perfekt ohne Brille. Das ist der Vorteil der Kurzsichtigen.«

»Und die Entfernungen?«

»Das ist doch uninteressant«, winkte mein Chef ab. »In der Kurpfalz kenne ich alles aus dem Effeff. Nur wenn mal eine neue Ampel installiert wird, kann es vorübergehend zu leichten Irritationen führen. Also wo ist das Problem?«

Ich konnte es nicht fassen. KPD war eine Gefahr für die Menschheit, ich wusste es schon immer. Wahrscheinlich war er mit der relativen Fahrblindheit nicht alleine. Regelmäßige Gesundheitschecks und Sehtests für Pkw-

Führerscheinbesitzer würden sich auch in 100 Jahren in Deutschland nicht durchsetzen, zu groß war die Lobby der Autofahrer.

»Da verpassen Sie in Ihrem Urlaub aber einiges«, fuhr ich fort.

Er tat sich schwer mit der Antwort. »Da habe ich meine Brille natürlich dabei, da passt meine Frau drauf auf.«

»Ihre Frau hat Sie im Griff?« Mist, wie konnte ich nur so provozieren? Die Frage war zwar gerechtfertigt, aber im Moment völlig unangebracht.

KPD echauffierte sich. »Wo denken Sie hin, Herr Palzki! Meine Frau ist wohlerzogen und würde mir niemals widersprechen. Ich weiß, diese weiblichen Tugenden sind heutzutage nur noch selten zu finden. Aber Sie kennen schließlich meine Grundprinzipien: Ich bin der Kapitän, der Rest ist die Mannschaft.«

Als einzig Sehender unter Blinden in diesem Wagen ging ich nicht weiter auf das Thema ein. Wir waren inzwischen fast am Ziel angekommen, und ich lebte noch, was wollte ich mehr?

»Da vorn geht's rechts zu den Parkplätzen«, sagte ich vorausschauend und meinte den Parkplatz am »Technoseum«. Von dort war es ein kurzer Fußweg zum Haupteingang des Luisenparks in der Theodor Heuss-Anlage.

»Nichts da«, entgegnete er und wechselte von der rechten auf die linke Spur der vierspurigen Straße. Was hatte KPD vor? Wollte er über den Schottermittelstreifen fahren, auf dem sich die Gleise der Straßenbahn befanden? So verrückt konnte nicht mal mein Chef sein.

Er bremste ab, und in dem Moment sah ich die Linksabbiegerspur. Trotz der eindeutig roten Ampel fuhr KPD über die leeren Gegenspuren in die Seitenstraße, die gegenüber als Stichstraße zwischen Luisenpark und dem Carl-Benz-Stadion mündete. Gartenschauweg hieß dieser mir unbekannte Weg, den KPD mit reichlich überhöhter Geschwindigkeit entlangbretterte.

»Dürfen Sie mit Ihrem Wagen in den Park reinfahren?«, fragte ich, weil ich dies nicht für unmöglich hielt. Wenn er sich etwas in den Kopf gesetzt hatte, bekam er es meistens auch. Da ich den Park bereits seit meiner Kindheit kannte und immer wieder gern hierher kam, wusste ich, dass sich die vielen windenden Wege hervorragend für eine Rallye eignen würden. Zumindest in der Theorie. Praktisch waren die Wege natürlich den Fußgängern vorbehalten. KPD riss mich aus meinem Tagtraum.

»Das hat man mir leider nicht erlaubt, obwohl ich bei der Mannheimer Polizeipräsidentin interveniert habe. Aber seit Ihren Ermittlungen in der ›Eichbaum‹ Brauerei und dem Barockschloss ist mein Name in Mannheim in Polizeikreisen nicht mehr so gut gelitten.«

Er funkelte mich an, als hätte ich persönlich seinen Namen in den Schmutz gezogen. Dabei hatte er es mir zu verdanken, dass die beiden äußerst schwierigen Ermittlungsfälle gelöst wurden, noch dazu in einem anderen Bundesland.

»Ich hätte keine Vorrechte in Baden-Württemberg, hat man mir im Präsidium beschieden, als ich mich dort wegen des Verbots, das der Luisenpark ausgesprochen hatte, beschweren wollte.«

»Mit dem Auto durch den Park zu fahren, ist ja auch nicht so ungefährlich. Denken Sie an die vielen Besucher.«

»Drüben bei uns in der Pfalz hätte man den Park für mich gesperrt«, knurrte er. »Aber die Parkverwaltung ist mir doch noch entgegengekommen.«

KPD bog hinter einem länglichen Gebäude links ab.

Im Hintergrund entdeckte ich das Verwaltungsgebäude des Parks, das sich neben der Minigolfanlage befand. Jetzt verstand ich.

KPD grinste. »Die Halle befindet sich hinter der Verwaltung. Kaum 20 Schritte zu laufen.«

Ich freute mich ebenfalls. Sport hatte ich heute im Überfluss genießen müssen, da konnte ich auf längere Fußwege liebend gerne verzichten.

Der Dienststellenleiter parkte neben der Verwaltung auf einem Behindertenparkplatz. Ich wollte ihn gerade rügen, doch da hatte er bereits eine Stofftasche aus dem Handschuhfach gezogen und sie über das Schild gezogen, das den Behindertenparkplatz auswies. Verblüfft las ich den Aufdruck auf der Tasche, der neben KPDs Kennzeichen auch seinen Namen beinhaltete.

Neidisch und zugleich beeindruckt nahm ich mir vor, diesen Trick zu kopieren, selbstverständlich nur für Notfälle. Das dürfte das erste Mal sein, dass ich von meinem Vorgesetzten etwas Brauchbares gelernt hatte.

An der Pförtnerloge stellte sich KPD breitbeinig hin und wartete ab. Wahrscheinlich hoffte er, dass er von der Mitarbeiterin, die hinter der Glasscheibe saß, erkannt wurde. Doch diese registrierte nur den altmodischen Jogginganzug, rümpfte die Nase und sagte: »Zur Ausstellung kommen Sie über den Haupteingang. Ich erkläre Ihnen den Weg. Also ...«

KPD unterbrach sie barsch. »Das interessiert mich alles nicht. Ich bin Klaus Pierre Diefenbach, der gute Dienststellenleiter der Schifferstadter Kriminalinspektion.« Er fixierte sein Gegenüber. Doch diese ließ sich davon nicht beeindrucken.

»Bei uns müssen selbst Kaiser und Könige durch denselben Eingang, den auch das gemeine Volk nimmt«, sagte sie in sarkastischem Ton.

Meinem Chef, dem Sarkasmus, Ironie und manch Weiteres unbekannt waren, explodierte.

»Ich bin verabredet!«, donnerte er in Richtung Glasscheibe, die aufgrund des Schalldrucks beinahe brach. »Ihr Chef, Herr Költzsch, wollte mich persönlich empfangen.«

Die Pförtnerin seufzte und nahm den Hörer des Telefons ab. Nach einem kurzen Telefonat sah sie zu KPD. »Kommen Sie bitte links herum in den Verwaltungseingang. Herr Költzsch wird gleich zu Ihnen kommen.«

»Na geht doch«, antwortete mein Chef zufrieden. Gemeinsam mit ihm ging ich in den Vorraum der Verwaltung. Während KPD stocksteif dastand, betrachtete ich interessiert ein Regal, auf dem zahlreiche Informationen über den Luisenpark und sein kleineres Pendant, den Herzogenriedpark, auslagen.

Wir standen kaum eine Minute in dem Vorraum, währenddessen KPD dreimal nervös auf seine Uhr blickte. Dass man ihn warten ließ, war eine neue Erfahrung für ihn.

Plötzlich standen ein Mann und eine Frau vor uns.

»Guten Tag, Herr Diefenbach«, sagte er zu mir und streckte seine Hand in meine Richtung. »Mein Name ist Joachim Költzsch. Wir haben mehrfach telefoniert.«

Da Beherrschung eine meiner eisernen Grundprinzipien war, lachte ich nicht schallend heraus, sondern deutete mit bebenden Lippen auf meinen Chef. »Diefenbach ist der ältere Mann neben mir.« Diese kleine Spitze konnte ich mir nicht verkneifen.

Der Parkdirektor starrte ungläubig auf den mit Orden bestückten Jogginganzug. Vermutlich überlegte er, ob wir von einem Fernsehsender waren und ihn mit einer versteckten Kamera verulkten.

KPD dauerten die Überlegungen von Herrn Költzsch zu lange. Ohne auf meine bösartige, aber wahre Behauptung einzugehen, sprach er den Parkdirektor an. »Ich habe mir erlaubt, mich ausnahmsweise ein bisschen leger zu kleiden. Ich will schließlich unter den anderen Besuchern nicht auffallen.«

Das wäre das erste Mal, dachte ich gehässig.

Költzsch, der KPDs Marotten von den Telefonaten kannte, sah man deutlich an, dass er von unserem Besuch wenig bis gar nicht begeistert war.

»Ja wenn das so ist«, sagte er und drückte leicht die Hand meines Chefs. »Herzlich willkommen im Luisenpark.« Er drehte sich zu der Dame und stellte sie vor. »Dies ist Rena Fernandez, bei uns zuständig für das Marketing. Sie wird Sie beide in die Festhalle begleiten und Ihnen alles zeigen. Ich kann leider nicht mitkommen, da wir einen kleinen Notfall haben. Nichts wirklich Bedeutendes, aber in diesem Fall muss ich das selbst klären. Sie entschuldigen bitte?«

Nach einer kurzen Verabschiedung standen wir mit Frau Fernandez alleine da, die nicht wirklich etwas mit uns anzufangen wusste. »Folgen Sie mir bitte«, sagte sie und ging voraus.

Nur ein paar Schritte und ich wusste, um welche Ausstellung es sich handelte. Ich stellte mir vor, wie ich KPD bei der Wahl des richtigen Töpfchens beriet oder ihm die Vor- und Nachteile verschiedener Windelmarken erklärte.

Wir kamen an einer langen Reihe Spinde vorbei, die mich an die Umkleidekabinen von Hallenbädern erinnerten. Dann standen wir in einem weiteren Flur.

»Das ist der Verwaltungszugang zur Halle«, sagte unsere Begleiterin. Rockmusik klang aus der Halle heraus, was ich für eine Babyausstattungsmesse mehr als ungewöhnlich empfand. Frau Fernandez öffnete die Tür, und ich bekam den Schock meines Lebens.

An der Hallenrückwand war auf einem meterhohen Banner das Motto zu lesen:

Fit, fitter, Fitness – TSV Mannheim 1846.

In der Halle wuselte es von Jogginganzugträgern, aber ausnahmslos in moderneren Ausführungen als der meines Chefs. Es waren unüberschaubar viele Turn- und Sportgeräte aufgebaut. Reck, Barren, Gymnastikmatten und einiges mehr erkannte ich aus meiner traumatischen Schulzeit aus dem Sportunterricht. Überall turnten Kinder, Jugendliche und Erwachsene an den einzelnen Stationen. Der Lärmpegel war immens und wurde nur unzureichend von der Rockmusik überdeckt. KPD stand neben mir und sog zufrieden die Luft ein. »Ein Eldorado für professionelle Sportler wie mich«, meinte er. »Nur die ganzen Leute stören. Wir sind halt nicht bei uns in der Pfalz«, fügte er an. Ohne auf Frau Fernandez zu achten, ging er zur linken Hälfte der Halle, in dem Mördermaschinen aus einem Fitnesscenter aufgebaut waren. Neben einer Ansammlung mir bekannter Crosstrainer gab es Fahrräder, Laufbänder, Rudergeräte und wahre Kolosse, bestehend aus undefinierbaren Metallgestängen, die anscheinend für Muskeltraining gedacht waren.

KPD schritt mit wichtiger Miene über die Wege zwischen dem Gerätepark. Zufrieden nickte er mal in die eine Richtung, dann in die andere. Frau Fernandez' Miene, die mit mir hinter KPD ging, sprach Bände.

Endlich blieb er neben einem Rudergerät stehen und bestaunte es. »Ja, genau dieses Modell will ich für unseren Fitnessraum haben. Wo ist denn das Preisschild? Kann man in bar zahlen?«

Ein Jugendlicher mit hochgradigen Erziehungsdefiziten stieß KPD zur Seite, sodass seine Orden klimperten. »Mach mal Platz, Alter.« Er setzte sich auf das Rudergerät, und der erste Ruderschlag knallte an KPDs Schienbein, der vor Schmerzen aufschrie.

»Aua, was soll das?«, rief er erbost. »Wo sind deine Eltern? Hast du einen Ausweis?«

Der Jugendliche ließ für einen Moment eines der Ruder los und streckte meinem Chef den Mittelfinger entgegen. KPD war mit der Situation überfordert. Als Vermeidungsstratege ging er zu einem benachbarten Rudergerät, das im Moment nicht benutzt wurde.

»Da ist auch kein Preisschild dran«, grummelte er vor sich hin. »Ob das zur Verkaufsstrategie gehört?«

Frau Fernandez erbarmte sich. »Diese Geräte sind nicht zum Verkauf bestimmt, Herr Diefenbach.«

»Nicht?«, unterbrach er sie irritiert. »Warum dann die ganze Aktion?«

»Hier geht es um Fitness, Herr Diefenbach«, entgegnete sie. »Das hat Ihnen Herr Költzsch am Telefon versucht zu erklären.«

»Natürlich geht es um Fitness«, unterbrach KPD. »Ich will meine unsportlichen Untergebenen motivieren. Schauen Sie sich Herrn Palzki an. Ich würde ihn ja gerne auf Streife schicken, doch kann man solch einen schwergewichtigen Beamten auf die Bürger loslassen?«

Während Rena Fernandez mit versteinerter Miene die rhetorisch gemeinte Frage unbeantwortet ließ, stieg Hass in mir hoch. Für diesen Kommentar würde mein Chef, der optisch auch alles andere als Modelmaße besaß, büßen.

Ich hatte eine Idee, wie ich zwei Fliegen mit einer Klappe schlagen konnte.

»Frau Fernandez, am besten lassen wir Herrn Diefenbach für ein paar Minuten alleine, damit er sich in dieser Situation neu orientieren kann. Gibt es eine Verpflegungsstation? Gegen einen Energydrink hätte ich nichts einzuwenden, vielleicht sogar eine Hopfen-Malz-Mischung?«

Die Marketingleiterin war von meiner Idee begeistert. Hauptsache, weg von diesem Kauz, dachte sie bestimmt.

»Natürlich, Herr Palzki. Kommen Sie mit, ich zeige Ihnen die Bar.« Sie drehte sich kurz zu Diefenbach. »Sie kommen für ein paar Minuten ohne uns klar?«

Sie wartete keine Antwort ab. Ich hatte den Augenblick genutzt, um dem Jugendlichen, der auf dem benachbarten Rudergerät trainierte und roch, als hätte er an seiner Geburt das letzte Mal gebadet, etwas zuzuflüstern. »Du, der alte Mann hinter dir, der will dir die Leviten lesen. Pass auf, der ist stark.«

Mit debilem Gesicht sah er mich an. »Lefitten, ist das was Unanständiges?«

Ich nickte mit zusammengekniffenem Mund. Danach folgte ich Frau Fernandez. Jetzt nur schnell weg von diesem brutalen Ort.

Meine Führerin zeigte auf einen überdachten Durchgang. »Hier geht's zum Hochzeitspavillon. Dort ist die Bar aufgebaut, außerdem ist es im Pavillon um einiges ruhiger.«

Der gläserne Pavillon glänzte in einem luxuriösen Ambiente. Riesige weiße Stoffbahnen schwebten als künstlicher Himmel unter der Decke. Die filigrane Beleuchtung setzte angenehme Akzente.

»Wow«, stieß ich hervor, und meine Begleiterin lächelte. »So etwas würde man hier nicht erwarten, was meinen Sie? In diesem Pavillon finden regelmäßig Trauungen und Firmenfeiern statt.« Sie zeigte auf die Bar. »Was möchten Sie trinken?«

Da ich vermutete, nur Sekt und Wein zu bekommen, fragte ich unsicher nach. »Ein kühles Bierchen gibt's wahrscheinlich nicht.«

Frau Fernandez sah mich fragend an. »War dies jetzt eine ernsthafte Frage?« Sie zeigte zur Bar. »Da hängt doch die große Getränketafel. Suchen Sie sich die Marke aus, die Sie bevorzugen.«

»Preistafel?«, fragte ich zurück. Ja, da hing tatsächlich ein großes Plakat. Ich ging ein paar Schritte darauf zu, konnte aber immer noch nichts erkennen. Erst als ich unmittelbar vor der Bar stand, konnte ich die Schriftzüge lesen.

»Kann es sein, dass Sie Ihre Brille vergessen haben, Herr Palzki?«, wagte Frau Fernandez zu fragen.

»Ich habe keine Brille«, antwortete ich. »Ich sehe noch gut für mein Alter. Ich hatte nur Schwierigkeiten mit der dünnen Schrift. Und außerdem hat mich das diffuse Licht irritiert, und dunkel ist es schließlich auch hier drinnen.«

Sie verzichtete darauf, mir zu sagen, dass sie die Tafel bereits vom Eingang des Pavillons hat lesen können. Ich bestellte mir ein Pils, sie ein Glas Sekt.

»Ich trinke während der Arbeit eigentlich keinen Alkohol«, erklärte sie mir. »Aber Ihren Chef muss ich erst mal verdauen. Sie haben es bestimmt nicht leicht in Ihrem Job.«

»Es geht. Meistens kann ich ihm aus dem Weg gehen. Anders kämen wir gar nicht auf unsere hohe Aufklärungsquote. Aber was will man machen.« Ich ergänzte meine Feststellung mit einem langen Seufzer.

KAPITEL 3 –
RAUCHER LEBEN GEFÄHRLICH

Aus dem Durchgang zur Halle kam Unruhe auf. Was hat KPD nun schon wieder angestellt, dachte ich. Frau Fernandez schaute interessiert zum Durchgang. »Da muss etwas passiert sein. Ich bin gleich zurück.«

Neugierde gehört zwar nicht zu meinen Tugenden, trotzdem folgte ich ihr, da ich irgendwelche Konflikte mit meinem Chef vermutete.

In dem Durchgang ging rechter Hand eine Glastür in einen offenen Innenhof ab, der, wie ich vorhin bereits sah, als Raucherbereich diente. Ich wollte der Marketingdame in diesen Innenhof folgen, doch zwei Angestellte des Parks verweigerten mir den Zutritt.

»Da können Sie nicht rein«, sagte einer der beiden zu mir, während der zweite damit zu tun hatte, Personen, die sich im Innenhof aufhielten, hinauszudrängen.

»Kann ich helfen?«, fragte ich, ohne eine Antwort zu erhalten. Von der Festhalle her kam ein Sanitäter angerannt, der umgehend passieren durfte. Da Frau Fernandez verschwunden blieb und ich keine Lust hatte, KPD zu suchen, blieb ich im Durchgang stehen, der sich immer weiter mit Neugierigen füllte. Keine Minute später wurde ich Zeuge, wie der Sanitäter sich an jemanden wandte, den ich nur von hinten sah. »Wir brauchen die Polizei«, sagte er. »Es liegt eindeutig Fremdverschulden vor.«

Im Gegensatz zu den Gaffern, die neben mir standen,

besaß ich eine Legitimation. Ich zückte meinen Dienstausweis und hielt ihn den beiden Türwächtern entgegen.

»Die Polizei ist schon da!«, rief ich zwischen den beiden hindurch, um akustisch den Sanitäter zu erreichen. Die Wächter gaben sich geschlagen, und ich konnte den Innenhof betreten. Sofort trat der Sanitäter zu mir. »Der hot ä Messer vorne in de Bruscht stecke. Ich kann kähn Puls un nix mehr feststelle. Den hot ähner umgebrocht«, fügte er an.

Der leicht verwinkelte Innenhof hatte eine eigenartig künstliche Atmosphäre. Die seltsam gestutzten Bäume und vor allem die Hinterseite des Hofes, die mit einem riesigen Bild der Außenfassade des Mannheimer Barockschlosses verkleidet war, erinnerten mich an die Fachwerkfassaden der Fernsehsendung »Zum Blauen Bock« mit Heinz Schenk, die ich als Kind ab und zu schaute. Auf einer leicht erhöhten Empore befanden sich ein paar Quader, die mit einer geschliffenen Steinplatte abgedeckt waren. Sie erinnerten mich an liegende Grabsteine. Im Zentrum dieses Bereiches war aus drei dieser Quader ein Tisch gebaut. Und auf diesem lag der Tote mit weit aufgerissenen Augen, den ich auf Mitte 40 schätzte. Es war nicht KPD.

Frau Fernandez, die gerade ein Handygespräch beendete, kam auf mich zu. »Das ist Kurt Braun, der Hausmeister der Festhalle ›Baumhain‹.« Sie raufte sich die Haare. »Das ist ungeheuerlich. Wir hatten noch nie einen Todesfall im Park. Und jetzt sogar einen Mord!«

Ich betrachtete die Leiche genauer. Es war zwar nicht auszuschließen, insgesamt sah es aber nicht nach Suizid aus. Dies festzustellen, war nicht mein Job, da ich wenig bis überhaupt keine Motivation hatte, erneut einen Mordfall in einem anderen Bundesland aufzuklären. Mein Chef würde das gewohnheitsmäßig anders sehen, doch dieser war, wie ich hoffte, anderweitig beschäftigt.

Im Innenhof befanden sich inzwischen nur noch eine gute Handvoll Personen. »Frau Fernandez, wissen Sie, wer den Toten gefunden hat? Hier waren doch ständig jede Menge Raucher, wenn ich mich nicht täusche.«

Zu einer Antwort kam es nicht, da der Parkdirektor Költzsch hinzukam. »Was ist los, Frau Fernandez?« In diesem Moment entdeckte er die Leiche. »Um Himmels willen, das ist ja Herr Braun.« Er stierte die Leiche ein paar Sekunden an, bevor er sich erneut zu seiner Mitarbeiterin drehte. »Wissen Sie, was passiert ist?«

Frau Fernandez schüttelte den Kopf. »Nur sehr ungenau. Eine Frau, die mit zwei Männern eine Zigarette rauchte, hat ihn entdeckt. Zuerst dachte sie an einen Scherz. Erst bei genauem Hinsehen entdeckte sie das Messer. Die Frau und ihre Begleiter sitzen im Hochzeitspavillon.«

»Ist die Polizei informiert?«

Sie nickte als Antwort.

»Lassen Sie mich sofort durch!«, brüllte am Eingang eine Stimme, die ich nur zu genau kannte. Während ich mich einer Reaktion enthielt, ging die Marketingleiterin zu den Türwächtern und ließ KPD durch. Beinahe hätte ich vor Lachen laut herausgelacht: KPD hatte ein Veilchen. Auf sein geschwollenes Auge drückte er einen nassen Lappen.

Dass hier eine Leiche lag, musste sich in der Halle inzwischen herumgesprochen haben.

»Wo liegt er?«, fragte er in einem barschen Ton. Dass seine gute Laune verflogen war, konnte ich nachvollziehen. Nachdem er die Leiche ausgiebig gemustert und zudem befingert hatte, meinte er zu mir: »Da steckt ein Messer.«

Ich tat überrascht. »Tatsächlich, das haben wir noch gar nicht gesehen. Ob das Absicht war?«

KPD reagierte wirr wie so oft. »In Mannheim halte ich mittlerweile alles für möglich. Zuerst weigert man sich, für mich den Park zu sperren, dann greift eine Horde wilder Heranwachsender mich, den guten Dienststellenleiter der Schifferstadter Kriminalinspektion an, und jetzt das.« Er zeigte auf den toten Hausmeister.

»Ich werde nicht aufgeben, bevor ich diese Gauner hinter Schloss und Riegel gebracht habe. Das ist mir ein persönliches Anliegen.«

»Ist da vielleicht nicht das Mannheimer Polizeipräsidium zuständig?«, merkte ich an.

»Auf die ist kein Verlass. Um diese Sache muss ich mich höchstpersönlich kümmern. Immerhin bin ich das Opfer.«

Jetzt erst verstand ich. KPD meinte die ganze Zeit den Jugendlichen, der ihm ein blaues Auge verpasst hatte.

»Und was machen wir mit dem Toten?«

KPD zierte sich. »Ich bin ja kein Freund von Einmischungen in die Ermittlungen anderer Dienststellen.« Er machte eine kurze Pause. »Aber vielleicht sollten wir dieses Mal eine Ausnahme machen.«

Sein ganzes Leben bestand aus Ausnahmen, dachte ich.

»Diese beiden Kapitalverbrechen könnten theoretisch zusammenhängen«, sinnierte er laut.

»Welche beiden Kapitalverbrechen?«, unterbrach ich seine Gedankengänge. »Gibt es einen zweiten Toten?«

Mein Vorgesetzter schaute mich schmerzverzerrt an. Ich schätzte, dass sein Auge bestialisch brannte.

»Bei Kapitalverbrechen geht es nicht nur um Tote, Herr Palzki. Das müssten Sie doch eigentlich wissen. Ich meine den terroristischen Anschlag auf mein Leben und den da.« Kurz zeigte er auf die Leiche.

Joachim Költzsch, dem die Herkunft des blauen Auges meines Chefs bisher unbekannt war, fragte ihn bestürzt: »Haben Sie mit dem Mörder gekämpft?«

KPD stellte sich gerade hin. »Natürlich habe ich gekämpft. Ich finde, dass ich mich gut geschlagen habe. Meine Gegner werden so schnell keinen mehr angreifen.«

Dann sprach er wieder zu mir. »Herr Palzki, wir haben die Vorteile auf unserer Seite. Ich habe die Täter gesehen und wir beide den Toten. Damit ist es meiner Meinung nach ausreichend begründet, wenn ich und Sie die Ermittlungen zu diesem Doppelanschlag übernehmen. Die Mannheimer sind damit sowieso hoffnungslos überfordert.«

»Ob die Mannheimer das auch so sehen?«, fragte ich zurück.

»Das lassen Sie mal meine Aufgabe sein«, tönte er vollmundig. »Ah, da kommen sie ja endlich.«

KPD ging auf die Beamten zu, die soeben mit ihren Einsatzkoffern den Innenhof betraten. »Kommen Sie«, forderte er sie auf. »Sie müssen da rüber, auf dem Tisch liegt die Leiche.«

Auch ohne die überflüssigen Kommentare sah man die Leiche vom Eingang aus.

KPD stieg auf das Podest, stellte sich neben die Leiche, die sich in Hüfthöhe befand, und fasste das Messer an. »Das ist die Waffe, mit der er ermordet wurde.« KPD nahm kurz das Tuch von seinem lädierten Auge. »Da sehen Sie, wie es mir ergangen ist.«

»Spinnen Sie?«, schrie ihn einer der Beamten an. »Gehen Sie da sofort herunter. Sie können doch nicht einfach die Tatwaffe anfassen.«

Ein zweiter Beamter tuschelte ihm etwas ins Ohr. Anschließend traten beide zu meinem Chef. »Wir nehmen Sie vorläufig fest.« Er zog ein paar Handschellen aus der Tasche.

KPD war nah dran zu explodieren. »Palzki, schauen Sie sich das an! Ich habe Ihnen ja erzählt, wie inkompetent die Mannheimer Kollegen sind! Können nicht einmal ein Opfer von einem Täter unterscheiden.«

Es nutzte ihm nichts. Quasi im Handumdrehen waren seine Hände mit Handschellen fixiert. Es sah schon etwas seltsam aus mit dem feuchten Tuch in der Hand.

»Palzki, jetzt helfen Sie mir doch endlich. Sind denn alle außer mir verrückt?«

Während KPD tobte und ich die Situation genoss, klärte Frau Fernandez die Beamten auf. Doch diese machten keine Anstalten, ihn zu befreien. So wie er dastand, wie ein Häufchen Elend mit seinen fixierten Händen und dem blauen Auge, konnte er einem schon leidtun. Mir allerdings nicht.

Eine zierliche Beamtin kam in den Innenhof. Ich konnte mir beim besten Willen nicht vorstellen, wie sie die Aufnahmebedingungen in den Polizeidienst gemeistert hatte. Vielleicht waren in Baden-Württemberg die Bedingungen leichter, oder sie hatte Beziehungen?

Trotz ihres körperlichen Leichtgewichts baute sie sich vor KPD auf, der erschrocken einen Schritt zurücktrat. »Herr Diefenbach?«, fragte sie in einer forschen und gleichzeitig tiefen Marlboro-Extrem-Tonlage.

KPD lächelte. »Endlich mal eine kompetente Person, die meinen Namen kennt. Dann wissen Sie auch, dass ich ...«

»Ich weiß alles«, unterbrach sie ihn knurrend.

Klasse, wie sie ihm Paroli gibt, dachte ich zufrieden. So jemand bräuchten wir in Schifferstadt.

»Was haben Sie hier zu tun?«, bellte sie ihn an. »Ich sehe es nicht gerne, wenn meine Mitarbeiter bei ihrer Arbeit gestört werden.« Ihre tiefe Stimmlage als *Alt* zu bezeichnen, passte in etwa so, als wenn man Til Schweiger als Sänger bezeichnen würde.

Ihr zierlicher Körper musste mehrheitlich aus einem Resonanzkörper bestehen, so durchdringend wirkte ihre Stimme. Bevor KPD reagieren konnte, fuhr sie fort: »Von meinem Vorgänger, der kürzlich in Pension ging, habe ich einiges über Sie gehört. Ich bin Daniela Berlinghof, die neue Polizeipräsidentin in Mannheim. Bei mir landete übrigens Ihre Beschwerde, weil Sie mit dem Auto in den Park fahren wollten. Lassen Sie es sich gesagt sein, Herr Diefenbach: Was Sie in der Pfalz anstellen, ist Ihre Sache.

Bei uns in Baden-Württemberg haben Sie genau null zu sagen. Eher noch weniger!«

Mein Chef stand da wie erstarrt. Mit offenem Mund und einem Blick, bei dem scheinbar die Augäpfel weiter aus seinem Gesicht traten als die Nasenspitze, gaffte er die Dame an. Er schluckte. Zweimal, dreimal, ganze Kaskaden. Ich jubelte innerlich, so sprachlos hatte ich ihn noch nie erlebt. Ob ich mich nach Mannheim versetzen lassen sollte?

Sie drehte den Blick von KPD auf ihre Mitarbeiter. »Und nun führt ihn ab. Eine Nacht in der Zelle wird ihm gut tun.«

KPD fand seine Sprache zurück. »Was erlauben Sie sich? Ich habe mit den Mördern gekämpft. Sie können doch nicht einfach einen Kollegen festnehmen, das wird Konsequenzen haben! Ihre Karriere können Sie vergessen.«

Unbeirrt gab die Präsidentin Widerrede. »Ihre Fingerabdrücke befinden sich auf der Tatwaffe. Das genügt mir fürs Erste. Ich wünsche Ihnen im Tiefgeschoss des Mannheimer Polizeipräsidiums einen angenehmen Aufenthalt«, fügte sie sarkastisch hinzu.

KPD schaute mit einer verzweifelten Geste zu mir. »Herr Palzki, so helfen Sie mir doch!«

Selbstverständlich half ich nicht. Vielmehr machte ich mir Gedanken, wie ich heimkommen sollte. Die Idee, meinen Chef nach dem Autoschlüssel zu fragen, verwarf ich mangels Erfolgschancen.

Während KPD abgeführt wurde, trat die Polizeipräsidentin zu mir. »Soso«, begann sie, und ich ahnte Stress. »Sie sind also Reiner Palzki aus Schifferstadt.«

Ich begnügte mich mit einem Nicken. Dass sie meinen vollständigen Namen kannte, konnte nichts Gutes bedeuten.

Sie streckte mir die Hand hin und ich sah sie zum ersten Mal lächeln. »Sehr erfreut, Herr Palzki. Mein Name ist Daniela Berlinghof. Ich habe viel von Ihnen gehört.«

Meine eigene Erwartungshaltung und ihr plötzlich freundliches Auftreten wirkten sehr ambivalent auf mich. Vorsichtig erwiderte ich: »Freut mich ebenso, Sie kennenzulernen. Entschuldigen Sie bitte mein Hiersein auf der falschen Rheinseite, aber KP, äh, Herr Diefenbach hat mich gezwungen.«

Sie winkte lässig ab. »Ich weiß, wie unmenschlich Ihr Chef mit seinen Mitarbeitern umspringt.« Sie lachte kurz auf. »Dabei nennt er seine Mitarbeiter *Untergebene*, wie mir berichtet wurde.«

Sie deutete auf die Leiche, an der sich inzwischen die Spurensicherer und ein Notarzt zu schaffen machten. »Haben Sie oder Ihr Chef etwas damit zu tun?«

»Nicht das Geringste«, antwortete ich.

»Und sein blaues Auge?«

»Er hatte in der Halle Stress mit einem Jugendlichen. Äußerst unwahrscheinlich, dass dies mit dem Toten zu tun hat.«

»Das glaube ich auch. Demnach sind Sie zufällig anwesend? Dürfte ich den Grund erfahren?«

»Diefenbach hat an unserer Dienststelle einen Fitnessraum für seine Untergebenen einrichten lassen. Heute wollte er weitere Geräte kaufen.«

Berlinghof steckte sich eine Zigarette an, vielleicht als Resonanzverbesserer, denn ihre Stimme klang nun noch rauchiger und voluminöser. »In der Festhalle ist doch eine Fitnessausstellung des TSV. Ein Verkauf findet meines Wissens nicht statt.«

»Missverständnis«, klärte ich sie auf. »Diefenbach hat nur die Überschrift des Werbeflyers gelesen.«

»Ihr Chef ist schon eine Kanone. Aber das wissen Sie selbst. Das, was mir zugetragen wird, dürfte nur die Spitze des Eisbergs sein.«

»Höchstens«, sagte ich und freute mich wie ein kleines Kind. Ob ich sie fragen sollte, ob sie einen fähigen Kriminalhauptkommissar bräuchte?

»Dafür habe ich von Ihnen viel Positives gehört, Herr Palzki. Sie müssen wissen, ich wohne in Altrip. Da bekommt man zwangsläufig einiges von den Pfälzer Kollegen mit.«

Ich kam aus dem Staunen nicht mehr heraus. War ich der Prophet, der im eigenen Land nichts galt und in anderen Ländern, also Bundesländern, längst als Koryphäe der Kriminalitätsbekämpfung bekannt war?

»Ich gebe mein Bestes«, antwortete ich stolz. »Polizeibeamter ist schließlich mein Traumberuf. Leider werden meine Kollegen und ich ständig von Herrn Diefenbach ausgebremst. Aber wir tun alles für die Sicherheit der Bürger.«

»Davon bin ich überzeugt«, sagte sie und nahm einen tiefen Lungenzug. »Leute wie Sie könnten wir bei uns gut gebrauchen.«

Ich musste Ruhe bewahren. Jetzt nur nicht mit der Tür ins Haus fallen und fragen, wann morgen mein Dienst in Mannheim beginnt.

»Ich bin flexibel und immer für neue Herausforderungen offen. In Mannheim und Umgebung kenne ich mich ein wenig aus.«

»Ich weiß«, sagte Berlinghof vieldeutig. »Ihre Ermittlungen im Mannheimer Barockschloss und bei der ›Eichbaum‹ Brauerei bleiben uns in Erinnerung. Kann sein, dass Sie mit Ihren Erfolgen demnächst in ein Lehrbuch eingehen.«

Ich musste husten, weil ich eine ihrer Rauchwolken ein-atmete. So langsam wurde es unglaubwürdig. Ich und in die Lehrbücher eingehen? Gut, meine Ermittlungsmethoden waren nicht immer nach Vorschrift und auch nicht nach Lehrbuch, aber fast immer von Erfolg gekrönt. Vielleicht war es wirklich an der Zeit, die verstaubten Lehrbücher zu aktualisieren und sie den modernen Ermittlungsmöglich-keiten anzupassen. War ich wirklich zu einer Speerspitze der innovativen Polizeiarbeit geworden? Hatte ich davon bisher nur nichts mitbekommen, weil ich in der Pfalz mit Scheuklappen unterwegs war? Klar, KPD hatte viele Lor-beeren kassiert, die eigentlich meinen Kollegen und mir zugestanden wären. Anscheinend war die Außenwirkung eine andere.

»Ich hatte immer viel Glück gehabt«, sagte ich bescheiden.

»Glück? Nein, mein Lieber, das war Können!«

Irgendwie fühlte ich mich gut. Es war ein tolles Gefühl. Endlich war ich mal an der Reihe. War ich nun über die sieben Brücken gegangen, und die sieben dunklen Jahre lagen hinter mir? War ich jetzt der helle Schein, wie es Peter Maffay seit Jahrzehnten prophezeite?

Berlinghof warf den Zigarettenstummel in den Standa-scher. »Aber das Beste daran ist, dass Sie sich einen Ghost-writer gesucht haben, der Ihre Fälle authentisch nieder-schreibt.«

»Ghostwriter?« Mehr brachte ich nicht hervor. Ein Traum war kurz vor dem Platzen.

»Ja, dieser Dietmar Becker. Ich habe alle seine Palz-ki-Romane mehrfach gelesen. Ich bin begeistert von den Büchern.«

Mir wurde mit einem Schlag klar, dass ihre ganze Lob-hudelei einem Missverständnis zugrunde lag. So wie viele andere Leser von Kriminalromanen oder Romanen im Allgemeinen auch, konnte selbst die Polizeipräsidentin Realität von Fiktion nicht unterscheiden. Es schien eine allzu häufige menschliche Schwäche zu sein, dass man generell alles glaubte, was man las. Wie oft hatte ich in Diskussionsrunden den Satz »Das habe ich aber so gelesen, dann wird's wohl stimmen« gehört. Genauso verhielt es sich mit diesen seltsamen und kruden Kriminalgeschichten, die sich der Permanentstudent Dietmar Becker ausdachte. Statt sich auf sein Archäologiestudium zu konzentrieren, spielte er lieber Privatdetektiv und kam uns, sobald wir mal etwas kompliziertere Ermittlungen hatten, jedes Mal in die Quere und behinderte die Polizeiarbeit. Dem nicht genug, verarbeitete er seine Erlebnisse in wenig authentischen Kriminalgeschichten. Hinzu kam, dass er uns Polizeibeamte immer wie Volltrottel beschrieb. Die Krönung aber war, dass er, seit ich ihm einmal zufällig das Leben retten musste, seinen chaotischen Kommissar nach mir umbenannt hatte. Seitdem galt ich in der Kurpfalz als Witzfigur, so nahm ich es jedenfalls bis heute wahr.

»Das sind doch nur Romane, Frau Berlinghof. Fiktion, die man nicht ernst nehmen darf.«

Sie widersprach mir. »Was die Kabbeleien und die Unbeholfenheit angeht, mit der Sie und Ihre Kollegen beschrieben werden, mag ich Ihnen recht geben. Mir als analytisch denkendem Profi ist natürlich klar, dass diese fiktionalen Elemente zur Auflockerung der Geschichte dienen. Sie sind ja auch immer amüsant, denn so blöd kann wirklich kein Beamter sein. Aber was die Beschreibung der reinen Ermittlungsarbeit angeht, also wie Sie die Fälle immer lösen, einfach nur super! Und dass dies authentisch ist, weiß ich nur zu gut. Immerhin haben wir Kopien der

Ermittlungsakten zu den Fällen im Barockschloss und bei der ›Eichbaum‹ Brauerei. Die decken sich absolut mit den Krimis in Dietmar Beckers Büchern. Mehr als einmal dachte ich mir, ob dieser Schriftsteller vielleicht Einblick in die Ermittlungsakten hatte. Aber so weit würde nicht einmal Diefenbach gehen, oder?«

Fragend sah sie mich an.

»Dafür würde ich meine Hand nicht ins Feuer legen. Becker hat sehr häufig Privataudienzen bei Diefenbach.« Ich nutzte meinen seriösen Ruf gnadenlos aus. Endlich konnte ich offen und zugleich ungestraft über KPD abläs-tern.

Während Daniela Berlinghof eine weitere Zigarette anzündete, überlegte ich, ob ich mich doch einmal her-ablassen sollte, eines dieser Bücher von Becker zu lesen. Zugegeben, bisher hatte ich keine einzige Seite gelesen. Manchmal muss man seinen Vorurteilen auch mal die Möglichkeit geben, sich abbauen zu können. Auch wenn ich es für unwahrscheinlich hielt – vielleicht tat ich dem Studenten unrecht? War die Meinung Berlinghofs kein Einzelfall? Aus dieser Perspektive hatte ich meine Lebens-situation noch gar nicht betrachtet. War ich wirklich pro-minent in der Kurpfalz, prominent im positiven Sinne?

KAPITEL 4 – DER DEAL

»Ich schlage Ihnen einen Deal vor, Herr Palzki.«

Im ersten Moment dachte ich an Drogen, doch rechtzeitig konnte ich mein Mundwerk bremsen.

»Sie helfen mir bei der Aufklärung dieses Kapitalverbrechens, und im Gegenzug sorge ich dafür, dass Sie Ihr Chef in Zukunft nur noch mit Samthandschuhen anfasst.«

»Ich soll zur Mannheimer Kripo wechseln?«

Sie druckste herum. »Das geht leider nicht, jedenfalls nicht kurzfristig. Wir in Baden-Württemberg haben viel höhere Anforderungen an den Polizeidienst als Sie in Rheinland-Pfalz. Sie müssten sich komplett neu bewerben.« Sie schaute mir auf den Bauch. »Trauen Sie sich zu, in zwölf Minuten 2.400 Meter zu laufen?«

Es schien mir nicht zielführend zu sein, mit meinem aktuellen 148er-Rekord aufzutrumpfen.

»Dann weiß ich nicht, wie das gehen soll.«

Sie blies einen Rauchring, der meinen Kopf komplett einhüllte. Während ich mich aushustete, erklärte sie die Details des von ihr angedachten Deals.

»Diefenbach verleiht Sie für eine Weile nach Mannheim. Sagen wir mal, so 20 Stunden die Woche bis auf Weiteres. Gemeinsam mit mir lösen Sie dann diesen Fall. Als Belohnung entlassen wir noch heute Ihren Chef aus der Gewahrsamszelle. Ich werde ihm sagen, dass er dies nur Ihnen allein zu verdanken hat.«

Der Gedanke gefiel mir. Mit dieser Aktion hätte ich etwas in der Hand, das ich ihm bei Bedarf aufs Butterbrot schmieren konnte. Und einen Fall lösen ohne KPDs chaotische Einmischungen, das gefiel mir mindestens genauso gut.

»Eine Bitte hätte ich noch.« Berlinghof schaute mir in die Augen. Jetzt würde der Haken kommen. Ein gewaltiger Haken, vermutete ich.

»Wir sollten Ihren Freund involvieren.«

»Meinen Freund? Meinen Sie Jacques Bosco?«

Jacques Bosco war Erfinder und der letzte Allgemeinwissenschaftler der Welt. Er erfand meistens Dinge, für die die Welt noch nicht reif war. Ich hatte Jacques viel zu verdanken. Bereits als Kind hatte ich in seinem Labor gespielt.

»Herrn Bosco meine ich nicht. Wenn wir ihn für die Festnahme des Täters benötigen, kann er natürlich gerne mitmachen. Aber im Moment stehen wir noch ganz am Anfang.«

Sie hatte wirklich alle Becker-Krimis gelesen. In dem einen oder anderen Ermittlungsfall hatte mir Jacques tatsächlich mit einer technischen Raffinesse oder einer neuartigen Erfindung geholfen, den oder die Täter zu überführen.

»Wen meinen Sie sonst?«

»Ihren Freund, den Studenten Dietmar Becker.«

»Becker ist nicht mein Freund«, rutschte es mir heraus.

Sie lachte trocken. »Nur keine falsche Bescheidenheit, Herr Palzki, ich bin auch nicht bescheiden.« Nach dem nächsten Lungenzug ging es weiter. »Ich bin relativ neu in meinem Amt. Klar, ich kann mich gegen alle Mitarbeiter durchsetzen, das ist nicht das Problem. Ich weiß aber, dass ich noch an meiner Reputation arbeiten muss. Bisher ist es mir nicht gelungen, einen wirklich komplexen Fall zu lösen. Daher käme es mir gelegen, wenn Ihr

Freund über unsere gemeinsamen Ermittlungen berichten würde.«

Ich schwieg und tat so, als würde ich mir das Angebot reiflich überlegen. Trotz dieses üblen Kompromisses hatte ich mich längst entschieden. Der Student war eindeutig der harmlosere Part im Vergleich zu KPD. Die Mannheimer Polizeipräsidentin würde Becker bestimmt offiziell mit einer Beobachter- und Mitermittlerrolle beauftragen, selbst wenn dies sicherlich auch in Baden-Württemberg illegal war. Als hochpsychologisch geschulter Beamter dürfte es mir ein Leichtes sein, den Studenten mit peripheren Recherchen zu beauftragen, die nur wenig oder im besten Fall gar nichts mit den Ermittlungen zu tun hatten. Ich verdrängte den Gedanken, dass dieser Fall vielleicht nicht aufgeklärt würde, da dies dem ungeschriebenen Gesetz der Serie widersprechen würde. Natürlich wusste ich von meinem Freund Jacques, dass es ein solches Gesetz nicht gibt. Selbst wenn beim Roulette zehnmal hintereinander Weiß kam, war die Wahrscheinlichkeit, dass es beim elften Mal wieder Weiß gab, genauso groß wie bei den zehnmal zuvor.

Trotz diesem Gedankenspiel war es nicht verkehrt, sich mit dem Tatort und der Leiche zu beschäftigen.

»Alla hopp«, sagte ich zu Berlinghof und lächelte. »Dann machen wir uns mal an die Arbeit. Als Erstes empfehle ich, Frau Fernandez zu befragen. Der Tote war nämlich ein Mitarbeiter des Luisenparks.«

Die Polizeipräsidentin, die gerade bis zum Anschlag inhalierte, nickte.

Ich winkte Frau Fernandez zu uns, die sich im Hintergrund mit dem Parkdirektor unterhielt. Sie kamen beide zu uns.

»Können Sie uns Informationen zu Herrn Braun geben?«

Die beiden sahen einander fragend an. In dem Moment wusste ich, was die beiden störte. Daniela Berlinghof war schneller: »Ich habe Herrn Palzki gebeten, mir ein wenig zu assistieren. Sie dürfen ihm daher die Frage beantworten.«

»Herr Braun war unser Hausmeister für die Festhalle«, begann Herr Költzsch. »Er arbeitete viele Jahre bei uns und war sehr beliebt und zuverlässig. Wir haben keine Ahnung, wer ihn umgebracht haben könnte.«

»Gibt es eine Liste aller Personen, die heute anwesend waren?«

»Tut mir leid, Herr Palzki. Die Ausstellung ist öffentlich zugänglich. Was wir für Sie erstellen können, ist eine Liste aller Mitarbeiter, die in diesem Bereich tätig sind. Aufsichtspersonal, Ausschank und so weiter. Der Turnverein wird sicherlich ebenfalls wissen, welche Mitglieder heute anwesend sind. Aber sonst …«

Das dürfte schwierig werden, dachte ich, zumal es bisher keine Augenzeugen gab. Dieser Gedankengang brachte mich auf eine Idee. »Gibt es Kameras?«

Herr Költzsch verneinte. Schade, wäre auch zu einfach gewesen.

Während die Präsidentin zu dem Notarzt ging, gab ich die Mitarbeiterliste in Auftrag, dann folgte ich ihr.

»Bisher kann ich nur diesen Stich feststellen«, sagte gerade der Arzt. »Anhand des Winkels muss das Messer von schräg unten eingedrungen sein. An einer Rippe glitt es ab und traf direkt ins Herz. Er muss noch ein paar Sekunden gelebt haben, bevor er innerlich verblutete. Genaueres kann ich Ihnen erst nach der Obduktion sagen.«

Dass das Messer von schräg unten zugestoßen wurde, war längst kein Beweis, dass es sich bei dem Täter um eine kleine Person handelte. Auch große Menschen konnten von unten zustoßen, insbesondere wenn der Angriff überraschend oder heimtückisch erfolgen sollte.

Berlinghof sah mich an. »Bei dieser Auskunft können wir es für heute belassen. Meine geschulten Mitarbeiter kommen auch ohne mich klar. Wir beide treffen uns am Montag gegen zwölf bei mir im Präsidium zur Vorbesprechung. Dann sehen wir weiter. Und jetzt lassen wir Ihren Chef frei, bevor er sich was antut.«

»Jetzt schon?«, sprudelte es aus mir heraus, und sofort verbesserte ich mich. »Sollten wir uns nicht noch einen Überblick über die nähere Umgebung verschaffen? Was ist zum Beispiel hinter dieser Absperrung? Könnte da der Täter verschwunden sein?« Heute würde ich gerne ein paar Überstunden machen. KPD konnte solange in der Zelle toben.

Nachdem sie ihre Zigarette umständlich in den Standascher gedrückt hatte, widersprach sie mir. »Das können meine Mitarbeiter viel besser. Am Montag werden wir einen perfekten Lageplan in Händen haben.« Sie sah mich kurz an. »Bei mir müssen Sie sich umgewöhnen, Herr Palzki. Meine Devise ist Vertrauen und Achtung gegenüber meinen Mitarbeitern. Klar, wer nicht spurt, der fliegt, beziehungsweise wird in die Pfalz strafversetzt.« Sie lachte, als sie mein verdutztes Gesicht sah. »War nur Spaß, Herr Palzki. Missliebige Mitarbeiter werden bei uns in ein kleines Kuhdorf in den Schwarzwald versetzt. In die Pfalz versetzen, geht leider rechtlich nicht. Wobei ich nicht weiß, was schlimmer ist.«

»Wir haben ein paar sehr schöne Orte«, verteidigte ich meine geliebte Heimat.

»Das meine ich doch gar nicht, Herr Palzki. Ich meinte eine Strafversetzung explizit nach Schifferstadt zu Herrn Diefenbach.«

»Ach so«, sagte ich erleichtert. »Dann lieber Kuhdorf im Schwarzwald.«

Sie stand da und überlegte. »Jetzt habe ich tatsächlich den Faden verloren. Wo waren wir stehen geblieben?«

»Dass wir beide nun ausführlich die Umgebung des Tatorts inspizieren sollten.«

»Eben nicht«, fiel sie mir ins Wort. »Wir haben bei uns eine klare Aufgabenteilung. Das wird auch Ihnen zugutekommen. So können Sie sich nächste Woche auf die Ermittlungsarbeit konzentrieren. Natürlich mit meiner tatkräftigen Hilfe.«

Hoffentlich würde mir diese Hilfe nicht zum Ballast werden, dachte ich, als sie die weiteren Schritte aufzählte.

»Herrn Becker werde ich persönlich informieren. Ich habe seine Kontaktdaten, da er mich kürzlich für einen Zeitungsartikel interviewte. Ein sehr kompetenter Mensch, habe ich das schon erwähnt?«

»Frau Berlinghof?« Wir blickten in Richtung des Fragestellers, es handelte sich um einen der Beamten der Spurensicherung. Er reichte seiner Chefin drei oder vier Karten, die als Fundstück vorschriftsmäßig in einer Plastiktüte steckten. »Diese Karten hielt das Opfer in der Hand. Wir haben das eben erst entdeckt.«

Neugierig lasen wir die Aufschrift. Es handelte sich um blanko Mitgliedsausweise des Vereins TSV 1846 Mannheim. »Können Sie damit etwas anfangen? Das ist doch der Verein, der diese Ausstellung organisiert?«

Meine Teilzeitchefin lachte kurz auf. »Man merkt, dass Sie von der anderen Rheinseite kommen, Herr Palzki.

Der TSV ist mit mehr als 4.000 Mitgliedern der größte Sportverein in Mannheim. Er gehört sogar zu den größten in Nordbaden.« Nach einem tiefen Lungenzug sprach sie weiter. »Ich bin selbstredend ebenfalls Mitglied. Im Schnitt einmal in der Woche bin ich im neuen Fitnesscenter. Nur schade, dass man dort nicht rauchen darf.«

Herr Költzsch nannte ein weiteres vielleicht nicht unwichtiges Detail. »Das Vereinsgelände grenzt im Osten an unseren Luisenpark.«

»Genau zwischen Neckar und Park«, bestätigte Berlinghof. »Ich denke, dass Sie sich das am Montag anschauen sollten, Herr Palzki.«

Auf diesen Gedanken war ich bereits selbst gekommen. Mehrere blanko Mitgliedskarten in der Hand des Opfers, das musste einfach etwas zu bedeuten haben.

Wir verabschiedeten uns von Frau Fernandez und Herrn Költzsch. Bei der Verabschiedung konnte ich mittels ein paar geschmeidigen aber nichtssagenden Sätzen eine weitere Viertelstunde Haft für meinen Chef herausschinden.

Die Festhalle hatte man geräumt. Zumindest menschlich. Die mörderischen Fitnessgeräte standen verwaist herum. Berlinghof zeigte auf ein Laufband. »Die Sportprüfung für Ihre Bewerbung in Baden-Württemberg können Sie auch auf solch einem Ding absolvieren, Herr Palzki. Bei uns im Präsidium gibt es übrigens seit Jahren einen Fitnessraum für die Beamten. Die Anschaffung hat sich auf alle Fälle gelohnt. Bevor wir mit einem systematischen und obligatorischen Training für alle Außendienstbeamten begannen, hatten wir Mitarbeiter, die auf dem Crosstrainer mit einem mittleren Widerstand kaum zwei oder drei Kilometer schafften. Stellen Sie sich das einmal vor! Inzwischen geht mir kein Beamter vor die Tür, der nicht zehn Kilometer schafft. Außerdem muss jeder Beamte einmal im Jahr das Sportabzeichen beim TSV ablegen.«

148, hämmerte es mir in den Schädel. Waren das wirklich Meter, oder hatte ich in meinem Wahn die Einheiten verwechselt? Das musste ich am Montag unbedingt klären.

Ihr Wagen stand vor dem Haupteingang der Halle. Wenn das KPD sehen würde!

Nachdem wir eingestiegen waren, nestelte sie eine Brille aus dem Handschuhfach. »Dass mir das aber kein Mensch erfährt, Herr Palzki.« Ich konnte nur rudimentär nicken, zu sehr war ich mit einem Hustenanfall beschäftigt. In ihrem Wagen stank es wie in einer irischen Raucherkneipe, die seit Jahren nicht mehr gelüftet wurde. Meine Kleider konnte ich verbrennen, das würde kein handelsübliches Waschmittel schaffen.

Die Fahrt zum Polizeipräsidium schräg gegenüber dem Barockschloss dauerte nur wenige Minuten. Es war zwar erst später Nachmittag, dennoch lag der Parkplatz im engen Innenhof des hohen Präsidiums fast im Dunkeln. Bevor sie ausstieg, steckte sie ihre Brille zurück in das Handschuhfach.

Daniela Berlinghof führte mich durch den verwinkelten und unübersichtlichen Gebäudekomplex, der zur Irreführung des Orientierungssinns über Zwischenstockwerke verfügte. Ihr Büro war zwar gehoben, aber keinesfalls so prachtvoll dekadent eingerichtet wie KPDs.

»Nehmen Sie Platz«, sagte sie zu mir, während sie den Telefonhörer abnahm. »Ich werde Herrn Diefenbach zu uns bringen lassen.«

Mit einem Verweis auf ihren Kaffeeautomaten, der eigentlich eine ganz normale Kaffeemaschine war, konnte ich das Telefonat eine halbe Stunde verzögern.

»Das freut mich, dass Sie ein Kaffee-Experte sind«, sagte sie nach der zweiten Tasse. Mir dagegen stand der Schweiß auf der Stirn, so stark war der Kaffee. Zwar kein Sekundentod, wie ihn Gerhard und Jutta permanent tranken, aber deutlich stärker, als für mich gesund war. Meine Gesundheit litt zusätzlich an dem verqualmten Büro. Im Vergleich zu ihrem Wagen war die Raumluft zwar etwas besser, dessen ungeachtet japste meine Lunge nach jedem Sauerstoffmolekül. Ich fand, dass ich mich genügend gegen meinen Chef eingesetzt hatte, und ließ sie telefonieren. Es dauerte allerdings eine weitere halbe Ewigkeit, bis KPD ohne Handschellen in Begleitung eines Beamten zur Tür hereinkam. Befanden sich die Gewahrsamszellen vielleicht in einem tiefen Brunnenschacht und man hatte ihn erst aufwendig herausziehen müssen? Sein Aussehen sprach eindeutig für meine Vermutung. Ich hatte meinen Chef noch nie so zerknittert und mit verrußter Kleidung gesehen. Der Jogginganzug tat sein Übriges zu dem erbärmlichen Bild.

»Da sind Sie ja endlich, Palzki«, schrie er mich sofort an. »Warum hat das so lange gedauert? Ist der Innenminister informiert? Wann trifft der Krisenstab ein?« Frau Berlinghof blieb ruhig auf ihrem Stuhl sitzen und sagte zunächst nichts, was KPD irritierte. Er ging auf ihren Schreibtisch zu und plusterte sich auf. »Haben Sie endlich begriffen, dass Sie einen Fehler gemacht haben?«, blökte er sie wütend an. »Sie können sich schon mal auf einen neuen Job bewerben.«

Die Polizeipräsidentin stand langsam auf. »Ihre Fingerabdrücke wurden auf der Tatwaffe eindeutig identifiziert.« Das waren sie zwar noch nicht, aber sie konnte diese Behauptung durchaus aufstellen. »Damit sind Sie kein Zeuge, sondern automatisch Verdächtiger. So einfach ist das.« Sie verschränkte autoritär die Arme.

KPD kam ins Stottern. »Äh, was, äh, das ist ja, äh, die Höhe! Mich zu verdächtigen, das hat die Welt bisher noch nicht erlebt.« Er drehte sich zu mir. »Herr Palzki, nun helfen Sie mir doch endlich.«

»Ihrem Mitarbeiter haben Sie viel zu verdanken, Herr Diefenbach«, sagte Berlinghof. »Ohne sein Eingreifen hätte ich gleich morgen früh im Auftrag des Staatsanwalts einen Haftprüfungstermin beantragt. Ein paar Wochen Untersuchungshaft gehen da ruckzuck ins Land.« Das Lächeln auf ihren Lippen konnte man als gemein bezeichnen.

»Was erlauben Sie sich? Ich bin der gute Dienststellenleiter der Schifferstadter Kriminalinspektion. Sie können mich nicht einfach festnehmen.«

»Und ob! Rang und Namen spielen bei uns in Baden-Württemberg keine Rolle. Zum Glück haben Sie aber so einen pfiffigen Mitarbeiter wie Herrn Palzki.«

»Pfiffig, wie?« KPDs Blick wechselte zwischen uns beiden wie ein Metronom auf Extasy.

»Nur ihm haben Sie es zu verdanken, dass ich Sie jetzt freilasse. Das bedeutet allerdings nicht, dass ich von Ihrer Unschuld überzeugt bin.«

»Aber ich habe doch nichts verbrochen!«, rechtfertigte er sich.

»Das werden die Richter entscheiden. Früher oder später. Meiner Meinung nach können Sie Ihre Unschuld nur beweisen, wenn wir zügig den wahren Täter festnehmen können. Falls Sie es doch nicht gewesen sind«, fügte sie hinzu.

KPD sah seine Rettung. »Dann beeilen Sie sich doch. Bei uns in Schifferstadt haben wir eine Aufklärungsquote von über 100 Prozent bei den Kapitalverbrechen. Sollen wir Ihnen mit unserem Know-how unter die Arme greifen?«

Die Polizeipräsidentin hatte meinen Chef genau dort, wo sie ihn haben wollte. Sie lächelte, dieses Mal freundlicher. »Das ist eine gute Idee, Herr Diefenbach. Sie überlassen uns für die nächsten zwei oder drei Wochen stundenweise Herrn Palzki, um, wie Sie gesagt haben, einen gewissen Know-how-Transfer über die Bundeslandgrenzen zu gewährleisten. Das scheint in der Vergangenheit gut geklappt zu haben.«

»Herrn Palzki?«, fragte KPD skeptisch. »Warum er? Ich dachte eher an mich. Mit meiner geballten Kompetenz benötigen wir keine Woche, bis wir den Fall aufgeklärt haben.«

Berlinghof steckte sich eine Zigarette an und blies eine Wolke in KPDs Gesicht, der daraufhin einen Schritt zurückwich.

»Das lassen wir lieber bleiben. Ich kann es nicht verantworten, wenn Ihr eigenes Zuständigkeitsgebiet ohne Führung wäre. Stellen Sie sich einmal vor, in Schifferstadt oder Umgebung geschieht ein Mord, und Sie wären nicht vor Ort, weil Sie drüben über dem Rhein ermitteln. Denken Sie an Ihr Renommee!«

»Ja schon«, sagte er nach einer Denkpause. »Aber warum ausgerechnet Herr Palzki?«

»Weil er Ihnen die Untersuchungshaft erspart hat. Außerdem kann er unter Umständen den Täter identifizieren. Also abgemacht? Ich verfüge ab sofort über 20 Stunden Dienstzeit pro Woche von Herrn Palzki.«

Zerknirscht gab sich mein Chef geschlagen. »Von mir aus. Aber am Montagfrüh zur Lagebesprechung brauche ich ihn in Schifferstadt.«

Die wöchentliche Lagebesprechung bestand ausschließlich aus Selbstbeweihräucherung in einem nicht enden wollenden Monolog. Genauso gut könnte man in unseren Sozialraum Puppen hinsetzen, dies würde keinen spürbaren Unterschied machen.

»Das passt gut«, sagte Berlinghof, ging um den Schreibtisch herum und gab ihm die Hand. »Ich erwarte Herrn Palzki am Montag gegen zwölf.« Grinsend gab sie auch mir die Hand.

»Sie können jetzt gehen, Herr Diefenbach. Herr Palzki, auf baldiges Wiedersehen.«

Nachdem sie uns den Weg zum Ausgang erklärt hatte und wir ihn nach gefühlt einem halben Tag gefunden hatten, blieb KPD abrupt stehen. »Mein Dienstwagen steht am Luisenpark.«

Ich zeigte in Richtung Barockschloss zu den Straßenbahnschienen. »Wenn wir am Paradeplatz umsteigen, kommen wir direkt zum Luisenpark.«

»Straßenbahn?« KPD rümpfte die Nase. »Niemals. Das geht doch nicht, denken Sie an meine Position und mein Ansehen in der Bevölkerung.«

Ich sah ihn an. Besser wäre es, an sein Aussehen zu denken. Er sah aus, als hätte er sich in einem Schweinestall gesuhlt.

»Zu Fuß dauert das locker eine gute Stunde«, antwortete ich. »Plus ein paar Pausen«, ergänzte ich vorsorglich bei der Erwähnung der brutal weiten Strecke.

»Wir nehmen ein Taxi«, bestimmte er. »Die da drinnen«, er zeigte auf das Polizeipräsidium, »werden uns garantiert nicht zum Luisenpark fahren. Vom Dienst am Bürger verstehen die nichts.«

Ich blickte in meinen Geldbeutel. »Fürs Taxi reicht es bei mir nicht. Es ist kurz vor Monatsende.«

Dass erst kurz vor Monatsmitte war, tat im Moment nichts zur Sache.

»Ich übernehme das Taxi«, bestimmte er. »Für Notfälle habe ich immer ein paar Scheine einstecken. Außerdem habe ich die Seltene-Erden-Kreditkarte von der Dubai-Bank.«

»Seltene-Erden?«, fragte ich, weil ich dies im Zusammenhang mit Kreditkarten noch nie gehört hatte.

Stolz antwortete mein Chef. »Das ist eine weltweit streng limitierte Kreditkarte. Viel wertvoller als diese billigen Gold- oder Platinkreditkarten für Blender, die für einen geringen Obolus unters Volk geworfen werden.«

Wenige Minuten, nachdem ich den Kollegen im Präsidium überzeugt hatte, uns ein Taxi zu rufen, fuhr es bereits vor. Als der Fahrer den Zustand meines Chefs wahrnahm, legte er einen Kavalierstart hin. Wahrscheinlich hatte er keine allzu positiven Erfahrungen mit entlassenen Ausnüchterungszellenbewohnern. Da KPD geistig überfordert war, blieb mir nichts anderes übrig, als ein weiteres Mal um ein Taxi zu bitten, was mir nach längerer Diskussion schließlich gelang. Das Argument des Beamten, dass man durchaus mal ein paar Minuten auf ein Taxi warten musste, überzeugte mich in dieser Situation nicht.

Entweder war der zweite Taxifahrer abgehärteter, oder

er war neu in der Stadt. Er stieg sogar aus, um uns die Türen zu öffnen. Als er den körperlichen Zustand meines Chefs wahrnahm, holte er eilig aus dem Kofferraum eine Decke, die er über den Beifahrersitz legte. Ohne sich groß aufzuregen, stieg KPD ein.

Am Verwaltungseingang des Luisenparks erwartete uns die nächste Überraschung: Weit und breit war kein Wagen zu sehen.

»Wo ist mein Dienstwagen?«, schrie KPD. »Man hat meinen neuen Dienstwagen gestohlen.«

Der Taxifahrer blieb gelassen. »Wo haben Sie ihn denn abgestellt?«

Er zeigte auf den betreffenden Behindertenparkplatz. Die Stofftasche mit seinem Kennzeichen fehlte.

»Haben Sie Ihren Ausweis deutlich auf das Armaturenbrett gelegt?«, fragte der Taxifahrer nach.

»Was für einen Ausweis?«, fragte KPD zurück, während ich losprustete.

»Ihren Behindertenausweis.«

Mein Chef wurde nicht blass, weil ihm die Sache peinlich war. Er wurde rot vor Zorn. »Ich bin Klaus. P. Diefenbach, der Dienststellenleiter der Schifferstadt …«

»Jaja«, unterbrach ihn unser Chauffeur mit mäßigem Interesse. »Hatten Sie nun Ihren Ausweis im Wagen liegen oder nicht?«

Ich amüsierte mich im Fond köstlich. Diese Geschichte würde nächste Woche auf unserer Dienststelle wie ein Lauffeuer die Runde machen.

»Ich bin doch nicht behindert!«, blaffte ihn KPD an.

»In diesem Fall haben Sie Pech gehabt.«

KPD schaute übergrenzdebil. »Wie, äh, was meinen Sie damit?«

»Abgeschleppt. An diesem Ort wird dreimal täglich kontrolliert. Wagen ohne Behindertenausweis werden sofort abgeschleppt.«

»Aber, ich, äh, habe doch ...« Er bemerkte, dass sein Trick mit der Tasche fürchterlich in die Hose gegangen war. »Und wo steht mein Wagen jetzt?«

Der Taxifahrer aktivierte sein Funkgerät. »Sagen Sie mir mal Ihr Kennzeichen, damit ich überprüfen kann, auf welchen Platz Ihr Wagen gebracht wurde.«

Während mein Chef das Kennzeichen nannte, wusste ich bereits, dass es zu einer Rückfrage kam.

»Sind Sie sich da sicher? Können Sie das bitte wiederholen?«

»RP-KPD-1«, wiederholte mein Chef.

Unser Chauffeur schüttelte den Kopf, während er an dem Geisteszustand meines Chefs zweifelte. »Diese Kombination gibt es nicht. Drei Buchstaben sind im Mittelteil nicht zulässig.«

Da täuschte er sich. KPD war es tatsächlich gelungen, eine Sondergenehmigung der Kreisverwaltung zu erhalten. Im Rhein-Pfalz-Kreis war er der Einzige, der mit fünf Buchstaben unterwegs war.

Dem Taxifahrer gelang es zügig, den Standort des Wagens ausfindig zu machen.

»Soll ich Sie hinbringen? Das ist aber ein Stück zu fahren.«

Während der Fahrt überlegte ich mir, ob die Taxifahrer einen eigenen Förderverein unterhielten, der sich für die massive Ausweitung von Behindertenparkplätzen einsetzte. Insgesamt gesehen konnte das ein gut funktionierendes Geschäftsmodell sein.

Die Taxifahrt war sehr teuer. Noch teurer war allerdings die Auslösung des Wagens, die KPD in bar zahlen musste. Ob er sich um die 35 Euro Bußgeld drücken konnte, blieb abzuwarten. Aber das waren in der Gesamtsumme nur Peanuts.

Nach dem Fahrzeugwechsel war es Schluss mit lustig, denn jetzt fuhr KPD. In einer Gegend, in der er sich wahrscheinlich noch nie vorher aufgehalten hatte.

»Mensch, ist das unübersichtlich«, kritisierte er ständig die zugegebenerweise nicht ganz triviale Verkehrssituation Mannheims. Ich musste knapp ein Dutzend Mal in das Lenkrad greifen, um Schlimmeres zu verhindern. Allein die begangenen Rotlichtverstöße würden KPDs Schwarzgeldetat in die Insolvenz treiben, falls eine Zivilstreife hinter uns herfahren würde und alles mitprotokollierte. Als wir die Konrad-Adenauer-Brücke über den Rhein gefunden hatten, war er endlich zurück in seinem gewohnten Umfeld. Meine Überlebenschancen stiegen um ein oder zwei Promille. Ich musste unbedingt etwas unternehmen. Solange KPD nur sich selbst den *Hirnschädel* wie man in der Pfalz sagte, final eindrückte, war es mir egal. Doch Unbeteiligte gefährden, das ging einfach nicht. Und gefährdete Unbeteiligte hatte ich eben genug gesehen: gefühlt die Hälfte der Mannheimer Einwohner. Ein jüngerer Kerl konnte beispielsweise in seiner Not gerade noch den Ampelmast emporspringen, bevor wir haarscharf den Mast mit durchschnittlich erhöhtem Tempo passierten. Und das nur, weil ich das Lenkrad herumgerissen hatte. Ansonsten hätte KPD nicht nur die Ampel frontal erlegt, die im Übrigen rot leuchtete.

Wir kamen lebendig an unserer Dienststelle an. KPD fuhr nicht auf den Hof, sondern blieb vor dem Gebäude am Straßenrand des Waldspitzwegs stehen.

»So wie ich aussehe, gehe ich da nicht rein«, sagte er zu mir. »Ich fahre zu mir nach Hause. Sie stellen mir noch ein Tagesprotokoll ins E-Mail, dann können Sie ins Wochenende gehen.«

Ich beschloss, seinen letzten Satz zu überhören. Schließlich war ich gerade dem Tod mehrfach entronnen, und meine Nerven mussten sich dringend beruhigen. Dies würde daheim zwar auch nicht funktionieren, aber besser, als ein Protokoll zu erstellen, allemal. Um diese Zeit waren meine Kollegen nicht mehr im Dienst. Daher stieg ich ohne schlechtes Gewissen in meinen Wagen und fuhr heim.

KAPITEL 5 –
DAS ÜBLICHE FAMILIENLEBEN

»Papa, kannst du mir mit dem blöden Referat helfen?«, schallte es mir aus dem Wohnzimmer entgegen, während ich im Flur die Schuhe auszog.

»Guten Abend, Melanie«, begrüßte ich meine Tochter überfreundlich, als ich ins Wohnzimmer trat. »Wo sind deine liebe Mutter und dein braver Bruder?«

Melanie schaute von einem Packen Papier auf. »Hast du Drogen genommen, Daddy? Oder wird man automatisch komisch, wenn man steinalt ist?«

Vermutlich meinte sie es ernst. »Ich bin erst Mitte 40.«

»Sag ich doch«, antwortete sie, ohne ein weiteres Mal aufzuschauen.

Vermutlich meinte sie es doch nicht allzu ernst. Jedenfalls bildete ich mir dies zum Selbstschutz ein. »Und wo sind die anderen?«

»Mama ist bei Lisa und Lars. Die haben den ganzen Tag nur geschrien. Wie soll ich mich da auf das Referat konzentrieren?«

Unsere neugeborenen Zwillinge Lisa und Lars hielten uns seit einem knappen Jahr mächtig auf Trab. Inzwischen begannen sie, sich in unbeaufsichtigten Momenten an allen möglichen Gegenständen hochzuziehen, und das natürlich meist gleichzeitig und nie nebeneinander.

Den versteckten Hinweis mit dem Referat überhörte ich. »Und was ist mit Paul?«

Der fast zehnjährige Paul hatte ständig irgendwelche Flausen im Kopf und spielte seiner Umgebung mal gefährliche und mal sehr gefährliche Streiche. In Verbindung mit unserem Nachbarn, Herr Ackermann, war unser Sohn reines Dynamit.

»Keine Ahnung«, nuschelte Melanie. »Vorhin ist er draußen im Garten mit dem Schubkarren rumgerannt.«

Bevor ich mich an die Rettung unseres Gartens machte, setzte ich mich an das andere Ende der Couch, um etwas zu verschnaufen. Anschließend würde ich ins Kinderzimmer zu Stefanie gehen und ihr meine Hilfe anbieten. Als treu sorgender Vater hatte man auch gewisse Pflichten, um die ich mich nicht drücken wollte. Vielleicht ein wenig hinauszögern, aber nicht mehr.

Stefanie kam meinem Plan zuvor. Müde setzte sie sich neben mich auf die Couch. »Lisa und Lars schlafen endlich. Willst du wissen, was sie heute alles gelernt haben?«

Nachdem ich nach einer Minute noch nicht geantwortet hatte, seufzte sie und zeigte zu unserer Tochter. »Sei so gut und hilf du ihr bei dem Referat, ich koche in der Zeit Abendessen.«

»Aber nur Rohkost«, platzte Melanie heraus.

Im ersten Moment fasste ich die unbeschreibliche Bemerkung als bösen Witz auf, doch dann erkannte ich an ihrer Mimik, dass sie diesen Satz in vollem Bewusstsein gesagt hatte.

»Dann hätten wir das geklärt«, sagte ich zu Stefanie. »Melanie darf Karotten knabbern, und ich bekomme das saftige Steak.«

Melanie warf den Packen Papier auf den Tisch und stierte mir auf den Bauch, was sehr fies war. »Eine Diät würde dir auch ganz gut tun.«

Auch? Dieses Wort ließen meine Alarmglocken anschlagen. War sie dem Schlankheitswahn der bleichen Models erlegen, die man ständig im Fernsehen und sonst überall sah?

»Du willst doch nicht abnehmen?«

»Ich nicht, aber zumindest gesund ernähren. Weißt du, um wie viel Prozent das Risiko steigt, einen Schlaganfall zu bekommen, wenn der Cholesterinwert zu hoch ist? Oder weißt du, wie die Arterien und die Lungen eines Rauchers aussehen?« Meine Tochter steigerte sich in dieses mir unangenehme Gesundheitsthema hinein. Was war mit ihr los? Normalerweise interessierten sich Kinder, speziell meine, nicht dafür, und Erwachsene verdrängten das, jedenfalls solange sie gesundheitlich selbst nicht betroffen waren.

Nachdem Melanie sich über Leberwerte und Herzinfarktgefahren ausgelassen hatte, unterbrach ich sie. »Du bist gerade mal 13 Jahre alt, Melanie. Ich bin mir sicher, dass deine Blutwerte allesamt in Ordnung sind.« Da jagte mir ein fürchterlicher Gedanke durch den Kopf. Ich schaute zu meiner Frau. »Das stimmt doch, oder?«

Sie nickte, und ich sprach erleichtert weiter. »Du willst doch hoffentlich nicht so ein bleiches Model werden wie die Mädels in deinen dubiosen Zeitschriften, die du liest.«

Melanie war auf 180. »Ganz sicher nicht, das wäre ja noch ungesünder. Du solltest dich aber mal über eine gesunde Lebensweise informieren, Daddy.« Sie zog ein Heft aus ihrem Stapel und gab es mir. »Hier, für dich und Mama. Ein Rentner-Bravo.«

Im Reflex nahm ich das Magazin und las den Titel: »Apotheken-Rundschau«. Sofort reichte ich das bunte

Ding an Stefanie weiter. »In deinem Alter habe ich mir in der Apotheke noch den ›Junior‹ geholt.«

Melanie lächelte mitleidig. »Das glaube ich dir sofort. Für die wirklichen Fragen der Welt interessierst du dich ja heute noch nicht.«

Meine Tochter fuhr schwere Geschütze auf, ohne Zweifel.

»Entschuldige bitte, dass ich kein Politiker bin. Ich bin halt eine ehrliche Haut und deshalb Polizeibeamter geworden. In meinem Beruf habe ich bereits unzählige Gauner überführt und damit auch deine Welt ein gutes Stück sicherer gemacht.«

Stefanie war sich unschlüssig, ob sie in die Küche gehen oder lieber den Vater-Tochter-Disput weiterverfolgen sollte. Sie entschied sich fürs Zuhören.

»Ach Paps«, sagte meine Tochter und lehnte sich mit verschränkten Armen zurück. »Du kapierst mal wieder gar nichts.«

Ich versuchte, den Ernst der Diskussion etwas aufzulockern. »Sämtliche Eltern von 13-jährigen Kindern, äh, Jugendlichen kapieren überhaupt nichts. Aber nur aus Sicht der, äh, Jugendlichen.«

Melanie ging auf die Pubertätsdiskussion nicht ein. »Ich meine es ernst, Daddy.« Sie seufzte tief.

»Erzähl mal.« Damit versuchte ich, sie aus der Reserve zu locken. Vor allem konnte ich mit dem kurzen Satz nichts sagen, was sie falsch auffassen könnte. Denn immer noch wusste ich nicht, was ihr eigentliches Problem war.

»Wir sollten uns alle gesünder ernähren«, begann sie. »Das muss nicht unbedingt immer vegetarisch sein«, fuhr sie mit einem kurzen Blick zu ihrer Mutter fort.

»Wie meinst du das?« War da eine Verschwörung im Gange? »Sollen wir jetzt alle Karotten knabbern?«

»Das täte dir ganz gut. Aber so streng meine ich das gar nicht. Schau mal hier.«

Ich las den Titel der Broschüre »aid Ernährungsführerschein« und erschrak fürchterlich.

»Den haben wir bereits in der vierten Klasse gemacht«, sagte Melanie. »Damals habe ich mir aber noch nicht so viele Gedanken über das Essen gemacht. Erst jetzt, weil ich dieses Referat schreiben muss. Nein, will.«

»Welches Referat?« Ich wusste, dass die Falle nun zuschnappen würde.

»Das Referat, wo du mir helfen sollst!«

»Ach das. Um was geht es in dem Referat?«

Meine Tochter las von einem Blatt ab. »Gesundheitsbewusste Ernährung als generationsübergreifendes Erfolgsmodell in der Familie unter besonderer Berücksichtigung der körperlichen Fitness.«

Selten hatte ich so blöd aus der Wäsche geschaut wie in diesem Moment. »Schreibst du an deiner Doktorarbeit?«

Es klingelte an der Haustür, was mir sehr gelegen kam. »Wir unterhalten uns gleich weiter über dieses Ding.«

An der Haustür standen zwei Paketboten. »Ein Paket für Reiner Palzki. Bitte an dieser Stelle unterschreiben.«

Ich schaute mich suchend um. »Und wo ist das Paket?«

»Das holen wir gleich aus unserem Transporter. Wir wollten erst abklären, ob jemand zu Hause ist.«

Als ich den Karton sah, wusste ich, warum sie zu zweit waren. »Was ist das?«, fragte ich geschockt. »Ich habe das nicht bestellt.«

Einer der beiden Paketboten öffnete die Sichthülle am Paket und zog den Lieferschein heraus. »Eillieferung von einem gewissen Klaus P. Diefenbach an Reiner Palzki. Die Adresse ist korrekt. Mit der Artikelbezeichnung kann ich nichts anfangen, das ist irgendeine Abkürzung.«

KPD hatte mir etwas geschickt? War denn schon Weihnachten? Irgendetwas war hier oberfaul.

Die beiden Männer begannen, unruhig zu werden. »Wir sind spät dran und müssen noch einige Pakete ausliefern. Sollen wir es Ihnen reintragen? Wenn nicht, lassen wir es auf dem Gehweg stehen.«

Nur wegen dieser Überrumpelungstaktik hatte ich kurz darauf einen sauschweren Karton im Wohnzimmer stehen, in dem locker zwei oder drei Fahrräder stecken konnten.

Paul hatte den Pakettransporter gesehen und war ebenfalls reingekommen.

»Was ist da drinnen, Paps?«, fragte er.

»Ich weiß nicht«, antwortete ich wahrheitsgemäß.

»Darf ich aufmachen?«

Ich überlegte. Die Adresse lautete auf meinen Namen. Ich hatte nichts bestellt, das Paket kam von KPD. Wahrscheinlich war der Inhalt nicht allzu gefährlich. »Dann mal los«, sagte ich zu Paul. Melanie und Stefanie waren neugierig und halfen mit.

»Geil!«, entfuhr es Paul, der als Erster den Inhalt zuordnen konnte. »Ein Crosstrainer! So einen habe ich mir schon immer gewünscht.«

Ich konnte mich nicht erinnern, jemals einen Crosstrainer auf Pauls Wunschzettel, den er seit Jahren wöchentlich aktualisierte, gesehen zu haben.

Melanie und Stefanie sahen mich fragend an.

»Heißt das, dass du mit unserem Plan einverstanden bist?«, fragte Stefanie. Den drohenden Plural hatte ich deutlich herausgehört.

»Danke, Daddy«, sagte Melanie und schaute mich freudestrahlend an. »Dafür bekommst du zum Essen eine Karotte extra.«

In diesem Haus lief im Moment einiges schief. Es galt, ein ganzes Bündel an Missverständnissen auszuräumen. Doch zuerst musste ich mich um Paul kümmern, der versuchte, die Einzelteile des Crosstrainers zu montieren. Dabei glitt ihm die schwere Schwungscheibe aus der Hand und rollte neben den Wohnzimmerschrank, wo sie die sauteure Bodenvase zertrümmerte, die wir zur Hochzeit geschenkt bekamen.

»Hättest du mir geholfen, wäre das nicht passiert«, meinte Paul vorwurfsvoll in meine Richtung, während Stefanie, deutlich schlechter gelaunt, die Kehrschaufel holte.

Unter dem Gruppenzwang, der in diesem Fall eher als Familienzwang bezeichnet werden musste, bauten wir innerhalb einer Stunde das Gerät einigermaßen bedienungsanleitungskonform auf.

»Das bleibt aber nicht im Wohnzimmer stehen«, meinte Stefanie, als wir fertig waren und ich das Verpackungsmaterial bündelte.

»Und wo soll er hin?«

»In den Keller, da haben wir doch genügend Platz«, antwortete sie.

Ich schnaufte durch. »Hättest du das nicht eine Stunde vorher sagen können? Wie sollen wir dieses montierte Gerät am Stück in den Keller kriegen? Wahrscheinlich holt KPD den Crosstrainer sowieso bald wieder ab. Das kann eigentlich nur ein Irrtum mit der Lieferadresse sein.«

Melanie horchte auf. »Wie bitte? Den hast du gar nicht selbst bestellt?« Sie sah deutlich enttäuscht aus. Wie kam ich aus der Zwickmühle nur wieder heraus?

»Langsam mit den Verdächtigungen. Das Neueste wisst ihr ja noch gar nicht.«

Abwartend schauten mich alle an.

»Seit heute haben wir auf der Dienststelle einen eigenen Fitnessraum.« Dass sich dieser in meinem ehemaligen Büro befand, verschwieg ich. »Ich selbst habe heute sämtliche Geräte getestet. Unter Aufsicht von Gerhard und Jutta. Und was soll ich sagen: Ich habe auf Anhieb 148 Leistungspunkte erzielt. Das ist für den Anfang enorm viel, hat Gerhard gesagt. Und Jutta auch«, fügte ich hinzu.

Wegen den Leistungspunkten gab es keine direkten Nachfragen. Der Rest des Wochenendes war wesentlich komplexer. Die Mahlzeiten waren noch gesünder, als sie bisher schon waren, da Stefanie als Vegetarierin sowieso ein Faible für gesunde Küche hatte. Neu daran war, dass Melanie ihre Abneigung gegenüber den Kochkünsten ihrer Mutter aufgegeben hatte. Als verlässlicher Leidensgenosse verblieb mir nur Paul, der wie immer ungeniert über das schreckliche Essen schimpfte. Meine kalorienreiche Notration, die tief versteckt in meinem Schreibtisch lag, war aufgebraucht. Hier gab es in der kommenden Woche dringenden Handlungs- beziehungsweise Nachholbedarf.

Handlungsbedarf gab es auch bezüglich des Referats. Melanies Idee, eine Referat begleitende dreimonatige Fotostory mit mir als Hauptperson zu schreiben, verweigerte ich.

»Oh Papa«, jammerte sie. »Nur jeden Tag ein kleines Foto von dir und deiner Wampe im Profil. Das kann ich mit Powerpoint wie bei einem Daumenkino abspielen. Das wird ein Riesenspaß.«

Meine angebotene Hilfe beim Schreiben des Referates erledigte sich von alleine. Meine hilfreichen Bemerkungen und Einlassungen schienen sie nicht wirklich zu überzeugen.

In der Euphorie des ersten Tages war der Crosstrainer von den restlichen Familienmitgliedern permanent in Gebrauch. Erst am Samstag musste ich die Ausrede »Schulterzerrung« bemühen, um den Crosstrainer nicht besteigen zu müssen. Gleich am Montagfrüh würde ich das Missverständnis aufklären und das Folterinstrument abholen lassen. Insgesamt war es ein abwechslungsreiches Familienwochenende, wenn auch kein erholsames.

KAPITEL 6 –
LAGEBESPRECHUNG IN MANNHEIM

Mein erster Weg am Montagvormittag führte mich zu KPD. Ich war ausnahmsweise pünktlich in den Waldspitzweg gefahren, um meinen Chef vor dem Beginn seiner wöchentlichen Lagebesprechung abzufangen.

KPD saß hinter seinem Schreibtisch, auf dem Berge von Dosen und Tüten lagen. Er trug eine dunkle Sonnenbrille, was ihm die Optik eines Mafioso verlieh, wenn auch ohne Zigarre.

»Was ist denn mit Ihnen passiert, Herr Palzki? So früh waren Sie noch nie im Dienst.« Er stand auf, kam zu mir und flüsterte: »Was am Freitag drüben in Mannheim passiert ist, das bleibt unter uns, verstanden?«

»Selbstverständlich, Herr Diefenbach. Ich bin gleich wieder weg. Ich muss doch den Mannheimern zeigen, wie man richtig und korrekt ermittelt. Allein schaffen die das doch nie im Leben.«

»Ja gewiss«, meinte KPD mit bedrückter Stimme. »Wobei ich nicht weiß, wie das funktionieren soll. Sie allein in der Löwengrube der Mannheimer Kripo, das kann nicht gut gehen.«

»Wie meinen Sie das?«

»Ohne meine Kompetenz geht das nicht«, antwortete KPD bestimmt. »Schauen Sie sich nur meine Erfolge an, seit ich in meiner Kriminalinspektion ein guter Chef bin. Immer war ich es, der den entscheidenden Impuls gegeben hat, um die schwierigen Fälle zu lösen. Aber ich weiß, wie wir das trotzdem schaffen.«

Da ich nichts entgegnete, fuhr er fort.

»Sie werden jeden Tag vor Dienstschluss hierher fahren und mir einen Tagesrapport ins Postfach stellen. Am nächsten Morgen können Sie sich in Ihrem Posteingang die aktualisierte To-do-Liste abholen. Damit sind Sie bestens präpariert.«

»Unsere Post kommt erst gegen Mittag«, sagte ich, was ihn ziemlich lange irritierte.

»Ich meine doch Ihr elektronisches Postfach, Herr Palzki. Haben Sie sich immer noch nicht mit der modernen Technik angefreundet? Habe ich deshalb das Protokoll vom Freitag nicht vorliegen, weil Sie es mit der Post geschickt haben?«

Ich nickte leicht, um ihn zufriedenzustellen. Zu diesem unbeschreiblichen Rapportthema würde mir noch etwas einfallen. Auch bei uns in Schifferstadt wurde nicht so heiß gegessen wie gekocht.

Während KPD zurück zu seinem Sessel ging, wechselte ich das Thema.

»Sie haben versehentlich einen Crosstrainer zu mir nach Hause liefern lassen. Würden Sie den bitte heute abholen lassen, bevor meine Kinder etwas kaputt machen?«

KPD druckste herum. »Das war Absicht, Herr Palzki. Mir fiel in der Kürze der Zeit nichts Besseres ein.«

»Das ist aber kein Grund, mir solch ein großes Gerät zu schicken. Unser halbes Wohnzimmer ist blockiert.«

»Stellen Sie ihn doch in den Keller«, schlug er vor. »Der Crosstrainer war in dem Set inbegriffen, deshalb diese Aufteilung.«

»Welche Aufteilung?« Ich blieb hartnäckig.

Der Dienststellenleiter schaute zu Boden. »Da war doch diese dumme Geschichte am Freitag im Luisenpark. Nachdem ich mich mit den zwei oder drei Mördern geschlagen hatte, kam zunächst ein Sanitäter, der mein Auge versorgte.«

Inzwischen hatte KPD aus dem einen Jugendlichen zwei oder drei Täter gemacht, mit denen er gekämpft haben wollte.

»Jedenfalls stand auf einmal ein Vertreter vor mir, der mich fragte, ob ich günstig Fitnessgeräte kaufen möchte. Da sich das interessant anhörte, machte er mir gleich ein Angebot.«

KPD knetete seine Hände. »Es musste nur schnell gehen mit der Lieferung, und es stand nur das eine Set zum Verkauf für den halben Preis. Auf eine Rechnung musste ich ebenfalls verzichten, aber das spielte keine Rolle.«

Für mich klang das so, als sei mein Chef einem Hehler aufgesessen. Hatte KPD Diebesgut erworben?

»Die Fitnessgeräte standen bereits in einem Transporter, daher musste ich mich sofort entscheiden. Da wir auf der Dienststelle bereits einen Crosstrainer haben, ließ ich das Gerät zu Ihnen nach Hause fahren. Ich habe mir dabei sogar etwas gedacht!«

Nun waren wieder die üblichen Gemeinheiten an der Reihe.

»Herr Steinbeißer sagte mir, dass Sie im Vergleich mit Ihren Kollegen einen sehr großen Trainings- beziehungsweise Konditionsrückstand haben. Mit einem eigenen Gerät können Sie nun auch zu Hause trainieren, außerhalb der Dienstzeit. Da Sie in den nächsten Tagen verstärkt in Mannheim sind, passt das ganz gut. Jeden Abend, wenn

Ihre Familie im Bett ist, können Sie auf dem Crosstrainer ein paar Kilometer runterreißen. Ab übernächstem Monat müssen alle meine Untergebenen ihre Fitness in einem Test beweisen. Wer weniger als 20 Kilometer schafft, geht mir nicht mehr in den Außendienst.«

Nun stand es für mich fest: Bis übernächsten Monat musste etwas passieren. Der Weg des geringsten Widerstandes dürfte in diesem Fall die Ermordung meines Chefs sein.

Ich begann mit dem Rückzug. »Ich fahre gleich nach Mannheim.«

KPD, der eine der vielen Dosen in die Hand genommen hatte, erwiderte: »Bis zum Ende der Lagebesprechung bleiben Sie da. Sonst fehlen Ihnen wichtige Informationen.« Er unterbrach sich selbst. »Verdammter Mist, was hat das zu bedeuten?« Er stierte auf den Boden der Dose.

»Ist Ihre Dose undicht?« Eigentlich wollte ich mit dieser Bemerkung einen Witz machen.

»Nein, ich lese gerade das Mindesthaltbarkeitsdatum: April 2004. Das ist eine Schweinerei!«

»Hoffentlich kein Schweinefleisch.«

»Sportlernahrung«, grummelte KPD, während er weitere Dosen und Tüten untersuchte. »Das Zeug ist ja reinster Sondermüll.«

»Vielleicht war es billig?«, stachelte ich meinen Chef auf.

»Das hat mir ein Geschäftsfreund von dem Händler mit den Fitnessgeräten am Freitag verkauft. Zum halben Preis, inklusive Lieferung. Und ich habe nicht einmal seine Adresse.« KPD bekam einen roten Kopf. »Das kann einem rechtschaffenen Bürger wie mir nur in Mannheim passieren.«

Bevor ich vor Lachen laut herausplatzte, verabschiedete ich mich. »Ich gehe nebenan zu den Kollegen. Man sieht sich nachher.«

KPD nickte, dann fiel ihm noch etwas ein. Er deutete auf seine Brille. »Kein Wort zu meinen anderen Untergebenen, verstanden?«

Gerhard, Jutta und Jürgen waren ebenfalls überrascht, mich zu so früher Stunde zu sehen.

»Hast du deine Uhr auf doppelte Winterzeit umgestellt?«, fragte Jutta. »Dann hast du den falschen Monat erwischt.«

Bevor ich am Besprechungstisch Platz genommen hatte, sprudelte es aus mir heraus. »Habt ihr schon KPD mit Sonnenbrille gesehen? Der hat ein Veilchen, so groß wie eine Grapefruit.« Ich erzählte die komplette Geschichte in allen Einzelheiten, wobei ich KPDs Verhalten zusätzlich künstlerisch etwas ausschmückte.

»Vielleicht hat er eine Sonnenbrille mit Sehstärke?«, vermutete unser Jungkollege Jürgen.

»I wo«, lästerte ich weiter. »Der ist blind wie ein Fisch. Alles, was weiter entfernt ist als fünf Meter, existiert für ihn nicht.«

Gerhard brachte mich in die Gegenwart zurück. »Gleich beginnt die Lagebesprechung. Das ist das erste Mal, dass Reiner den Beginn mitbekommt.« Er grinste mich unverhohlen an und zeigte auf einen Jahreskalender, der an der Wand hing. »Um 14 Uhr bist du eingetragen, Reiner. Das Laufband und das Rudergerät darfst du als Erster testen. Die anderen Geräte müssen erst montiert werden.«

Ich stand betont lässig auf und ging zu dem Kalender. Mit dem dicken Eddingstift, der an einer Schnur neben dem Kalender baumelte, strich ich meinen Namen durch.

»Leider bin ich im Außeneinsatz. Überhaupt werdet ihr mich diese Woche nur sehr wenig sehen. Spezialauftrag von KPD«, ergänzte ich vielsagend.

Da Jutta eins und eins zusammenzählen konnte, wusste sie sofort, was mit dem Spezialauftrag gemeint war. »Sag bloß, KPD mischt sich mal wieder in die Ermittlungen in einem anderen Bundesland ein? Darfst du seinen Handlanger spielen?«

Nachdem ich im Kalender auch an den anderen Wochentagen meinen Namen getilgt hatte, antwortete ich ihr. »Dieses Mal nicht, Jutta. Ich bin offiziell von der Mannheimer Polizeipräsidentin gefragt worden, ob ich sie bei den Ermittlungen unterstützen möchte. Weil sie von mir schon so viel Gutes gehört hat.« Ich strahlte in die Runde.

Meine Kollegen wussten nicht so recht, ob sie mir glauben sollten.

»Ihr könnt ja KPD fragen, wenn ihr mir nicht glaubt. Frau Berlinghof, das ist die neue Polizeipräsidentin, hat KPD sogar gefragt, ob er mich freistellt, damit ich ihr helfen kann.«

»Und unser Chef hat eingewilligt?«

»Was sollte er anderes sagen? Er hat immerhin mir zu verdanken, dass er keine Nacht in der Gewahrsamszelle verbringen musste.«

»Das ist überhaupt der Hammer«, unterbrach Jürgen. »KPD in der Zelle. Gibt's davon Aufnahmen?«

»Mal schauen, was sich machen lässt«, antwortete ich ihm. Dann gingen wir gemeinsam in den Sozialraum. Mein Wissen nutzend, ging ich zu KPD, sagte: »Ich bin auch da«, und setzte mich in die letzte Reihe, weit außerhalb seines Sichtfeldes. Wenige Minuten später schlief ich.

Plötzlich rüttelte mich eine Person am Oberarm. »Was du da mache?«, sprach mich eine Reinigungskraft an, die den Boden wischte.

Ich registrierte, dass wir beide allein im Sozialraum waren. Ein Blick zur Wanduhr verriet mir, dass die Lagebesprechung seit rund einer Stunde vorbei sein musste.

»Ich suche einen Mörder«, antwortete ich. »Haben Sie einen gesehen?«

Die Putzfrau schüttelte langsam den Kopf. »Ich nix Mörder sehen. Soll ich Polizei rufen?«

»Lassen Sie mal«, sagte ich, während ich schwerfällig aufstand. »Ich kümmere mich darum. Kümmern Sie sich um den Boden.«

Wenn es nicht schon so spät gewesen wäre, wäre ich zu meinen Kollegen gegangen und hätte Ihnen kräftig die Meinung gegeigt. Mich einfach schlafen zu lassen, das ging eindeutig zu weit. Ich hatte nichts gegen kleine Streiche einzuwenden, doch das war nicht lustig.

Mies gelaunt fuhr ich nach Mannheim. Rund um das Polizeipräsidium gab es nur Parkplätze für Anwohner mit Ausweis, Parkplätze mit Parkscheinpflicht oder ruinös teure Parkhäuser. Schon so mancher Autofahrer, der beim Abholen seines Kraftfahrzeugs von den exorbitanten Preisen überrascht wurde, hatte seinen Wagen einfach im Parkhaus stehen lassen, da die Parkgebühren den Wert des Wagens überstiegen. Ganz Schlaue hatten anschließend ihr Auto als gestohlen gemeldet, um den Schaden, der durch die hohe Parkgebühr entstanden war, den Kaskoversicherungen aufzubürden. Manche Kaskoversicherung hatte inzwischen reagiert und explizit Parkgebühren vom Versicherungsschutz ausgenommen.

Ich entschied mich, direkt neben dem Haupteingang zu parken. Dem Schild »Nur für Einsatzkräfte der Polizei« entgegnete ich mit einer handschriftlichen Notiz, die ich auf das Armaturenbrett legte. »Im Einsatz für Daniela Berlinghof, Polizeipräsidentin« sollte jede Politesse einschüchtern beziehungsweise vor dem Abschleppen zur telefonischen Nachfrage ermuntern.

Ein Schutzpolizist begleitete mich durch die weiten und hohen Gänge des alten Gebäudes. Ich glaube nicht, dass ich mich ohne seine Hilfe in dem komplexen Grundriss zurechtgefunden hätte. Stattdessen hätte man in ein paar Jahren irgendwo zufällig mein Skelett gefunden.

Kaum hatte der Beamte an der Tür geklopft, rief von drinnen die Polizeipräsidentin. »Kommen Sie rein, Herr Palzki. Ich weiß, dass Sie es sind, die erste Politesse hat bereits angerufen.«

Ich zog meinen Hals ein und öffnete die Tür. Zu meinem Unbill war sie nicht allein: Dietmar Becker saß ihr am Schreibtisch gegenüber. Auf dem Schreibtisch lag eine Gesamtausgabe seines schriftstellerischen Irrsinns, das nicht wenige Leser fand, was ich absolut nicht nachvollziehen konnte. Frau Berlinghof blätterte in dem Band »Räuberbier« und schien sich köstlich zu amüsieren.

»Kommen Sie, setzen Sie sich, Herr Palzki. Ich lese gerade den Abschnitt, wo Herr Becker meinen Vorgänger so treffend karikiert. Einfach köstlich, sage ich.« Sie legte das Buch zurück und schaute mich amüsiert an. »Unter anderen Umständen würde ich Ihren Dienstwagen nicht als Einsatzwagen durchgehen lassen, Herr Palzki. Bei uns in Mannheim gibt es rigide Bestimmungen. Wir sind schließlich kein Bananenbundesland. Da müssen Sie sich bei uns ein wenig umstellen. Heute mache ich da aber gerne eine Ausnahme. Herr Becker hat den Anruf der Politesse bei mir für seinen nächsten Krimi protokolliert.«

Der Student zeigte mir seinen aufgeschlagenen Notizblock. »Frau Berlinghof hat mir die Vorkommnisse vom Freitag bereits detailliert beschrieben. Diefenbachs unfreiwilligen Aufenthalt in der Gewahrsamszelle und sein blaues Auge werde ich selbstverständlich literarisch gebührend ausschlachten.«

Dies war einer der seltenen Momente, wo ich ihm beipflichten konnte. Wenn er nur mich immer so realistisch darstellen würde wie meinen unsäglichen Chef. Einen kleinen Hoffnungsschimmer hatte ich: Wenn KPD die eben genannten Szenen lesen würde, war es vorbei mit der Hilfsbereitschaft dem Studenten gegenüber. Und das wäre ebenfalls ein großer Erfolg.

»Damit würden Sie mir einen persönlichen Gefallen tun«, sagte Berlinghof in Richtung Becker. »Ich hoffe, dass diese Geschichte der Polizeipräsident in Ludwigshafen liest und daraus seine Konsequenzen zieht. Herr Diefenbach muss zwangsversetzt werden. Irgendwo in ein kleines Dorf in der Hinterpfalz.« Sie blinzelte mir zu. »Das ist doch auch in Ihrem Sinne, Herr Palzki?«

»Selbstverständlich«, bestätigte ich diese einmalige Gelegenheit. »Allerdings ist Herr Diefenbach bereits von Ludwigshafen nach Schifferstadt zwangsversetzt worden.«

»Oha«, horchte sie auf. »Wissen Sie, warum?«

»Leider nein. Man munkelt, es lag an seinem Führungsstil. Passen würde das, die Wahrheit wird allerdings unter Verschluss gehalten.«

Berlinghof machte sich in ihrem Schreibblock ein paar Notizen. »Ich schaue mal, was ich herausfinde.«

Ich freute mich wie ein kleines Kind. Natürlich stand ich jetzt noch mehr unter Erfolgsdruck. Doch diese riesige Aussicht, KPD loszuwerden, musste ich nutzen. Das Kapitalverbrechen im Luisenpark war bestimmt schnell gelöst.

Die Mannheimer Polizeipräsidentin reichte mir eine dünne Akte. »Leider ist der Erkenntnisstand bisher sehr gering. Aber die Spurensicherung kann halt nur das finden, was da ist. Die Obduktion steht noch aus, da erwarte ich mir aber keine relevanten Erkenntnisse. Ganz oben liegt Ihre heutige To-do-Liste, Herr Palzki. Zuerst fahren Sie, natürlich immer mit Herrn Becker, zum TSV-Gelände östlich des Luisenparks. Ein Herr Michael Messer erwartet sie dort. Er ist einer der drei Personen, die in unmittelbarer Nähe des Opfers standen und rauchten. Versuchen Sie, Informationen zu den anderen beiden herauszubekommen. Danach geht es für Sie weiter zum Luisenpark. Frau Fernandez wird Ihnen den Arbeitsplatz des ermordeten Hausmeisters und im Anschluss den Park zeigen.«

Was war das? War ich im falschen Film? Ich dachte, ich sollte mein eigenes Know-how einbringen und eigenständig ermitteln? Und jetzt schrieb mir die Polizeipräsidentin jeden einzelnen Schritt vor? Vor Wut kochend blätterte ich durch die Akte, ob sie bereits die Fragen vorformuliert hatte, die ich den genannten Personen stellen sollte.

Daniela Berlinghof ahnte meinen Konflikt. »Es bleiben genügend Freiheiten für Sie übrig, Herr Palzki. In ein paar Tagen werden Sie sich an die unerlässlichen Richtlinien der baden-württembergischen Polizeidienststellen gewöhnt haben. Erst letzten Monat haben wir ein elektronisches Dokumentenmanagement eingeführt. Sobald die Tests erfolgreich bestanden sind, können Sie sich bei Außenterminen mittels Ihrem Tablet in die Ermittlungsakte einloggen und Protokolle hinzufügen.«

Dietmar Becker schoss quer und lachte. »Tablet? Herr Palzki kennt solche Geräte nur vom Hörensagen.«

»Sie Schelm«, antwortete Berlinghof und grinste breit. »Schreiben Sie das auf! Das sind genau die komischen und übertriebenen Nebengeschichten, die Ihre Krimis so reizvoll machen. Die Realität mit Fiktion ausschmücken, sage ich immer zu mir, wenn ich Ihre Krimis lese. Denken Sie bitte auch daran, diese Fiktivperson Dr. Metzger wieder auftreten zu lassen.«

So langsam fragte ich mich, ob es eine gute Idee war, meine wertvolle Zeit in Mannheim zu investieren. Daniela Berlinghof war zwar anders als KPD, aber auch nicht so, wie ich mir einen Vorgesetzten beziehungsweise eine Vorgesetzte vorstellte.

»Das war kein Witz«, meinte der Möchtegernschriftsteller. »Bei der Polizei in Rheinland-Pfalz ist man weit davon entfernt, Tablets einzusetzen. So langsam kommen die ersten Handys in Gebrauch.«

»Metzger gibt es wirklich«, nuschelte ich gleichzeitig, doch niemand hörte mir zu.

Berlinghof war mit der Antwort Beckers einen Moment überfordert. »Ja wenn das so ist ...«, sagte sie dazu abschließend und unbestimmt. Sie wechselte das Thema. »Ich habe Ihnen beiden gegenüber von meinem ein Büro freigemacht. Dann müssen Sie bloß über den Flur, wenn Sie zu mir wollen. Die Passwörter für den PC und die Software liegen unter den Tastaturen. Bei der Polizei gibt es fast nur ehrliche Menschen. Und gestohlen wird bei uns innerhalb des Präsidiums nur relativ selten.«

Mir war aufgefallen, dass in meinem Tagesablauf keine Rede davon war, dass Daniela Berlinghof mitfahren würde. Mein Wille, dies nicht zu erwähnen, unterlief Becker.

»Sie fahren mit zum TSV und zum Luisenpark?«, wollte der neugierige Student wissen.

»Das geht leider nicht, meine Herren«, antwortete sie. »In dieser Hinsicht müssen wir ein wenig improvisieren. Unter anderem deshalb bin ich darauf angewiesen, dass Sie genauestens Protokoll führen, Herr Palzki.«

Sie seufzte, als sie das Fragezeichen auf meiner Stirn sah. »Natürlich tun wir in dem Krimi von Herrn Becker so, als wäre ich überall dabei gewesen. Das kann Herr Becker im Nachhinein gut integrieren. Wichtig ist, dass ich auf dem Laufenden bleibe. Ich werde Ihnen, Herr Becker, vor Feierabend meine Notizen ins elektronische Postfach schicken, damit Sie wissen, wie Sie mich am besten in die Geschichte einbauen können. Es muss schließlich alles rund und authentisch werden, damit ich nicht als Witzfigur, wie Diefenbach, in die Literatur eingehe.«

Irgendwie kamen mir diese Worte bekannt vor. Hatte sich KPD nicht so ähnlich ausgedrückt? Zu meiner Freude wurde Beckers Postfach mit den gedanklichen Ergüssen der Polizeipräsidentin befeuert und nicht das Meinige. Ich musste schauen, dass sich Becker und Berlinghof mit sich selbst beschäftigten, das würde meinen eigenverantwortlichen Ermittlungen gut tun.

»Für Sie habe ich auch noch eine Anordnung, Herr Palzki.«

Sie steckte sich eine neue Zigarette an, die vierte oder fünfte, seit ich heute dieses Büro betreten hatte. »Bevor Sie zum Feierabend zurück in die Pfalz fahren, suchen Sie bitte Ihr Büro bei uns im Präsidium auf und stellen mir einen Rapport ins E-Mail. Am nächsten Tag finden Sie im Eingang Ihren Einsatzplan für den neuen Tag. Bei Schwierigkeiten können Sie mir gerne Zwischenberichte zukommen lassen.«

Jetzt schaute sie Becker an. »Ich behalte mir natürlich vor, mich jederzeit selbst einzuschalten. Leider bin ich wegen meines Fachbuchs sehr unter Zeitdruck. Der Verlag besteht auf dem Abgabetermin des Manuskriptes.«

»Wenn ich Sie dabei unterstützen kann …«, schleimte sich der Student ein.

»Danke, lassen Sie mal. Bleiben Sie bei Ihrem Krimi. Das sind zwei komplett verschiedene Welten. Für meine Reputation benötige ich aber beides.«

Damit entließ sie uns. Gemeinsam mit Becker ging ich in unser neues Büro. Der Student startete sofort seinen PC und kam aus dem Staunen nicht heraus. »Boah, ich kann auf sämtliche polizeiinternen Systeme zugreifen. Ein Paradies für einen Schriftsteller. Soll ich mal schauen, ob KPD vorbestraft ist?«

Ich machte eine eindeutige Geste. »Für wie belämmert halten Sie meine Kollegen und mich? Wir haben jeden Tag Zugriff auf das ganze Zeug. KPDs Eintrag ist unter Verschluss, da brauchen Sie eine offizielle Genehmigung.«

Im Vergleich zu Becker hatte ich meinen PC nicht einmal angerührt. »Können wir jetzt endlich los? Meine Parkscheibe läuft ab.«

Er machte sich ein paar Notizen, wahrscheinlich schrieb er den flachen Witz mit der Parkscheibe für seinen nächsten Krimi auf. »Okay, ich bin soweit.«

Inzwischen fand ich fast auf Anhieb den Ausgang aus dem Gebäudekomplex.

KAPITEL 7 –
ZEUGENBEFRAGUNG BEIM TSV 1846

»Kennen Sie den Weg zum TSV?«, fragte ich meinen unfreiwilligen Partner auf Zeit, während ich die Nachricht für die Politesse von der Frontablage entfernte.

Er nickte. »Wir müssen am Fernmeldeturm vorbei. Das TSV-Gelände liegt genau zwischen Neckar und Luisenpark.«

»Dann lotsen Sie mich mal. Ich will schauen, ob Sie sich auch so gut in Mannheim auskennen wie ich.«

Zielsicher zeigte er mir den Weg zum Fernmeldeturm. »So einen großen Turm zu finden, ist nicht allzu schwierig«, ärgerte ich ihn. »Und wo geht's zu diesem Verein?«

Dietmar Becker zeigte stumm am Fernmeldeturm vorbei. Ich fuhr noch ein paar Meter die Straße mit dem Namen Hans-Reschke-Ufer entlang.

»Da rechts rein«, sagte mein Beifahrer plötzlich und zeigte auf ein breites offen stehendes Gittertor. »Michael Messer wartet auf uns in der Nähe des Gasthauses ›Lavendel‹ an der 100-Meter-Laufbahn.«

»Waren Sie schon einmal dort?«

»Nein, ich habe die Schilder gesehen«, meinte Becker trotzig.

Ich stellte den Wagen vor einem länglichen Gebäude ab. Während wir zur Laufbahn gingen, entdeckte ich im Hintergrund neben einem Gasthaus mit dem Namen »Lavendel« einen seltsamen Rasenplatz, der kleiner war als ein Fußballplatz und in vier gleiche Rechtecke unterteilt war.

»Ein Hockeyfeld«, sagte Becker.

»Wollte ich auch gerade sagen«, parierte ich.

Neben der Laufbahn entdeckten wir ein knappes Dutzend Menschen, die auf der Tartanbahn standen und diskutierten. Fast alle trugen Sportbekleidung.

Vorsorglich schaute ich in meiner Tasche nach, ob ich den Dienstausweis dabeihatte. In der Vergangenheit gab es in ähnlichen Situationen schon einmal die eine oder andere Verwechslung. Erst kürzlich verwechselte mich eine Pilates-Trainerin, die ich wegen dem Aufenthaltsort einer Zeugin befragen wollte, mit einem ihrer Patienten. Ob die Teilnehmer wirklich Patienten waren, wusste ich natürlich nicht. Gleichwohl fand ich den Vorgang ungeheuerlich.

Ein äußerst drahtiger Athlet kam auf uns zu. Er schaute zweifelnd zwischen dem Studenten und mir hin und her. Dann entschied er sich, Becker anzusprechen. »Vielen Dank, dass Sie Ihren Vater zum Seniorentraining bringen. Das Fitness-Diät-Programm für adipöse Senioren beginnt in einer halben Stunde vorne in der Halle. Wir beginnen heute mit einfachen Dingen wie auf einen Stuhl setzen und gleich wieder aufstehen. Haben Sie das ärztliche Unbedenklichkeitsattest dabei?«

Während Becker Luft schnappend in die Hocke ging, blies ich meinen Brustkorb auf, um genügend Sauerstoff für eine Brandrede zur Verfügung zu haben. Adipös, der Typ hatte sie doch nicht mehr alle! Haben die Muskeln seine Gehirnzellen verdrängt? Am besten, ich bringe ihn zur Ausnüchterung ein paar Tage in eine der Gewahrsamszellen des Präsidiums. Gute Kontakte hatte ich schließlich. Und wenn er dann nicht mit seiner Meinung brechen würde, käme ein formloses Auslieferungsverfahren aus

Schifferstadt infrage, natürlich von mir indiziert. In Schifferstadt konnte es durchaus passieren, dass ein Zelleninsasse mal ein paar Tage vergessen wurde. Dafür würde ich schon sorgen.

»Sagen Sie mal!«, blökte ich ihn mit krebsrotem Gesicht an. Nur der Schaum um den Mund herum fehlte. Erschrocken trat er einen Schritt zurück und fiel über den Fuß eines anderen Sportlers, der neugierig hinzugetreten war. Eingeschüchtert blieb er am Boden liegen, während ich mich mit einer erbitterten Entschlossenheit und grenzenlosen Wut zu ihm hinunterbeugte.

Der Student beurteilte die Lage einigermaßen realistisch. Er zog mich von meinem Opfer weg und schrie: »Lassen Sie ihn leben, Herr Palzki. Er hat es nicht so gemeint.«

Die am Boden liegende Person, die mich so radikal beleidigt hatte, schaute perplex zu mir auf. »Sie sind Herr Palzki? Ich dachte …«

Er stand langsam auf. »Das tut mir leid, Herr Palzki. Ich habe Sie mit einem der Teilnehmer unseres, äh, gesundheitsfördernden Fitnesskurses für, äh, Erwachsene verwechselt.«

So langsam beruhigten sich mein Herzschlag und mein Blutdruck. Deeskalation, redete ich mir ein, auch wenn er es nicht verdient hatte. Ich gab ihm widerwillig die Hand.

»Michael Messer«, stellte er sich vor. »Ich habe das Sportabzeichen abgenommen, wir sind vor ein paar Minuten fertig geworden.« Er schaute mich schon wieder schräg an. »Ich kann mich gar nicht an Sie erinnern, Herr Palzki.«

Da ich die Frage auf die Sache im Luisenpark bezog, antwortete ich: »Ich auch nicht.«

»Seltsam«, sagte Messer. »Es gibt seit Jahren eine Vereinbarung mit dem Polizeipräsidium, die besagt, dass jeder Beamte im Außendienst bei uns einmal im Jahr das Sportabzeichen ablegen und auf dem Crosstrainer 20 Kilometer mit mittlerem Widerstand ohne Pause schaffen muss.«

Becker stand zum zweiten Mal mit Tränen in den Augen neben mir.

»Da liegt ein Irrtum vor«, klärte ich Messer auf. »Ich bin eine Leihgabe aus der Pfalz. Aber auch dort müssen wir Beamte im Außendienst natürlich ständig unsere Fitness unter Beweis stellen. Die körperlichen Anforderungen sind in Rheinland-Pfalz sogar noch einen Tick anspruchsvoller als bei Ihnen. Letzte Woche habe ich es bei einer Überprüfung auf 148 Leistungspunkte gebracht.«

Messer nickte anerkennend. Wie einfach man seine Umwelt mit nichtssagenden angeblichen Superlativen überzeugen kann, dachte ich belustigt. Ich legte noch einen drauf. »Das war absoluter Rekord in unserer Dienststelle. Noch nie hatte es vorher ein Kollege geschafft, unter gleichen Bedingungen auch nur annähernd so viele Leistungspunkte zu erzielen.«

Dass ich nach meinem Kenntnisstand der bisher Einzige auf dem neuen Crosstrainer war, brauchte ich ja nicht zu verraten. Ich sollte es allerdings nicht übertreiben, sonst galt ich in Messers Augen als sportlicher Vergleichsmaßstab und Idealbild aller Polizeibeamten in Rheinland-Pfalz. Zumindest Gerhard als Marathonläufer würde ein paar mehr Leistungspunkte auf dem Crosstrainer erreichen, so oft, wie er trainierte.

Zur Sicherheit fixierte ich Dietmar Becker. Er verstand meinen drohenden Blick und schwieg. Welches dumme Zeug er später in seinen Roman schreiben würde, konnte ich leider nicht beeinflussen.

»Lassen Sie uns in das Gasthaus gehen«, schlug Messer vor. »In einer halben Stunde beginnt der Fitnesskurs, so lange habe ich Zeit für Sie.«

Als hochgeschulter Beamter war mir in den letzten Minuten etwas aufgefallen. »Was ist das für ein Typ da drüben? Der drückt sich ziemlich auffällig herum.«

Der ältere Mann, ich schätzte ihn auf Mitte 70, trug eine Pilotenbrille im XXL-Format. Zunächst hatte ich einen harmlosen Spaziergänger vermutet, doch so, wie er die ganze Zeit in der Nähe herumschlich, befand er sich im ersten Lehrjahr einer Amateurdetektivausbildung.

Michael Messer schaute nur kurz zu dem vermeintlichen Spazierrentner. »Keine Ahnung, den habe ich bisher nie gesehen. Zu unserem adipö…, äh, Fitnesskurs gehört er jedenfalls nicht.«

Dass der Unbekannte unter Normalgewicht litt, sah ich selbst.

Der TSV-Trainer ging voraus. Als wir in das Gasthaus »Lavendel« eintraten, bekam ich den nächsten Schock. Im Gastraum waren mehrere Frauen dabei, auf einem Buffettisch winzige Gemüseschnipsel abzuzählen und in kleine Schüsseln zu legen. Eine der Damen sprach Messer an. »Mike, deine Adipösis können nach dem harten Training anrücken. Jeder bekommt wie vereinbart exakt 50 Kilokalorien. Pass aber auf, damit sich keiner der Gruppe aus Verzweiflung umbringt.« Die Frau lachte schrill, und ihre Kolleginnen fielen ein.

Messer war die Bemerkung sichtlich unangenehm. »Lassen Sie uns dahinten in die Ecke gehen.« Über die Schulter rief er: »Sophie, bringst du uns bitte drei Wasser?«

»Ja, das war ein ziemlicher Schock für uns«, begann

Messer, als wir saßen und einen ersten Schluck getrunken hatten. »Ausgerechnet Braun. Er war sehr beliebt.«

»Kannten Sie ihn?«, mischte sich Becker ein. Für diese Frage trat ich ihm unter dem Tisch ans Schienbein. »Aua«, zuckte der Student zusammen und sah mich böse an.

»Ich stelle die Fragen«, stellte ich klar. Messer schien über meinen Autoritätswillen sehr beeindruckt zu sein.

»Ich hatte nur selten mit Braun zu tun. Meine Kollegin Eirin Mähn kannte ihn näher. Sie war es auch, die ihn gefunden hat. Das heißt, eher entdeckt hat, dass er tot ist.«

»Befindet sie sich ebenfalls auf dem Vereinsgelände? Ich würde gerne mit ihr sprechen.«

»Eirin ist viel beschäftigt. Sie ist bei uns für das Lauftraining zuständig, insbesondere für die Langstrecken. Schwimmunterricht erteilt sie auch. Ich kann ihr später sagen, dass sie sich bei Ihnen melden soll, Herr Palzki.«

»Gute Idee«, antwortete ich und gab ihm meine Karte. »Können Sie mir nun einen Überblick verschaffen, was in dem Innenhof passierte, bevor Ihre Kollegin den Hausmeister entdeckte? Gibt es weitere Personen, die Sie kennen?«

Messer kaute auf seiner Unterlippe. »Da war ein ständiges Kommen und Gehen. Es war schließlich der einzige Ort, wo man rauchen konnte.«

Ich unterbrach ihn. »Gehe ich richtig in der Annahme, dass Sie und Frau Mähn geraucht haben? Als Sportler?«

Messer wurde für einen kurzen Moment rot. »Sie haben recht, das passt nicht so ganz zusammen. Eirin und ich sind zwar Raucher, aber sehr gemäßigte. Auf dem Sportplatz werden Sie uns nie mit Kippen sehen.« Er lächelte peinlich berührt.

Ich stellte mir vor, wie es wäre, wenn ich selbst rauchen würde. Wahrscheinlich hätte ich auf dem Crosstrainer bereits nach der Hälfte des Weges aufgeben müssen.

»Okay, kommen wir zurück zur Sache. Was passierte unmittelbar vor dem Fund?«

»Eirin und ich standen mit zwei oder drei Mitarbeitern des Luisenparks zusammen und rauchten. Irgendwann verabschiedeten sie sich, und Eirin und ich standen alleine da. Das heißt, so richtig standen wir nicht an einem Ort. Beim Verabschieden geht man mal einen Schritt zur Seite oder vor oder zurück. Sie kennen das ja, dass man nicht auf einem Fleck stehen bleibt. Als sich der Letzte verabschiedet hatte, ging Eirin einen Schritt zurück und stolperte über einen der Sockel, auf denen diese Steinquader stehen. Sie erschrak, konnte aber ihr Gleichgewicht halten. Dabei drehte sie sich um und entdeckte Braun. Sie sah das Messer und begann zu schreien. Im gleichen Moment entdeckte ich es dann ebenfalls.«

»Sonst war niemand in der Nähe?«

»Nicht in unmittelbarer Nähe. Natürlich war der Innenhof voll mit Rauchern. Ich habe keine Ahnung, wie lange Braun bereits dort lag. Eher nicht so lang, sonst wäre er früher entdeckt worden.«

»Vermutlich«, bestätigte ich. »Würden Sie mir bitte die Namen der Luisenpark-Mitarbeiter aufschreiben, die gemeinsam mit Ihnen geraucht haben?«

»Das kann ich nicht, Herr Palzki. Ich kannte sie nur vom Sehen. Vielleicht kann Ihnen Eirin weiterhelfen.«

Becker räusperte sich. »Mit einem Messer haben Sie niemanden herumlaufen sehen?«

Michael Messer überlegte einen Augenblick, ob er es trotz meiner Autorität wagen sollte, dem Studenten zu antworten. Da er mir gegenüber einen weiteren Eklat befürchtete, sah er zwecks Eigensicherung mich bei seiner Antwort an. »Ich heiße zwar Messer, aber das einzige Messer, das ich gesehen hatte, steckte in Braun.«

Nach ein paar weiteren Fragen war mir klar, dass ich so nicht weiterkam. Die Suche nach dem Täter musste ich anders aufrollen, auch wenn ich nicht wusste, wie.

Während wir zurück zum Parkplatz liefen, traute ich meinen Augen nicht: Der Rentner mit der XXL-Brille stand neben der Fahrertür meines Dienstwagens und glotzte ins Fahrzeuginnere.

Mit ein paar schnellen Schritten stand ich neben ihm. Er war in seine Glotzerei so vertieft, sodass er heftigst erschrak, als ich ihn ansprach. »Kann ich Ihnen irgendwie helfen?«

Seine Hände zitterten im gleichen Takt wie sein Unterkiefer. »Äh, ja, äh, oh, entschuldigen Sie bitte. Ich wollte nur einen Blick ins Innere werfen.«

»Ach so«, entgegnete ich. »Sie interessieren sich für meinen Wagen. Dieses Modell hat sogar eine zweistufige Handbremskontrollleuchte.«

Der Senior nickte, sagte leise »Entschuldigung« und wollte sich vom Acker machen.

»Sagen Sie mir bitte Ihren Namen?« Ich hielt ihm meinen Dienstausweis unter die Nase.

»Polizei?«, fragte er, nachdem er ihn ausgiebig studiert hatte. »Ich habe mir in meinem ganzen Leben noch nie etwas zuschulden kommen lassen. Nur einmal musste ich zwei Mark zahlen, weil die Beleuchtung an meinem Fahrrad nicht funktionierte. Das war 1968, halt, nein, Frühjahr 1967. Ja, genau, Mittwoch nach Ostern.«

»Ich werde das kontrollieren lassen«, sagte ich. »Wie war gleich Ihr Name?«

»Scriba, Dieter Scriba«, antwortete er unsicher. »Kann ich jetzt gehen?«

Da ich nicht als Rentnerschreck in die Mannheimer Kripo-Annalen eingehen wollte, ließ ich ihn mit strengem Blick ziehen.

Nach der Verabschiedung von Messer fuhren Becker und ich zum Luisenpark.

»So richtig ergiebig war das Gespräch nicht«, meinte der Student. »Aus Messer hätte man mehr herausquetschen können.«

»Mit Daumenschrauben?«, herrschte ich ihn an. »Außerdem sind Sie dazwischen gegangen, als ich ihn mir vornehmen wollte.«

»Ich dachte, Sie bringen ihn um«, versuchte er sich zu verteidigen.

»Und wenn schon«, wehrte ich mich. »Wäre nicht das erste Mal. Haben Sie schon die Leichen in meinem Kofferraum gezählt? Platz für eine Person hätte ich noch.« Ich schaute ihn von der Seite herausfordernd an. Becker begriff und blieb für den Rest der Fahrt stumm.

KAPITEL 8 – EIN ALTER BEKANNTER

Ein unbestimmtes Gefühl sagte mir, dass es besser wäre, den Luisenpark nicht über den Verwaltungseingang zu betreten. Von einem kleinen Inkognito-Rundgang im Umfeld der Festhalle versprach ich mir weitere Erkenntnisse.

Becker maulte nicht, als ich zum Parkplatz beim »Technoseum« fuhr. Von dem Verwaltungseingang wusste er bisher nur aus der Erzählung der Mannheimer Polizeipräsidentin.

Doch so einfach, wie ich dachte, war es nicht. Auf dem Vorplatz vor dem Haupteingang stand ein Reisemobil, das ich nur zu gut kannte.

Dr. Matthias Metzger, der berüchtigte Not-Notarzt der Kurpfalz hatte seine neue Wirkungsstätte ausgerechnet vor dem Luisenpark aufgebaut. Mehr als einmal hatte ich vermutet, dass dieser abscheuliche Mediziner sich selbst geklont hatte, so oft lief er mir die letzten Jahre über den Weg.

Metzger hatte wegen Unwirtschaftlichkeit seine Kassenzulassung zurückgegeben und arbeitete seitdem als freiberuflicher medizinischer Berater auf Honorarbasis. Da alle seine Kunden, wie er die Patienten nannte, privat zahlten, bot er Behandlungsmethoden an, die so weit von der Schulmedizin entfernt waren wie Til Schweiger von Logopädie. Da unerwarteterweise viele seiner Kunden die rabiaten Behandlungen mehr oder weniger überlebten und für Mundpropaganda sorgten, konnte er es sich erlauben, seine medizinischen Schwerpunkte ständig anzupassen. Vor nicht allzu langer Zeit hatte er säckeweise Zuckerkügelchen aus China importiert und als Globuli für ein Schweinegeld verkauft.

Anscheinend hatte Dr. Metzger wieder eine neue Geschäftsidee. Auf der Seitenfläche seines Reisemobils las ich den blutroten Schriftzug: *Ihr Weg zur Selbstheilung in 14 Tagen*. Und darunter in kleinerer Schrift: *Alles zu mindestens 100 % natürlich*.

Dietmar Becker stand staunend neben mir. »Was hat sich Matthias dieses Mal ausgedacht?«, grübelte er.

Seit ein paar Monaten war der Student mit dem Horrorarzt per Du.

»Mir doch egal«, schnauzte ich ihn an, während ich mich selbst ärgerte, nicht an den Verwaltungseingang gefahren zu sein. Metzger war nicht zu sehen. Noch konnte eine Konfrontation vermieden werden. »Herr Becker, Sie können Ihren Freund später besuchen. Mir ist eingefallen, dass wir mit dem Wagen bis zur Verwaltung fahren können. Von dort ist der Fußweg zur Festhalle viel kürzer.«

Mein unwillkommener Partner auf Zeit hörte nicht auf mich. Mit ein paar Schritten lief er auf das Horrormobil zu, klopfte an die Tür und rief: »Matthias, bist du da?«

Von drinnen hörte man ein tiefes Brummen. »Ich bin gleich fertig. Muss nur noch eine Kanüle setzen.«

Kurz darauf glitt die Seitentür auf, und der Not-Notarzt kam mit seinem obligatorisch schmutzig-grauen Kittel heraus, in dem er wahrscheinlich seit Jahren schlief. Optisch sah Metzger aus, als hätte er eine Doppelschicht in einer südafrikanischen Diamantenmine hinter sich. Mit dem Fett, das aus seinen langen roten Haaren triefte, konnte man wahrscheinlich den kompletten Bestand der Bundeswehrpanzer abschmieren.

»Servus, Dietmar, was machst du denn hier?« Dann nahm er mich wahr.

»Das gibt's ja nicht. Palzki! Wo kommen Sie schon wieder her? Wollen Sie mit Dietmar den Park besuchen? Der ist für Ihre Kondition doch viel zu groß! Oder verleiht der Park neuerdings Elektrorollstühle?« Metzger grölte mit seiner 150 Dezibel-Stimme, die absolut kriegswaffentauglich war, über den Vorplatz. Die Brezelverkäuferin, die ihren Stand am anderen Ende des nicht gerade kleinen Vorplatzes hatte, zog panisch den Rollladen ihrer quadratischen Verkaufsbude herunter.

Ich blieb ruhig. Alles andere würde die Stimmung nur weiter anheizen. Mein alleiniges Ziel war es, diesen Ort schnellstmöglich zu verlassen.

»Schön, Sie zu sehen«, log ich. »Ich muss weiter, Herr Becker kann gerne bei Ihnen bleiben, bis ich zurückkomme.« Selbstverständlich würde ich einen anderen Ausgang wählen.

Der Student fing an, zu betteln. »Jetzt warten Sie doch einen Moment, damit ich Matthias begrüßen kann. Wir gehen gleich gemeinsam zur Festhalle.«

Metzger grölte erneut, weil er den Zusammenhang verstanden hatte. »Ohohoho, es geht also um den Toten, den man am Freitag im Park ermordet hat.«

»Tote kann man nicht ermorden«, entgegnete ich, obwohl ich wusste, damit im wahrsten Sinn des Wortes keinen Schritt weiter zu kommen.

»Herr Palzki und ich wollen den Fall zu zweit lösen«, sagte der Student stolz zu Metzger.

Für einen Moment war der Pseudomediziner verwirrt,

dann machte er einen Vorschlag. »Was haltet ihr davon, wenn ich euch zur Festhalle fahre? Die 200 Meter Fußweg sind für Palzki kein Kinderspiel. Ich muss sowieso mal wieder den keltischen Baumpfad abfahren.«

Trotz der Beleidigung blieb ich ruhig. »Sie haben einen Kunden in Ihrer Folterkammer, Herr Metzger. Lassen Sie den nicht zu lange warten.«

Mit einer grobmotorischen Handbewegung winkte er ab. »Ach der, den habe ich erst mal weggebeamt. Mache ich mit allen Kunden, wenn gerade mal kein großer Andrang nach meinen Dienstleistungen herrscht. Wenn die wieder zu sich kommen, sind meist zwei oder drei Stunden vergangen, wobei der Eingriff bei mir selten länger als eine Minute dauert, egal was es ist. Ich bin bei Operationen immer um Effizienz bemüht. Den Kunden sage ich aber, dass die OP sehr schwierig und aufwendig war und sie daher mit Zusatzkosten zu rechnen haben. Dann erzähle ich ihnen, dass sie dem Tod noch mal von der Schippe gesprungen sind. Allein dieser Satz öffnet die Portemonnaies. Kunde zufrieden, ich zufrieden – was will man mehr.«

»Habe ich das richtig verstanden? Sie haben eine narkotisierte Person in Ihrem Wohnmobil liegen?« Bei solch einer ungeheuerlichen Feststellung konnte ich nicht mehr ruhig bleiben, immerhin war ich Beamter.

Metzger zuckte nur mit den Schultern. »Ich kann die Mandeln auch schnell rausschnippeln, wenn Sie eine Minute warten wollen, Palzki. Oder wollen Sie mal zuschauen? Wenn Sie es sich zutrauen, können Sie selbst das Skalpell übernehmen, ich zeige Ihnen, wie es geht.« Aus seinem Kittel zog er ein rostiges Etwas heraus, das eher nach einem Taschenmesser aussah, das ewige Zeiten irgendwo eingebuddelt war.

Dietmar Becker lachte. »Immer zu Scherzen aufgelegt, der gute Matthias.«

Metzger und ich schauten den Studenten verwundert an. War er wirklich so naiv? Metzger und Scherz, das passte nicht zusammen. Nein, todsicher lag da drin ein armes Opfer, das, wenn es Pech hatte, demnächst mehr als seine Mandeln verlieren würde.

Becker hatte anhand unserer Reaktion bemerkt, dass er geirrt hatte. Er versuchte, von dem Grauen in dem Gefährt abzulenken. »Was meinst du eigentlich mit dem Keltischen Baumpfad, Matthias?« Diese Frage schien ihm unverfänglich zu sein.

Metzger kratzte sich am Kopf, dabei rieselte unablässig eine undefinierbare dunkle Substanz von seinem Haupt.

»Das ist ein 1000 Meter langer Weg im Park, der an 22 verschiedenen Bäumen vorbeiführt, die es zur Zeit der Kelten gegeben haben soll. Sie wissen hoffentlich, wer die Kelten waren, Palzki?« Ohne eine Antwort abzuwarten, fuhr er fort. »Natürlich nicht, hätte ich mir denken können. Die Kelten sind unsere Vorfahren und haben diesen Landstrich vor der Zeitenwende bewohnt. Und diese Kelten hatten Druiden.«

Sofort fiel mir Miraculix ein, doch ich hielt meine Klappe.

»Und diese Druiden sollen ein Horoskop entwickelt haben, das aus 22 verschiedenen Bäumen bestand, die kreisförmig angeordnet waren.«

Ein Horoskop, ich stöhnte auf. Mit solchem Schwachsinn hatte ich schon mehrfach bei meinen Ermittlungen der vergangenen Jahre zu tun. Der Aberglaube der Menschen war durch nichts zu erschüttern. Kürzlich hatte ich in einem Fachmagazin gelesen, dass rund fünf Prozent aller Europäer daran glauben, dass der Erdenmond je nach Sichtbarkeit mal größer und mal kleiner ist und sich die Anziehungskraft daher ständig ändert.

Der Archäologiestudent unterbrach seinen Freund. »Das ist allerdings nur eine unbewiesene Legende«, sagte er. »Da die Kelten keine Schrift kannten, sind auch keine Unterlagen überliefert. Soviel ich weiß, entstand das keltische Baumhoroskop im 19. Jahrhundert im Rahmen neuer kultureller und religiöser Strömungen. Neopaganismus nennt man das, wenn ich mich richtig erinnere. Aber was hast du mit dem Baumpfad zu tun, Matthias?«

Aus dem Innern des Reisemobils hörte man ein leises Wimmern.

»Scheiße, der wacht schon auf. Jetzt muss ich nachdosieren, was das wieder kostet!«

Metzger verschwand für eine Minute in seinem Gefährt.

»Ja, also wegen dem Baumpfad«, erklärte er, als er zurück war. »Ich biete neuerdings Naturheilkunde an. Um ganz genau zu sein, Phytotherapie. Das wird Palzki nichts sagen, daher erkläre ich es. Es handelt sich um den medizinischen Einsatz von Pflanzenwirkstoffen.«

»Das machen doch aber andere auch«, unterbrach Becker.

»Ich habe mich spezialisiert und außerdem eine neue Nebendisziplin in der Naturheilkunde begründet. Meine Druidenmedizin wird der Verkaufsschlager der Saison schlechthin. Ich will Lizenzen auf der ganzen Welt verkaufen.«

»Druidenmedizin?«, wiederholte ich ungläubig. Noch immer dachte ich an Asterix und Obelix.

»Ja genau, so schwierig ist das doch nicht zu verstehen. Okay, für den Herrn Palzki erkläre ich das in einfachen Worten, passen Sie gut auf.«

Er räusperte sich, ohne dass irgendwelche sichtbaren Körpersubstanzen flüchteten.

»In der Pflanzenheilkunde arbeitet man nur mit ausgewählten Pflanzenteilen wie Blättern, Blüten, Samen. Wurzel und Rinde von mir aus auch noch. Daraus wird ein heilender Cocktail gemixt. Den Cocktail kann man pulverisieren oder als Extrakt oder Tinktur anbieten. Bei mir gibt's nur Aufguss, also Tee. Das ist am einfachsten herzustellen. So weit verstanden, Palzki?«

Ich antwortete nicht, ich wollte nur fort.

»Um die Verbindung zu den Druiden und den Kelten herzustellen, nehme ich ausschließlich Pflanzenteile von den 22 Bäumen im Luisenpark, die den Keltischen Baumpfad abbilden. Jeder Baum steht sinnbildlich für etwas anderes. Was, weiß ich nicht so genau, ich bringe das immer durcheinander. Ich sammle bei meinen Touren durch den Park immer ein paar Stücke Rinde ein, dort eine Handvoll Blätter und, wenn es die passende Zeit ist, sogar Blüten. Der fertige Tee schmeckt richtig geil. Wollen Sie mal eine Tasse probieren? Heute sind möglicherweise Olive, Zypresse, Pappel und Feige drin.«

Angewidert drehte ich mich zur Seite.

»Ist für Sie kostenlos, Palzki.«

»Ich glaube, Herr Palzki hat keinen Durst«, sprang Becker in die Bresche, der in den letzten Minuten ungewöhnlich ruhig geworden war.

»Durst!«, brüllte der Not-Notarzt. »Dietmar, meinen Druidentee trinkt man doch nicht gegen Durst! Selbstheilung ist das Zauberwort. Steht immerhin groß auf meiner mobilen Klinik. Aber ich weiß ja: Ungläubige, die auf diese verkorkste Schulmedizin setzen, werden meine Methoden nie begreifen. Aber die Erfolge sprechen für mich. Soll ich euch mal meinen Kontoauszug zeigen? Das Schwarzgeld geht extra, das habe ich im Ausland in einer Briefkastenfirma gebunkert. Ich könnte mich längst zur Ruhe setzen, aber die Menschheit braucht mich und meine genialen Ideen.«

Mit »Wir müssen jetzt wirklich weiter« machte ich Druck und zog Becker am Unterarm in Richtung Kasse. Metzger winkte seinem Studentenfreund zum Abschied zu und schlurfte in seine mobile Klinik.

»Glauben Sie, dass Matthias das alles ernst meint?«, fragte mich der naive Becker, nachdem wir mithilfe meines Dienstausweises an der Kasse durchgewinkt wurden.

»Sie sollten Ihre Freunde besser auswählen«, antwortete ich. »Metzger ist gemeingefährlich, das weiß ich schon lange.«

Mein Plan, zunächst unbemerkt die Festhalle »Baumhain« von außen zu betrachten, brachte nicht den erhofften Erfolg. Wir liefen Frau Fernandez direkt in die Arme.

KAPITEL 9 – A WALK IN THE PARK

»Wieso kommen Sie aus Richtung Haupteingang?«, fragte sie zur Begrüßung. »Hätten Sie an der Verwaltung geparkt, wäre es näher gewesen.« Sie drehte sich zu dem Studenten. »Sie müssen Dietmar Becker sein. Frau Berlinghof hat mich angerufen und Ihr Kommen avisiert.«

»Manchmal tut es gut, sich ein wenig die Beine zu vertreten«, konterte ich. »Ist ja nur ein kurzes Stück.« Ich zeigte in Richtung Ausgang. »Sie sollten mal etwas gegen die fliegenden Händler auf dem Vorplatz unternehmen. Die Parkbesucher könnten sich dadurch abgeschreckt fühlen.«

Die Marketingleiterin kräuselte die Stirn. »Fliegende Händler? Wen meinen Sie damit? Den netten Mediziner, der dort oben neuerdings seine Tees anbietet? Das kommt bei unseren Besuchern hervorragend an, wir bekommen fast nur positives Feedback. Wir sind am Überlegen, ob wir die Tees in unseren Verkaufsstellen anbieten. Sämtliche Teebestandteile stammen übrigens von unserem Keltischen Baumpfad, darauf sind wir sehr stolz.«

Irritiert blickte ich zum Himmel. War ich wirklich der einzige vernünftige Mensch auf dieser Welt?

Becker rettete ausnahmsweise die Situation. »Am besten schauen wir uns zu Beginn die Festhalle und die nähere Umgebung an.«

Auch wenn der Vorschlag von ihm kam, war er brauchbar. Frau Fernandez machte bereits weitere Zukunftspläne. »Und nach der Festhalle führe ich Sie durch unseren weitläufigen Park. Ich habe mir extra viel Zeit genommen.«

Während meine Synapsen schalteten, was mein Hirn hergab, um diesen Wandertag abzuwenden, mischte sich Becker mit einer Bemerkung ein. »Für Herrn Palzkis Fitness ist das fast nicht zu schaffen. Oder verleihen Sie Elektrorollstühle?«

Da mir gerade der Fernmeldeturm am anderen Ende des Parks ins Blickfeld kam, nahm ich mir vor, den Studenten von diesem Bauwerk hinunterzuwerfen. Das wäre der erste Mensch, der vom Turm fiel.

Frau Fernandez wusste nicht, wie sie auf Beckers Frage reagieren sollte, ohne mich zu verletzen. Schließlich sagte sie: »Für den Rückweg können wir gerne die Gondolettaboote auf dem Kutzerweiher nehmen.« Damit war alles gesagt. Sie ging zur Festhalle »Baumhain«. Ohne dass sie es sah, warf ich Becker einen vernichtenden Blick zu um ihn für den Rest des Tages einzuschüchtern.

Die Sportgeräte waren inzwischen entfernt worden. Drei Personen waren dabei, den Saal zu bestuhlen.

»Der Saal wurde von der Polizei inzwischen freigegeben«, klärte uns Fernandez auf. »Gerade rechtzeitig. Heute findet das Symposium ›Gesellschaftliche Einflüsse veganer Ernährung auf die körperliche Leistungsfähigkeit bei der Zielgruppe der Beamten‹ statt. Es gibt noch Restkarten an der Abendkasse, falls Sie Interesse haben.«

Von der Bühne kam uns ein seltsames Paar entgegen. Ein Koloss, annähernd ein Quader von zwei Meter Höhe und ein Meter Länge und Breite, watschelte wie eine Ente. Sein Gesicht erinnerte an Reinhold Messner in seinen wildesten Jahren. Bei jedem Schritt kollidierten die tonnenförmigen Unterschenkel, was sich anhörte, als würde man in schneller Geschwindigkeit eine Luftmatratze aufpumpen. In einer Hand, die genauso behaart, gekrümmt und groß wie die eines Gorillas war, hielt er eine Zigarre. Da er diese mit seinen Pranken nicht festhalten konnte, hatte er die Zigarre in eine Art Adapter geklemmt, der den Durchmesser des Zigarrenendes auf leeres Klopapierrollenmaß vergrößerte.

Die schmächtige weibliche Person war mit ihren schätzungsweise 20 Jahren höchstens ein Drittel so alt. In Relation zum Körpergewicht schien das Verhältnis eher eins zu sieben bis acht liegen. Statt einer Zigarre trug sie einen Feuerlöscher.

»Frau, äh, Fernandez«, schrie der Koloss, dezibelmäßig mit Dr. Metzger vergleichbar, als er einen Meter vor ihr stand. »Wir sind verdammt spät dran. Ich muss meinen Vortrag auf der Bühne üben, bevor der Saal geöffnet wird.«

Die Marketingleiterin seufzte fast unhörbar. »Wir tun unser Möglichstes, Herr Professor Dr. Fatso.«

Als Gegenleistung blies er ihr eine Ladung Zigarrenrauch entgegen. »Das will ich hoffen. Mein diesjähriges Referat wird die Fachwelt aufrütteln. Mein neues Buch zur gesunden veganen Ernährung wird genauso ein Bestseller wie mein Fitnessführer im letzten Jahr.«

Ohne auf eine Antwort zu warten, watschelte er davon, verfolgt von dem leichtgewichtigen und stummen Fräulein.

Fernandez schaute mich an. »Fast so auffällig wie Ihr Vorgesetzter, Herr Palzki. Aber keine Bange, alle anderen Personen im Park sind normal.«

»Was war das für ein Professor?«, hakte Becker nach, der sichtlich Mühe hatte, sich zu beherrschen. »Ist der so heiß, dass er einen Feuerlöscher braucht?«

Unsere Führerin schüttelte den Kopf. »In der Festhalle ist Rauchen eigentlich verboten. *Eigentlich.* Manche Egozentriker halten sich aber nicht daran. So wie dieser Professor. Da er aber der Veranstalter ist und die Miete zahlt, gibt es eine Ausnahmeregelung. Seine Praktikantin muss ihm auf Schritt und Tritt folgen und immer einen Feuerlöscher bereithalten. Rudi Carrell und Helmut Schmidt haben das früher auch so gehandhabt.«

»Schön blöd, bei dem Typen ein Praktikum zu machen«, schlussfolgerte ich.

Fernandez lächelte. »Professor Fatso ist mit seiner Praktikantin verheiratet.«

Nachdem Becker und ich uns von dieser absurden Vorstellung erholt hatten, bat ich die Marketingleiterin, uns hinter die Kulissen zu führen.

Die Festhalle war ein simpler Zweckbau, der, wie ich wusste, mit einem Durchgang zur Verwaltung verbunden war. Unter dem Bühnenbereich befanden sich mehrere Künstlergarderoben, Technikräume sowie weitere Kellerräume, in denen alles Mögliche, was irgendwann einmal für den Betrieb der Halle benötigt wurde, gelagert war.

»Dies ist die Werkstatt beziehungsweise das Büro von Herrn Braun.«

»Ist die auch schon freigegeben?«

»Wie meinen Sie das?«

»Ich will wissen, ob die Spurensicherer alles untersucht haben.«

»Hier unten in den Kellern war keine Polizei.«

Ich war wie vor den Kopf gestoßen. Nur ein paar Dutzend Meter entfernt wurde der Hausmeister ermordet, und die Mannheimer Kripo hatte es nicht einmal für nötig gehalten, seinen Arbeitsplatz zu untersuchen.

Gerade noch konnte ich den Studenten davon abhalten, den Raum zu betreten.

»Können Sie den Arbeitsplatz, oder halt, besser den ganzen Keller abschließen, bis er kriminaltechnisch untersucht wurde?«

Fernandez zog einen Schlüsselbund aus der Tasche. »Der Professor wird durchdrehen, wenn ich alles abschließe. Aber die Werkstatt von Herrn Braun, das geht in Ordnung. Denken Sie, dass man etwas Wichtiges findet?«

»Wenn der Hausmeister kein Zufallsopfer ist, wonach es nicht aussieht, kann das durchaus sein.« Ich drehte mich zu dem Studenten und machte auf förmlich. »Becker, notieren Sie: Büro und Werkstatt des Opfers wurden nicht polizeilich überprüft. In der Pfalz wäre dies undenkbar.«

Becker sah auf. »Den letzten Satz auch?«

»Insbesondere den letzten Satz. Die Kollegen sollen schließlich von uns, äh, von mir lernen.«

Der Student schrieb alles auf. »Ist das eilig?«, fragte er nach dem Diktat.

Den Hinweis nahm ich natürlich sofort auf. »Auf jeden Fall. Am besten, Sie erledigen das gleich. Wenn Sie den Hauptausgang nehmen, kommen Sie zur Haltestelle der Linie 6. Die fahren Sie bis zur Kunsthalle, anschließend ist es nur noch ein kleiner Fußweg bis zum Polizeipräsidium.«

Leider ließ er sich nicht so leicht abwimmeln.

»Ich denke, ich rufe Frau Berlinghof einfach an, das geht schneller. Sie hat mir ihre Durchwahlnummer verraten.«

Schade, mein Einfall war so gut. Ich übernahm die Führung und ging die Treppe nach oben. Einwandfrei fand ich den Weg zum Hochzeitspavillon und dem offenen Innenhof, der von dem Durchgang abzweigte. Das Podest mit den Quadern, auf dem der Tote gelegen hatte, war nach wie vor mit Band abgesperrt. Leider konnte ich Frau Fernandez nicht fragen, ob von der Polizei etwas Wichtiges gefunden wurde. Diese Frage hätte meine Kompetenz untergraben.

»Okay«, sagte ich stattdessen. »Die Ergebnisse der Untersuchung liegen nachher im Präsidium vor. Herr Becker, ich denke, wir können zurück ins Büro fahren.«

Mein Fluchtversuch misslang.

»Aber ich wollte Ihnen doch den Park zeigen«, schoss die Marketingleiterin quer.

»Nicht nötig«, sprach ich in autoritärer Stimmlage. »Ich denke nicht, dass wir im Park Hinweise zum Täter finden.«

»Frau Berlinghof hat dies aber explizit gewünscht. Deshalb habe ich mir den halben Tag freigenommen.«

»Frau Berlinghof?«, fragte ich überrascht. »Wann haben Sie mit ihr gesprochen? Außerdem weiß ich selbst, wo und wie ich ermittle.«

»Die Polizeipräsidentin hat mich heute früh angerufen und Herrn Becker und Sie angemeldet. Außerdem hat sie ausdrücklich gewünscht, dass ich Sie beide durch den Park führe. Sie hat erwähnt, dass Sie erst kürzlich einen Fitnessrekord aufgestellt haben, Herr Palzki. So ganz habe ich das aber nicht verstanden.«

Becker bekam schlagartig ein knallrotes Gesicht, sagte aber nichts, was für seine Lebenserwartung hilfreich war.

Wo sollte das nur enden? In dieser Zwangsjacke von Berlinghof hatte ich noch weniger Handlungsspielraum als bei KPD. War ich vom Regen in die Traufe geraten? Warum sollte ich mir den riesigen, wenn auch sehr schönen Park anschauen? Hatte die Polizeipräsidentin etwas zu verheimlichen? Hatte sie eine heiße Spur, die sie selbst verfolgte? Wollte sie mich mit dieser Parkführung vom Tatort weglocken?

Der Student riss mich aus meinen Gedanken. »Kommen Sie schon, Herr Palzki. Der Park ist wunderschön. Wir können unterwegs die eine oder andere Pause in einem der Restaurants oder Cafés einlegen.«

Ich gab mich geschlagen. Einen gemächlichen Spaziergang würde ich mit meinen 148 Leistungspunkten locker wegstecken. Und wer weiß, vielleicht waren nach dieser Tour meine Muskeln derart gestählt, dass ich bei meinem nächsten Versuch die 150er-Grenze knacken könnte.

Wir gingen in Richtung Pflanzenschauhaus. Der Weg war eben, es regnete nicht, die Temperatur war angenehm. Unter diesen idealen Bedingungen konnte ich minutenlang ohne Anstrengung wandern.

»Kennen Sie die ›Tanzenden Steine‹?«, fragte auf einmal Fernandez und zeigte auf zwei parallel und senkrecht stehende Steinquader, auf denen jeweils ein weiterer stand. Zwischen den unteren und oberen Quadern spritzte Wasser in alle Richtungen. Erst bei genauerem Hinsehen erkannte man das Besondere dieser Brunnenanlage: Die oberen Quader schienen auf den unteren feststehenden Quadern zu schweben und wurden durch den Wasserstrahl um die eigene Achse gedreht.

»Da ist kein Motor oder sonst welche Mechanik drin«, erklärte sie. »Nur aufgrund des Wasserdrucks bewegen sich die Quader, die ohne Befestigung frei aufliegen.«

Ich gab ein beeindrucktes »Mpf« von mir und marschierte weiter. Hoffentlich musste ich jetzt nicht noch das riesige Pflanzenschauhaus besichtigen. Nicht, dass es keinen Besuch wert wäre, mit Stefanie und den Kindern waren wir schon zigmal dort und jedes Mal davon begeistert gewesen. Aber heute lagen meine Interessen woanders. Ich musste die zwangsverordnete Wanderung hinter mich bringen und die Zeit nutzen, meine Gedanken zu sortieren. Dass die Mannheimer Polizeipräsidentin in den Fall verwickelt war, sagten mir meine ungefähr zehn Sinne. Wahrscheinlich hatte Berlinghof Dietmar Becker nur aus dem Grund hinzugezogen, damit ich unter ständiger Beobachtung stand. Becker wurde von Berlinghof benutzt, eindeutig. Sagen konnte ich das dem Studenten nicht, er würde mir sowieso nicht glauben. Am besten, ich ließ Becker über seine Rolle im Unklaren und versuchte, Freiräume zu generieren, in denen ich meine Vermutung nachweisen konnte.

»Das ist die Seebühne«, erklärte unsere Führerin.

Das Freilichttheater, dessen Bühne sich auf einem Holzpodest am Ufer des Kutzerweihers befand, war mir zwar bekannt, allerdings hatte ich bisher keine Veranstaltung hier besucht.

»Die würde ich mir gerne anschauen«, meinte Becker.

»Ich aber nicht«, antwortete ich sauer. »Wollen Sie den Karpfen im Kutzerweiher guten Tag sagen?«

Die Marketingleiterin schaute auf die Uhr. »Um diese Zeit ist er heute ausnahmsweise da. Wenn Sie möchten, stelle ich Ihnen ein ›Original‹ vor. Ich meine ein menschliches Original.« Sie lächelte geheimnisvoll.

»Auf der Seebühne?«, fragte ich erstaunt.

»Ja, auf der Seebühne«, antwortete sie süffisant.

Auch ich konnte durch eine geschickte Gesprächsführung manipuliert werden. Frau Fernandez hatte mich in der Tat mit dem angeblichen Original neugierig gemacht.

»Von mir aus.«

Sie ging wider Erwarten nicht auf den abgesperrten Kassenbereich zu, sondern in Richtung einer Toilettenanlage.

»Wir nehmen den Künstlereingang«, verriet sie uns.

Hinter der Toilettenanlage verlief ein asphaltierter Weg zwischen Weiher und Seebühne. Ein Gittertor stand offen.

»Das ist der Versorgungszugang und gleichzeitig der Künstlerzugang«, erklärte Fernandez.

Der Weg mündete an der Bühne neben der Zuschauertribüne. Eine Tür, die in den Unterbau der Tribüne führte, stand offen.

»Herr Scriba!«, rief die Marketingleiterin in den sich hinter der Tür erstreckenden Flur.

»Ich komme sofort!«, schallte uns die Antwort entgegen.

Während wir warteten, betrachtete ich von der hölzernen Plattform aus, die als Bühne weit in den Weiher ragte, dutzende Karpfen, die ihre Köpfe aus dem Wasser streckten, als würden sie über Lunge atmen.

»Tach, Frau …«, hörte ich eine Stimme hinter mir, die sofort verstummte. Ich drehte mich um und kannte den

Grund. Vor uns stand der Hobbydetektiv vom TSV-Gelände.

Fernandez schaute überrascht zwischen uns hin und her. »Kennen Sie sich?«, fragte sie zögerlich.

»Flüchtig«, sagte der Student, der sich als Erster gefasst hatte.

»Sie kennen Dieter Scriba bereits?«

»Nein«, sagte ich. »Wir sind uns heute früh nur zufällig über den Weg gelaufen, stimmt's?« Ich blickte den Senior fest an.

»Jaja«, antwortete er. »Sind Sie wirklich Polizist?« Sein Blick schweifte zu seiner Kollegin.

»Herr Palzki ist Polizist«, bestätigte sie. »Wollen Sie sich selbst vorstellen, falls Sie das noch nicht getan haben?«

Scriba nickte. Dann passierte etwas Seltsames. Hinter Scribas Rücken befand sich die Seitenwand der Tribüne. Zwischen der Tür, die in den Unterbau führte, und der eigentlichen Tribüne befand sich auf Bodenhöhe eine Quadratmeter große Luke, die ein kleines Stück geöffnet war.

Wie zufällig schloss er diese mit einem leichten Tritt nach hinten, während er Becker und mir die Hand gab. »Meinen Namen kennen Sie ja bereits«, begann er mit seiner Erklärung. »Ich bin seit über 40 Jahren im Luisenpark tätig«, sagte er stolz und lächelte.

»Sie sind noch nicht in Rente?«, unterbrach ich und bemerkte, wie ungeschickt meine Frage war. Sicherlich sah er nur wie ein Rentner aus, war aber jünger.

»Natürlich bin ich seit Jahren in Rente. Aber meine Seebühne lasse ich mir nicht nehmen.«

Fernandez sprang verbal in die Bresche. »Dieter Scriba ist fast seit Bestehen des Luisenparks für die Seebühne zuständig: Bühnenmeister, Hausmeister, Techniker, Ansprechpartner für die auftretenden Künstler und vieles mehr. Davon kann er auch als Rentner nicht lassen.«

»Jeden Mittwoch und Sonntag bin ich an der Seebühne«, ergänzte der Rentner. »Immer, wenn Veranstaltungen sind.«

»Heute ist weder Mittwoch noch Sonntag«, erklärte ich.

»Das weiß ich, Herr Palzki. Heute muss ich mich um ein paar kleinere Reparaturen kümmern. Größere Dinge erledigen die Techniker vom Park, kleinere Sachen mache ich selbst. Ich habe schließlich einen Handwerksberuf gelernt.«

Kommentarlos verschwand er in dem Flur unter der Tribüne. Kurz darauf tauchte er wieder auf. In einer Hand hielt er drei kleine Plastikflaschen mit Apfelsaftschorle, in der anderen Hand einen Kunststoffordner.

»Sie haben doch bestimmt Durst«, sagte er und teilte die Flaschen aus. Auf einem verwitterten Tisch, der im Freien stand, legte er den Ordner ab und öffnete ihn. »Das ist ein Bericht über mich in der ›Luise‹, dem Parkmagazin. Der ist vorletztes Jahr erschienen.« Stolz blätterte er durch den Ordner und zeigte uns Zeitungsartikel von Künstlern, die auf der Seebühne aufgetreten waren. Einige davon kannte sogar ich.

»Interessant«, sagte ich, als er nach gefühlten zwei Stunden mit seiner Ordnerschau fertig war. Für ihn war es sicherlich ein erhabenes Gefühl, mit so vielen Prominenten im Leben zu tun gehabt zu haben, mich interessierte das aber nicht die Bohne. Mittlerweile verstand ich aber, warum Fernandez den Rentner als Original bezeichnete.

»Und an den anderen Tagen sind Sie als Detektiv unterwegs?« Ich begann, ihn in die Mangel zu nehmen.

»Als Detektiv? Wie meinen Sie das?« Er war keine Spur eingeschüchtert.

»Heute früh auf dem TSV-Gelände, dort sind Sie doch herumgelungert. Was wollten Sie herausfinden?«

»Ich bin nicht herumgelungert«, wehrte er sich erbost. »Ich gehe auf dem Gelände öfters spazieren. Es liegt schließlich direkt am Neckar.«

So leicht gab ich mich nicht zufrieden. »Sie wollten nicht zufällig herausfinden, wer Ihren Kollegen von der Festhalle ermordet hat?«

Er blickte für einen Moment betrübt zu Boden. »Ungeheuerlich, was da am Freitag passiert ist. Kurt Braun war ein sehr angenehmer Mensch.«

»Sie kannten ihn?«

»Natürlich, seit vielen Jahren. Er war ein dufter Kumpel. Früher haben wir nach dem Ende der Veranstaltungen ...« Abrupt brach er ab. »Na, das tut jetzt nichts zur Sache.«

»Waren Sie am Freitag in der Festhalle?«, fragte ich hartnäckig weiter. »Etwa zum Zeitpunkt des Anschlags?«

»Ich?«, rief Scriba aus. »Nein, ich doch nicht. Äh, also nicht direkt.« Er lief puterrot an.

»Sie waren also indirekt in der Halle? Das sollten Sie mir genauer erklären.«

Der Bühnenmeister zog seine XXL-Brille ab und säuberte sie mit einem Taschentuch. »Meine Frau meinte, ich solle mir die Ausstellung anschauen. Vielleicht würde es neue Fitnessgeräte geben, die ich trotz meiner Rückenprobleme benutzen kann.« Er zeigte auf seine Schultern, als würden wir nicht wissen, was er mit Rücken meinte.

»Und? Haben Sie was Passendes gefunden? Rudergeräte dürften dafür wohl kaum infrage kommen.«

»Ich war nicht in der Halle«, gab er kleinlaut zu. »Also nur kurz. Ich bin gleich weiter in den Hochzeitspavillon gegangen. Dort habe ich mit Ralf ein Bier getrunken. Oder zwei.« Er sah uns mit flehendem Blick an. »Das darf aber meine Frau nicht erfahren!«, ergänzte er kleinlaut.

»Wer ist Ralf?« Ich ging auf seinen Diskretionswunsch nicht ein.

»Ralf Eckl. Er ist der technische Leiter des Parks«, erklärte Scriba, und Fernandez nickte.

»Ich habe ihn auch gesehen«, bestätigte sie.

Ich wollte es genauer wissen. »Mit diesem Herrn Eckl waren Sie im Zelt, als der Mord passierte?«

Scriba nickte kurz. »Genauso war's.«

Sehr glaubwürdig klang das nicht. Um ihn und sein Geheimnis würde ich mich später kümmern. Auch diese unscheinbare Luke an der Tribünenseitenwand hatte sich mir unauslöschlich in mein Gehirn eingraviert. Ich hielt es nicht für nötig, Becker zu informieren.

»Dann gehen wir mal weiter«, sagte ich in harmlosem Ton. »Welche Veranstaltung gibt's als Nächstes?«

»Eine Krimilesung«, antwortete Scriba. »Solch eine Veranstaltung hatten wir bisher nie. Der Autor wird von einem Percussionisten begleitet, der über eine außerordentlich skurrile Sammlung von Instrumenten verfügt. Ich bin schon sehr gespannt auf die beiden.«

Während mir die Augäpfel aus dem Sichtbereich nach oben rollten, war der Student sofort Feuer und Flamme. Stakkatoartig stellte er dem Bühnenmeister Fragen über Fragen.

»Jetzt ist aber genug!«, schrie ich meinen Zwangsbegleiter an. »Sie können sich am Ausgang ein Programmheft geben lassen. Wir sind hier, um einen brutalen Mörder zu schnappen und nicht, um uns zu amüsieren. Obwohl ich mir nicht vorstellen kann, wie das bei einer Krimilesung funktionieren soll.«

Scriba schien erfreut, dass wir uns verabschiedeten.

»Haben Sie Familie, Herr Palzki?«, fragte er.

»Hat er«, quatschte Becker indiskret zwischendrein.

»Kommen Sie, wenn Sie das nächste Mal privat mit Ihrer Familie im Park sind, gerne bei mir vorbei. Ich leihe Ihnen dann meine Ehrenkarte aus. Damit können Sie kostenlos mit der Gondoletta fahren. Falls es Probleme bei der Ablegestelle geben sollte, drohen Sie ruhig damit, dass ich den Gondolettabooten den Strom abstelle, wenn die Jungs nicht parieren. Das hat bisher immer geklappt.«

Rena Fernandez zog ihre Augenbrauen hoch. »Wir sollten uns bei Gelegenheit mal unterhalten, Herr Scriba.« Weiter sagte sie nichts.

Der Bühnenmeister äußerte einen weiteren Gedanken: »Die Flaschen können Sie gerne mitnehmen«, sagte er. »Aber bringen Sie bitte bei Gelegenheit das Leergut zurück. Ich muss das Pfand genau abrechnen. Es gibt bei uns im Luisenpark sowieso schon genug Pfandflaschen-sammler«, ergänzte er.

Ich sah, wie unsere Führerin beinahe die Beherrschung verlor, doch sie blieb die Ruhe in Person. »Wir müssen nun wirklich weiter. Machen Sie es gut, Herr Scriba.«

»Wissen Sie jetzt, was ich mit Original meinte?«, fragte sie mich, als wir zurück im offiziellen Parkbereich waren. »Über die Jahrzehnte haben sich bei unserem lieben Herrn Scriba ein paar eigenartige Gewohnheiten einge-bürgert.«

»Ich könnte ihn mir gut als Täter vorstellen«, meinte der Hobbyschriftsteller Becker. »In meinen Krimis würde das jedenfalls funktionieren. So verdächtig, wie sich Herr Scriba in kürzester Zeit gemacht hat, würde ihn kein Leser als Mörder vermuten.«

Fernandez blickte ihn fragend an. »Ist das nicht ein bisschen zu weit hergeholt? Scriba als Mörder? Nein, das kann ich nicht glauben. Er ist zwar ein wenig verschro-ben, aber absolut harmlos. Und was meinten Sie mit *Ihren Krimis*, Herr Becker?«

Darauf hatte der Student nur gewartet. Episch breit erklärte er der Marketingleiterin sein Hobby. Ich nutzte die Gunst der Zeit, um meinen eigenen Gedankengän-gen nachzugehen. Weit kam ich allerdings nicht. Wäh-rend wir über eine Art Zwillingsbrücke, also zwei Brü-cken in unmittelbarer Nachbarschaft, den Kutzerweiher überquerten, bemerkte ich am anderen Ufer Vermes-sungsarbeiten. Während ein Mann in Warnweste in der Botanik stand und eine Messlatte justierte, entdeckte ich in 50 Meter Entfernung eine Frau mit einer Art Fern-glas, das auf einem Stativ befestigt war. Auch sie trug eine Warnweste, was im öffentlichen Verkehrsraum durchaus

seine Berechtigung hatte, im Park aber irgendwie sinn-
los erschien.

Fernandez und Becker, nach wie vor im intensiven
Zwiegespräch, bemerkten die Vermessungsarbeiten nicht.
Vermutlich hätte in diesem Moment vor ihren Augen ein
Mord geschehen können, ohne dass sie ihn wahrgenom-
men hätten. Was konnte man an Krimis nur so interessant
finden? Das würde ich wohl nie verstehen.

Ich überholte die beiden und blieb abrupt stehen, sodass
sie beinahe über mich stolperten.

»Was ist, Herr Palzki? Benötigen Sie eine Pause?«,
fragte Fernandez.

Ohne Worte deutete ich mit meinem Gesicht zu den
beiden Vermessern.

»Was meinen Sie?«, fragte sie. Ich hatte den Eindruck,
als wäre sie eine Spur blasser geworden.

»Was wird dort vermessen? Das Gelände dürfte doch
auf den Quadratzentimeter genau kartiert sein.«

Dass an dieser Szene etwas nicht stimmte, zeigte mir die
leicht verzögerte Antwort. »Im Prinzip haben Sie recht.
In diesem Bereich soll das Gelände neu gestaltet werden.
Hierzu werden aktuelle Berechnungen erstellt. Im Detail
bin ich mit dem Projekt nicht vertraut. Ich kann Ihnen
aber gerne einen Kontakt herstellen, wenn Sie das interessiert.«

»Bei Gelegenheit«, antwortete ich. So langsam hatte ich
die Lust an der Wanderung verloren. Ich folgte den beiden Krimifans weiter in Richtung Fernmeldeturm.

KAPITEL 10 – FALLHÖHE UNBEKANNT

»Wollen Sie rauf?«, fragte unsere Führerin plötzlich.

Während ich unschlüssig dreinblickte, meinte Becker: »Da gibt's einen Aufzug, Herr Palzki. Sie müssen keine Treppen steigen.«

Fernandez lachte und nahm Beckers Satz als Zusage. »Die Treppe im Inneren ist nur etwas für Hochleistungssportler. Es gibt aber mehrere Aufzüge. Wir müssen den Ausgang des Parks nehmen. Der Zugang zum Turm liegt außerhalb. Die Besucher kommen mit ihrer Karte anschließend natürlich zurück in den Park.« Sie nickte der Kartenverkäuferin in ihrem Häuschen kurz zu, während wir es passierten.

Ein Rondell, das teilweise in einen Hügel gebaut wurde, markierte den unterirdischen Eingang zum Fernmeldeturm.

»Lassen Sie uns erst um den Turm herum gehen«, meinte Fernandez. »Von der Nähe wirkt er richtig imposant.«

Wir kletterten den Hügel hoch, dessen Gipfel der Fernmeldeturm entwuchs. Hinter dem Turm gab es Parkplätze.

»Der Hügel wurde künstlich aufgeschüttet. Im Boden befinden sich diverse Technikräume und das Restaurant ›Sommergarten Luise‹.« Sie zeigte auf ein Restaurant, dessen Eingang im Park lag und wie das Rondell in den Hügel gebaut war. »Unter uns befindet sich die Küche des Restaurants. Es wird vom gleichen Betreiber wie das Turmrestaurant ›Skyline‹ bewirtschaftet.«

Rena Fernandez blickte nach oben. Wir taten es ihr nach. In diesem Augenblick klatschte keine fünf Meter von uns entfernt etwas ins Gras.

Im ersten Moment dachte ich an einen Storch, der an die Scheiben der Aussichtsplattform oder des Drehrestaurants geflogen war, doch die Masse des Körpers und die Lautstärke des Aufschlags sprachen dagegen. Erst im zweiten Moment registrierte ich, dass es Dietmar Becker umgehauen hatte. Er lag rücklings im Gras. Auf seinem blutverschmierten Gesicht lag ein einzelner beschuhter Fuß, der offensichtlich nicht ihm gehörte.

Der organische Haufen, von dem mehrere Teile in die nähere Umgebung gespritzt waren, trug Kleider. Unzweifelhaft, wenn auch nicht als solches erkennbar, lag vor uns ein toter Mensch, der vom Fernmeldeturm gefallen sein musste.

Becker, die Mimose, schrie sich die Seele aus dem Leib. Ja klar, über blutige Szenen zu schreiben, war einfacher, als sie in der Realität selbst zu erleben. Vielleicht würde ihm der heutige Tag eine Lehre sein, und er schrieb fortan nur noch harmlose Lyrik.

Während sich Frau Fernandez um Becker kümmerte, der sich über seine eigene Füße erbrach, nachdem die Marketingleiterin den fremden Fuß zur Seite geschoben hatte, betrachtete ich den Hauptteil der Leiche, der durch die Kleidung einigermaßen zusammengehalten wurde. Einen besonders ekligen Klumpen erkannte ich als ehemaligen Kopf.

Zwei Parkmitarbeiter kamen angerannt.

»Sperren Sie bitte alles weiträumig ab«, rief ich ihnen zu. »Es dürfen keine Besucher den Hügel betreten. Und lassen Sie den Fernmeldeturm evakuieren. Alle Menschen, die sich im Turm befinden, sollen unten im Eingangsbereich warten.«

Die Mitarbeiter befolgten meine Befehle ohne Murren. Wahrscheinlich waren sie ebenfalls geschockt.

Rena Fernandez telefonierte mit ihrem Handy. »Es kommt gleich ein Sanitäter, der sich um Herrn Becker kümmert«, meinte sie anschließend. »Herr Költzsch ist leider nicht erreichbar, dafür kommt Herr Eckl.«

Zehn Minuten später waren mehrere Streifenwagen der Schutzpolizei und ein Notarztwagen angekommen, die das Gelände rund um den Turm weiträumig absperrten. Andere Beamte kümmerten sich um die wenigen Besucher, die inzwischen aus dem Turm geführt wurden.

Nach wie vor stand ich mit Fernandez und Becker, dessen Gesicht inzwischen gesäubert war, in der Nähe der Absturzstelle. Ein Polizeihauptkommissar trat auf uns zu.

»Sie sind Herr Palzki?«, fragte er. Nach meinem Nicken fuhr er fort: »Frau Berlinghof wird in einer guten Viertelstunde ankommen. Die Ankunft der Spurensicherung wird sich ein wenig verzögern, weil im Moment eine Tatortaufnahme in Seckenheim läuft. Wir sind dabei, die Leute, die sich im Turm befanden, zu registrieren. Es sind zwei Besucher der Aussichtsplattform, drei haben sich im Restaurant aufgehalten. Hinzu kommen zwei Restaurantmitarbeiter und die Liftdame.«

»Einer von denen ist ein Mörder«, drängelte sich Becker in die Unterhaltung.

Der Polizeihauptkommissar sah ihn kurz an, zog eine Grimasse und wandte sich wieder mir zu.

»Frau Berlinghof hat befohlen, dass in der Zwischenzeit niemand den Turm betreten darf. Sie vermutet, dass sich der Täter noch im Turm aufhält.«

Er nickte uns kurz zu und ging zurück zu seinen Kollegen. Zeitgleich kam von unten ein Mann angerannt.

»Schneller ging's nicht«, sagte er zu der Marketingleiterin.

»Das ist Ralf Eckl, unser technischer Leiter«, stellte sie ihn mir vor. »Er ist unter anderem für die technische Seite des Turms zuständig.«

Ich verzichtete darauf, seine ölige Hand zu schütteln. Wer weiß, wo und an was er gerade gearbeitet hatte.

Eckl warf nur einen kurzen Blick auf den Leichenhaufen. Er kämpfte sichtlich darum, sich nicht zu übergeben. »Wer macht nur so etwas«, murmelte er.

Während Becker nach wie vor stumm danebenstand, begann ich mit den Befragungen. »Kann die Person sich selbst aus einem der Fenster gestürzt haben?« Ein Suizid war im Moment in meinen Augen durchaus im Rahmen des Möglichen.

»Niemals«, antwortete der technische Leiter. »Auf der Aussichtsplattform besteht alles aus Sicherheitsglas. Da lässt sich kein Fenster öffnen. Selbst mit einem schweren Hammer kriegt man das Glas nicht kaputt. Außerdem wäre dann auf dem Rasen alles voll mit Scherben.«

Mit dem Scherbenargument hatte er recht. »Und wie sieht's mit dem Restaurant aus? Gibt's da Fenster?«

»Fenster im Sinne vom Glas. Öffnen lässt sich dort ebenfalls nichts. Nein, es ist auszuschließen, dass das Opfer von der Aussichtsplattform oder aus dem Restaurant fiel.«

Ich überlegte. Kam die tote Person vielleicht gar nicht vom Turm, sondern war aus einem Flugzeug oder einem Hubschrauber gestürzt? Direkt neben dem Fernmeldeturm war das allerdings eher unwahrscheinlich. Außer, das Flugzeug flog sehr hoch.

»Vielleicht aus der Telekom-Etage«, grübelte Eckl.

»Wie bitte?«

»Die ist von hier aus nicht zu sehen«, erklärte der technische Leiter. »Über dem Restaurant gibt es eine weitere Etage mit Büros. Bis in die 90er-Jahre waren diese Büros der regelmäßige Arbeitsplatz von rund einem Dutzend Telekom-Mitarbeitern.«

»Und was haben die dort oben gemacht?«

»Na ja, die waren halt für die funktechnischen Dinge verantwortlich – Radio, aber auch andere Frequenzen.«

»Und Fernsehen«, unterbrach ich ihn.

»Das nicht«, verbesserte mich Eckl. »Der Fernmeldeturm wird zwar häufig fälschlicherweise Fernsehturm genannt, aber von ihm wurden bis zum letzten Jahr nie Fernsehsendungen ausgestrahlt.« Er räusperte sich. »Natürlich mussten die Techniker auch mal raus, wenn eine Antenne verstellt war oder repariert werden musste. Dazu gibt es in der Büroetage einen Ausstieg.«

Das musste es sein, dachte ich mir. Die Erklärung von Eckl war absolut logisch. Damit hatte ich einen gewaltigen Informationsvorsprung gegenüber der in Bälde anrückenden Polizeichefin und ihrem Tross. Sicherlich würden sie erst die beiden bekannten Etagen mit der Aussichtsplattform und dem Restaurant untersuchen. Mir war klar: Ich musste hoch.

»Können Sie mir die Büros zeigen?«

Ralf Eckl sah mich überrascht an. »Ihre Kollegen haben den Zugang gesperrt. Niemand darf in den Turm.«

»Niemand Fremdes«, antwortete ich. »Ich darf schon rein. Müssen Sie einen Schlüssel holen?«

Der technische Leiter fühlte sich überrumpelt. »Ich will aber keinen Ärger bekommen. Die Büroetage kann man über die beiden Hauptaufzüge erreichen. Man benötigt nur einen Liftschlüssel und einen Code. Einen Schlüssel habe ich immer dabei, und den Code kenne ich natürlich auch.«

»Na dann mal los!«, gab ich das Kommando. »Frau Fernandez, würden Sie in der Zwischenzeit bitte auf diesen Hobbyschriftsteller aufpassen? Er sieht mir ein wenig kränklich aus.«

Becker hatte es nach wie vor die Sprache verschlagen. Es war bestimmt das erste Mal, dass ein fremder Fuß ohne Restkörper in seinem Gesicht landete. Mir war das recht. Oben im Turm würde er im Moment nur stören. Ich wollte der Erste sein, der den Tatort untersuchte. Ein Zusammenhang mit dem Tod von Braun dürfte mehr als wahrscheinlich sein.

Der Beamte, der den Lift blockierte, gab seine Abwehrhaltung schnell auf, nachdem ich mit ernsthaften Konsequenzen gedroht hatte. »Wenn Sie uns nicht durchlassen, sorge ich dafür, dass Sie einen Tag im Büro Ihrer Chefin sitzen müssen.«

Die Nikotinvergiftung wollte er sich ersparen, er gab den Lift frei. Eckl nickte mir anerkennend zu. »Sie sind eine richtige Respektsperson, Herr Palzki.«

Auch wenn das Lob gut tat, Einschmeicheln ließ ich nicht zu. Eckl seufzte und setzte den Aufzug in Gang.

»Es gibt neben diesem Hauptaufzug einen etwas kleineren nebenan. Ein weiterer Lastenaufzug wird hauptsächlich vom Restaurant benutzt.«

In kürzester Zeit waren wir rund 110 Meter höher angekommen. Trotz der immensen Beschleunigungswerte hatte ich so gut wie nichts bemerkt.

Der Aufzug öffnete sich, und wir standen auf der Aufsichtsplattform. Ich ging die paar Schritte zur Panoramascheibe vor und schaute in die Ferne. Die Weitsicht war grandios, doch dafür waren wir nicht heraufgefahren. Ich stieg zurück in den Lift und hielt meinen Daumen nach oben.

Sekunden später öffnete sich die Tür zum Restaurant, das ebenfalls menschenleer war.

»Während der Öffnungszeiten dreht sich der äußere Ring dieser Etage einmal in der Stunde. So können die Restaurantbesucher während des Besuches alle Richtungen erkunden«, erklärte Eckl.

Das war sicherlich eine spektakuläre Aussicht beim Essen, doch ich musste weiter nach oben.

»Einmal zu den Büros bitte«, sagte ich zu dem technischen Leiter, als ich wieder im Lift stand.

Dieser drückte auf ein paar Tasten, und schon setzte sich der Lift erneut in Bewegung. Die Fahrt dauerte erneut nur wenige Sekunden. Die Tür öffnete sich, und wir standen in einer anderen Welt.

KAPITEL 11 – DIE TELEKOM-ETAGE

Vor dem Lift sah ich einen gebogenen Flur, der offensichtlich rund um den Kern des Fernmeldeturms lief, der die Aufzüge beinhaltete. Die Deckenbeleuchtung war ausgeschaltet, ein wenig Licht fiel lediglich durch zwei oder drei offen stehende Türen. Eckl winkte mich grinsend zu einer dieser Türen.

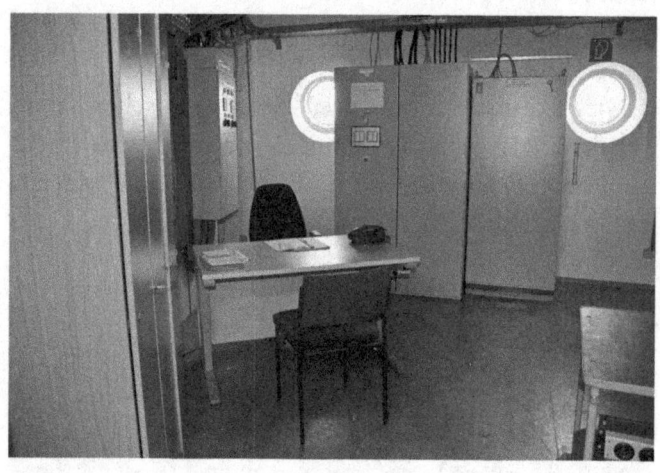

Ich blickte in ein museales Büro. Altes und verstaubtes Eichenmobiliar zeugte von längst vergangenen Jahrzehnten. Hier und da lagen ein paar vergilbte Papiere auf den Tischen oder Ablagen. Neben einem antik wirkenden Locher stand ein Wählscheibentelefon. Fast jeder unter 30 Jahren dürfte heutzutage nicht mehr wissen, wie man solch ein Telefon bediente. Seltsam waren die Fenster in diesem Raum: Sie waren rund und wirkten wie Bullaugen auf einem Schiff. Da sie sehr hoch angebracht waren, konnte man nur den Himmel bestaunen.

»In diesen Büros haben Menschen gearbeitet?«

»Schon ein paar Jahre her, wie Sie sehen«, antwortete Eckl. »Die Techniker kommen nur, wenn es etwas zu reparieren oder zu warten gibt. Kommen Sie, ich zeige Ihnen die anderen Räume.«

Ich begutachtete das Bullauge, das allerdings nicht zu öffnen war. Mit Eckl ging ich den gekrümmten Flur entlang und schaute in Büroräume, die alle mehr oder weniger gleich eingerichtet waren. Meine Vermutung, dass der Flur rings um den Turm verlief, bewahrheitete sich nicht. Er mündete in einem Raum, an dessen Ende sich eine Luke befand, die mit diversen Sicherheitshinweisen bestückt war.

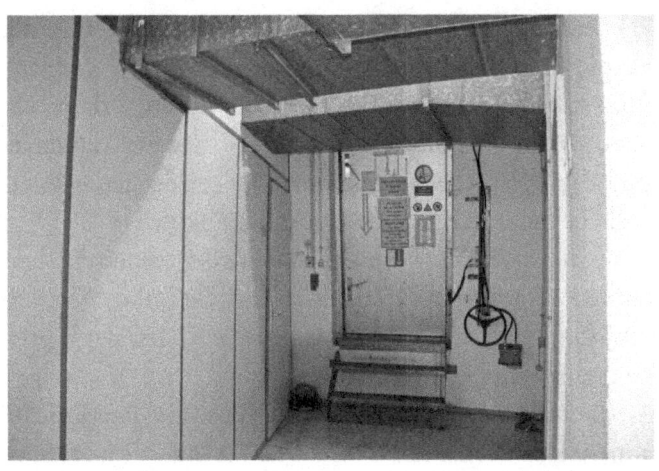

»Hier geht's nach draußen«, sagte Eckl. »Natürlich nur unter strengen Sicherheitsvorschriften. Ich bin selbst einmal auf der kleinen Plattform im Freien gestanden. Wenn man da nicht aufpasst, bläst einen der Wind weg. Leider haben wir keine Sicherungsseile dabei. Wenn Sie möchten, kann ich aber die Luke einen Spaltbreit öffnen. Ganz aufmachen ist zu gefährlich.«

Ohne meine Antwort abzuwarten, ging er zur Luke.

»Nanu«, schrie er auf. »Die ist nur angelehnt. Das ist absolut nicht erlaubt.« Er zeigte mir, dass die Ausstiegsluke nicht verschlossen war.

»Kommen Sie bitte mal zu mir, Herr Palzki. Halten Sie sich an diesem Griff fest.«

Nachdem er sich vergewissert hatte, dass ich sicher stand, öffnete er die Luke 20 Zentimeter. Sofort blies uns ein Wind in Orkanstärke entgegen. Die Techniker, die da raus mussten, waren nicht zu beneiden.

»Machen Sie zu«, schrie ich ihn an, damit er mich verstand.

»Das ist ein Unterschied, was?«, fragte er mich lächelnd, als die Luke wieder fest verschlossen war. »Unten fast Windstille und in 130 Meter Höhe der reinste Orkan. Ich habe mal die Schrauben gesehen, mit denen die Antennen und Parabolspiegel befestigt sind. Solche Sachen bekommen Sie nicht in einem normalen Baumarkt.«

Warum erzählte er mir das? Wollte der technische Leiter von dem Umstand ablenken, dass die Luke nicht verschlossen war? Es war doch naheliegend, dass das Opfer an dieser Stelle hinausgestoßen wurde.

»Sie müssen sich nachher leider Ihre Fingerabdrücke abnehmen lassen, Herr Eckl. Die Luke muss von der Spurensicherung genauestens untersucht werden. Gibt es weitere Möglichkeiten, um nach draußen zu kommen?«

Eckl überlegte einen Moment. »Nein, das wüsste ich.

Nur nach innen in den Turm. Aber diese Möglichkeit scheidet wohl aus.«

Dieser Meinung war ich auch. »Wer hat für diese Etage einen Schlüssel? Kommt da regelmäßig jemand hoch?«

»Wie gesagt, Herr Palzki. Die Telekom hat natürlich freien Zugang. Wie oft Techniker hochkommen, weiß ich nicht. Das können Sie aber in deren Zentrale in Erfahrung bringen. Meiner Erfahrung nach höchstens alle paar Monate. Einmal im Jahr kommen die Fensterputzer hoch. Über die Luke kann man in den Außenkorb steigen. Die Außenflächen der Panoramascheiben des Restaurants und der Aussichtsplattform müssen schließlich auch außen gereinigt werden. Absolute Schwindelfreiheit ist für diesen knochenharten Job unabdingbar.«

»Wann wurden die Scheiben das letzte Mal gereinigt?«

Eckl wusste die Antwort, ohne nachzudenken. »Erst letzte Woche.« Er stutzte einen Augenblick. »Vielleicht hat das Reinigungsunternehmen vergessen, die Luke zu schließen?«

»Wie auch immer«, antwortete ich. »Wir brauchen die Adresse der Firma. Von dem Personal, das in diesem Stockwerk war, müssen ebenfalls die Fingerabdrücke genommen werden.«

»Ich suche Ihnen nachher die Adresse raus«, versicherte Eckl.

»Und wer kommt sonst noch hier rauf?«

»Handwerker, die Leute vom TÜV und der Revision. Ich glaube, das dürften alle sein.«

»Diese Personen haben alle einen Schlüssel für den Turm?«

Der technische Leiter lachte. »Nein, so einfach ist das nicht. Nur die Telekom-Leute haben eigene. Die Handwerker, das Reinigungsunternehmen und so weiter müssen sich bei mir oder meinem Team im Büro anmelden. Entweder bekommen sie gegen Unterschrift einen Schlüssel ausgehändigt, oder ich fahre mit ihnen hoch, falls sie zum ersten Mal im Turm zu tun haben. Weitere Schlüssel besitzt der Parkdirektor, und einer hängt für Notfälle am Schlüsselbrett in der Verwaltung.«

Ich wunderte mich, dass wir immer noch alleine auf dieser Etage waren. Berlinghof und ihre Mitarbeiter würden einen oder zwei Stockwerke tiefer nach Ausgängen Ausschau halten. »Dann zeigen Sie mir bitte die restlichen Räume.«

Eckl öffnete eine Metalltür auf der, der Luke gegenüberliegenden Raumseite. Er griff in das dunkle Loch und drückte einen Lichtschalter. »Unsere Nottreppe«, sagte er und trat zur Seite.

Ich trat durch die Tür und landete in einer senkrechten Betonröhre von fünf Meter Durchmesser. Direkt vor meinen Füßen begann eine Wendeltreppe aus Metallgitterrost, die im Dunkeln verschwand. Die Wände waren regelrecht zugepflastert mit Versorgungsleitungen in allen denkbaren Durchmessern und Materialien.

»Ist die Treppe schon mal jemand runtergegangen?«

»Irgendjemand muss sie gebaut haben«, antwortete Eckl trocken. »Und die ganzen Leitungen installiert haben. Ich muss aber zugeben, dass ich mir die Treppe selbst bisher nie angetan habe.«

»Kein Wunder, bei 130 Meter.« Wahrscheinlich würde man Tage brauchen, um unten anzukommen.

»Sogar ein paar Meter mehr«, legte Eckl einen drauf. »Die Treppe endet im Tiefgeschoss, also im Fundament des Turms. Im Brandfall ist das aber leider der einzige

Fluchtweg. Die Aufzüge dürfen dann nicht mehr benutzt werden.«

»Dann hoffen wir mal, dass nicht gerade jetzt ein Brand entsteht. Zeigen Sie mir bitte noch den Rest der Etage?« Mit Schaudern dachte ich daran, diese Treppe hinuntergehen zu müssen.

Ralf Eckl ging zurück in den gebogenen Flur. Am Aufzug vorbei liefen wir nun in die andere Hälfte der Etage. Am Ende des Flurs gelangten wir in zwei hintereinanderliegende größere Räume. Im letzten befand sich diverses Gerümpel, das dem ersten Augenschein nach seit Jahrzehnten auf die Sperrmüllabfuhr wartete.

Für den technischen Leiter waren die beiden Räume nicht weiter interessant, er stand bereits am Zugang zum Flur.

»Was ist das für eine kleine Tür?« Ich zeigte auf das entsprechende Türblatt.

Eckl rümpfte die Nase. »Das ist eine Besenkammer. Schauen Sie ruhig hinein.«

»Na ja, nach Besen sieht das nicht aus«, sagte ich, nachdem ich meine Neugier befriedigt hatte und in den Raum geschaut hatte. Auch hier hatte man alles mit Gerümpel vollgestopft.

Ich drehte mich zu Eckl um, doch er war verschwunden. Wahrscheinlich war er zum Aufzug vorgegangen.

Man kann nicht sagen, dass man sich auf dieser Büroetage verlaufen konnte. Zu einfach war der Grundriss, wenn auch etwas ungewöhnlich. Verstecke gab es keine. In weniger als einer Minute hatte ich in sämtliche mir bekannten Räume einen Blick hineingeworfen. Nirgendwo fand ich den technischen Leiter. Ich begann, nach ihm zu rufen und bekam keine Antwort. Sogar mein Ohr legte ich an die Aufzugstür, doch ohne Resultat. Entweder war der Aufzug speziell gedämmt oder er stand im Moment still. Leider fand ich auf die Schnelle keinen Taster, um den Aufzug anzufordern, lediglich ein Schlüsselloch. Langsam stieg Panik in mir auf. Hatte mich Eckl eingesperrt? War er der Mörder und nun auf der Flucht? Was hatte ich übersehen? Ich rannte zur Tür, die zur Treppe führte, und öffnete sie. Im Inneren war es dunkel, ich konnte nichts hören. Hier steckte er nicht, das wäre aus Tätersicht auch zu dämlich gewesen.

Zur Sicherheit unterzog ich alle Räume einer Detailuntersuchung, bei der ich sogar in die alten Schränke sah. Selbst die Außenluke war fest verschlossen. Wobei dieser Fluchtweg wohl nur für James Bond eine Option gewesen wäre. Keine fünf Minuten später musste ich feststellen, dass ich mich zurzeit alleine auf dieser Etage befand.

Klar, ich hätte in dieser Situation nur abwarten müssen, bis die Spurensicherung diese Etage fand. Wahrscheinlich war aber keiner da, der ihnen sagte, dass es über dem Restaurant ein Zusatzstockwerk gab. Bis die Beamten das ohne fremde Hilfe herausgefunden hätten, wäre Eckl längst über alle Berge. Auch wenn es nicht sehr rational war, ich entschied mich, die Treppe zu nehmen. Schnell rechnete ich mir die Anzahl der Stufen aus. Wenn jeder Tritt 20 Zentimeter hatte, bestand die Treppe bei geschätzten 140 Meter Höhe nur aus schlappen 700 Stufen. Ein Klacks für einen Beamten wie mich, der auf dem Crosstrainer geübt war.

Vielleicht hätte ich meinen spontan gefassten Plan unterlassen, wenn ich im Inneren der Turmröhre bis nach unten hätte schauen können. Leider war die Beleuchtung alles andere als zufriedenstellend. Nur alle zwei Umdrehungen der Wendeltreppe hing an der Wand eine schwache Funzel, die nur wenige Treppenstufen einigermaßen trittsicher beleuchtete. Sobald ich mich aus dem Blickwinkel der Leuchte bewegte, war es so gut wie dunkel, und ich musste mich bis zum Lichtschein der nächsten Funzel vorantasten. Hin und wieder war eine der Leuchten defekt, sodass ich mich auf diesen Teilstücken vollends im Dunkeln befand. Nur der Eintönigkeit und den immerwährend gleichen Abständen der Trittstufen hatte ich es zu verdanken, dass ich nicht stürzte. Zu Beginn zählte ich noch die Stufen, doch irgendwann verlor ich den Überblick. War das jetzt Stufe 413 oder doch erst 314? Im Endeffekt war es ohnehin egal. Trotz der Kühle im Turminneren schwitzte ich stärker als letzte Woche bei meinem Sportprogramm. Meine Waden und meine Knie schmerzten um die Wette. Mehr als einmal knallte mir unverhofft ein isoliertes Rohr an den Kopf, das völlig motivationslos die Treppe in Kopfhöhe überquerte. Das sollte ein feuerpolizeilicher Fluchtweg sein? Wahrscheinlich hatte sich bisher weder TÜV noch Feuerwehr in das Turminnere gewagt. Kaum vorstellbar, wenn auf diesem Weg ganze Familien oder gar Hochzeitsgesellschaften, die regelmäßig im Restaurant feierten, flüchten sollten.

Wie im Taumel drehte ich mich weiter im Kreis. Die Pausen wurden häufiger und länger, mein Zeitgefühl war längst beim Teufel. Wann nahm diese hinterlistige Treppe endlich ein Ende? Wirre Gedanken schossen mir durch den Kopf. Was wäre, wenn der Fernmeldeturm ein verkappter Ölförderturm war, und ich nun kilometertief in die Erde stieg? Verschwitzt, wie ich war, befand ich mich längst im Inneren eines Hochofens.

Plötzlich, mitten in einem dunklen Segment, knallte ich an eine Metalltür. Endlich, das musste der Ausgang sein. Warum gab es nicht einmal ein funktionierendes Notausgangsschild? Noch heute würde ich den Turm bei der Feuerwehr anzeigen und für den Publikumsverkehr schließen lassen. In Büros musste darauf geachtet werden, dass die Telefonhörer ergonomisch geformt waren, damit sich niemand daran verletzte. Doch hier, wo wirklich Lebensgefahr herrschen konnte, zählte dies anscheinend nicht. Und warum ging diese blöde Tür nicht auf? Mangels Lichtquelle fühlte ich das Türblatt und dessen Umgebung ab: erfolglos. Das Einzige, was ich fühlen konnte, war der Schließzylinder eines Sicherheitsschlosses. Eine verschlossene Notausgangstür, das setzte dem Ganzen die Krone auf. Mit letzter Kraft hämmerte ich an die Tür und schrie, so laut ich noch konnte. Das Resultat erstaunte mich nicht: Kein Mensch würde mich in den Katakomben finden. Ich setzte mich frustriert auf die unterste Stufe und versuchte, zu Atem zu kommen. Niemand würde mich hier unten suchen. Eckl war mutmaßlich auf der Flucht, und die Liftdame würde irgendwann gehen. Kein Mensch wusste, wo ich steckte.

Ein anderer Gedanke kam mir in den Sinn. War die innere Röhre des Turms vielleicht luftdicht? Würde mir früher oder später der Sauerstoff ausgehen? Das Volumen der Röhre war zwar beträchtlich, doch wie oft wurde sie gelüftet? War die Sauerstoffkonzentration ausreichend? Ich geriet noch mehr in Panik, als mir einfiel, dass sich der Kohlenstoffdioxidanteil der Luft immer nach unten setzte. Es half nichts, ich musste zurück nach oben, sonst würde ich bald in den letzten Schlaf fallen.

Allein das Aufstehen bereitete mir Höllenqualen. Mit

allerletzter Kraft zog ich mich am schmierigen Geländer nach oben. Optisch war ich längst eine Zumutung, daher störte mich das nicht. Nachdem ich mich 30 Stufen emporgekämpft hatte, stand ich im Schein einer Funzel. Obwohl man von Stehen eigentlich nicht mehr sprechen konnte, betrachtete ich meine verdreckten und rotfleckigen Hände und erschrak. Ich zog meine Hosenbeine hoch und entdeckte auch dort rotfleckige Unterschenkel. Waren dies Hinweise auf eine Allergie oder einen Schock? Kamen die Flecken vom geringen Sauerstoffanteil, oder war das Innere des Turms kontaminiert? Egal, ich musste raus, und der einzige mir bekannte Ausgang war oben.

Irgendwann versagten meine Beine. Zuerst stolperte ich noch die eine oder andere Runde hoch, dann fiel ich auf die Knie. Dies war eine schmerzhafte Option, da die Gitterrostböden alles andere als bequem waren. Mehr als einmal hatte ich den Eindruck, zwischendurch eingenickt zu sein. Beweisen konnte ich das in meinem Gefängnis nicht.

Ich weiß bis heute nicht, wie ich es bis nach oben schaffte. Es muss wohl an meiner unbedingten Willenskraft gelegen haben. Als ich endlich an der oberen Tür ankam, reichte es gerade noch zu einem leichten Kratzen mit den Fingernägeln, ein Aufrichten war nicht mehr möglich.

Daniela Berlinghof behauptete jedenfalls, mir das Leben gerettet zu haben, da sie sich just zu diesem Zeitpunkt auf der anderen Türseite im Flur aufhielt.

»Sind Sie das, Herr Palzki?«, rief sie, nachdem sie die Tür geöffnet hatte und auf ein Häufchen Elend blickte.

»Sanitäter!«, rief sie in die andere Richtung.

Die nächsten Minuten sind wenig geeignet, um sie literarisch zu verwerten. Der Hobbyschriftsteller Dietmar

Becker war nicht in der Nähe, der mein kleines Missgeschick ungebührlich ausgeschmückt hätte. Die Sanitäter meinten, dass die roten Flecken von einer Nahrungsmittelallergie kämen und ich meine Ernährung umstellen sollte. Und vor allem weniger fettreich essen sollte.

»Was ist denn mit Ihnen passiert?«, fragte mich die Polizeipräsidentin, nachdem mein Geist wieder zur zwischenmenschlichen Kommunikation bereit war.

Klar, ich hätte wie KPD auf meine Reputation achten und ihr sagen können, dass ich mit mehreren Mördern gekämpft hatte. Da man diese Lüge aber leicht hätte nachweisen können, blieb ich wie meist bei der Wahrheit.

»Ralf Eckl, der technische Leiter des Luisenparks, hat mich hier oben eingesperrt.«

Ich lag auf einer Trage, und ein Sanitäter maß mir den Blutdruck. Als dieser sich nickend zurückzog, blickte ich direkt auf Eckl, der sich in wenigen Metern Entfernung mit einem Spurensicherer unterhielt.

»Da«, schrie ich und deutete auf ihn. »Nehmen Sie ihn fest, das ist der Täter!«

Berlinghof drehte sich erstaunt und sehr langsam um, als wäre sie sich über meinen Geisteszustand nicht im Klaren.

»Herr Eckl?«, fragte sie skeptisch nach.

Eine Antwort erübrigte sich, da er nun selbst zu uns trat.

»Herr Palzki, alles in Ordnung mit Ihnen? Wo haben Sie nur gesteckt, ich habe Sie überall gesucht.«

Für einen Moment war ich sprachlos. Dieser hinterhältige Gauner wagte es tatsächlich, die Verhältnisse umzukehren. War ihm die Flucht aus dem Turm missglückt, und er trat nun die Flucht nach vorne an?

Ich ignorierte ihn und sprach zur Polizeipräsidentin. »Herr Eckl hat mich hier oben eingesperrt.«

»Eingesperrt?«, wiederholte Berlinghof. »Wie soll das gehen? Es gibt doch den Aufzug.«

»Eben nicht«, sprach ich mit Vehemenz weiter. »Eckl ist verschwunden, und eine Liftdame war nicht da. Da bin ich die Treppe runter.«

»Sie sind was?«, platzte der technische Leiter heraus. »Wenn ich das gewusst hätte! Ich habe Sie überall gesucht. Nachdem ich zurückkam, waren Sie spurlos verschwunden.«

Sein letzter Satz verwirrte mich. Ich erlaubte mir eine Rückfrage. »Von was sind Sie zurückgekommen?«

»Von der Toilette«, behauptete Eckl. »Das hatte ich Ihnen doch gesagt.«

Berlinghof blickte zwischen uns hin und her und verstand kein Wort.

»Sie haben mir nichts gesagt, Sie sind einfach verschwunden.«

»Das müssen Sie überhört haben, Herr Palzki. Während Sie die kleine Abstellkammer untersucht haben, habe ich Ihnen gesagt, dass ich kurz runter ins Restaurant zur Toilette gehe. Die Toiletten in diesem Stockwerk sind stillgelegt.«

So langsam kapierte Daniela Berlinghof, was sich abgespielt hatte. »Und Sie, Herr Palzki, haben gedacht, Herr Eckl will türmen? Deshalb haben Sie die Treppe genommen.« Sie dachte kurz nach. »Warum sind Sie eigentlich die Treppe erneut heraufgestiegen? Das muss für Sie ein schöner Kraftakt gewesen sein.«

Ich nickte zur Bestätigung. »Der Ausgang war verschlossen.«

Ralf Eckl lief der Schweiß über das Gesicht. »Da hat nur die Tür etwas geklemmt. Ich werde gleich morgen nachschauen.« Das schlechte Gewissen war ihm deutlich anzusehen.

»Warum haben Sie eigentlich nicht den Lift genommen, Herr Palzki?«, hakte Eckl nach, um von dem ungenügenden Fluchtweg abzulenken.

»Wie denn?«, schrie ich ihn an.

Eckl runzelte mit der Stirn. »Indem sie auf den Anforderungsknopf neben dem Lift drücken, genau unter dem Schlüsselschalter. Aus Sicherheitsgründen ist der Lift während der Öffnungszeiten ständig besetzt.«

Hatte ich den Knopf wirklich übersehen? Hätte mir diese Kleinigkeit alles erspart? Jetzt war ich an der Reihe mit einem Ablenkungsmanöver.

»Gut, dass Sie endlich den Weg in diesen Stock gefunden haben, Frau Berlinghof. Ich dachte schon, Ihre Beamten übersehen die Telekom-Etage. Da vorn rechts ist übrigens die Ausstiegsluke, aus der das Opfer mutmaßlich geworfen wurde.«

Daniela Berlinghof zündete sich eine ihrer mörderischen Zigaretten an und nahm zwei- oder dreimal einen tiefen Lungenzug. »Kann es sein, dass Sie hinter der Tür ein Schläfchen gehalten haben? Wir sind seit über zwei Stunden in dieser Etage und haben den Tatort längst aufgenommen. Wir sind beim Einpacken. Eine Viertelstunde später, und Sie wären tatsächlich allein im Turm gewesen.«

Eine kleine Retourkutsche erlaubte ich mir. Von wegen Schlafen im Dienst! Die Länge der Treppe war schließlich nicht zu unterschätzen. »Sie haben wirklich alles untersucht, Frau Berlinghof? Warum haben Sie die Fluchttreppe nicht gefunden? Dann hätten Sie mich früher entdeckt.«

Berlinghof ging auf Konfrontation. »Haben wir, Herr Palzki. Vor einer Stunde. Da war von Ihnen weder etwas zu hören noch zu sehen. Daher meine Vermutung, dass Sie irgendwo geschlafen haben.« Sie winkte ärgerlich ab. »Alles bleibt heute an mir hängen. Dietmar Becker hat einen Schock, weil ihm ein paar Leichenteile um die Ohren geflogen sind, und Sie, Herr Palzki, standen für die Tatortuntersuchung aus welchen Gründen auch immer nicht zur Verfügung.« Sie schüttelte den Kopf.

Jetzt hatte ich genug von ihren Eskapaden. Ich versuchte aufzustehen, was mir wegen eines mittelprächtigen Schwindelanfalles misslang. Sitzend grollte ich Berlinghof an. »Dann wird es am besten sein, ich lasse Sie Ihre Arbeit in Mannheim ab sofort alleine machen. Gleich morgen Früh melde ich mich bei Herrn Diefenbach. Den Studenten können Sie gerne behalten.«

Die Polizeipräsidentin merkte, dass sie zu weit gegangen war. Anscheinend war sie auf mich mehr angewiesen, als sie zugab. »Aber Herr Palzki, seien Sie doch nicht immer gleich so angepisst. Von Ihrem Chef müssen Sie sich garantiert ständig Schlimmeres anhören. Es ist ja nicht so, dass ich mit Ihren Ermittlungsmethoden unzufrieden bin, es liegt nur an dieser blöden zeitlichen Enge. Dieser Todesfall passt nicht so recht in meinen Terminkalender.« Mit einem jammernden Blick ergänzte sie: »Hoffentlich bleiben wir die nächsten Tage von weiteren Kapitalverbrechen verschont. Ich muss das letzte Kapitel meines Lehrbuchs umschreiben.«

»Ich werde es dem Mörder ausrichten.« Betont lässig schaute ich in Richtung Eckl, der dies aber nicht mitbekam, da er sich mit jemand anderem unterhielt.

Um diese nutzlose Unterhaltung abzukürzen, unternahm ich weitere Versuche aufzustehen. Kaum war mir dies gelungen, schnappten sich zwei Sanitäter die Trage und schnauzten mich zum Dank an. »Endlich können wir gehen, wir haben längst Feierabend.« Wenige Augenblicke später verschwanden sie mit dem Rest der Spurensicherer im Aufzug.

Ich bemerkte, dass Daniela Berlinghof und Ralf Eckl die letzten Personen auf der Telekom-Etage waren, von mir abgesehen.

Berlinghof blickte nervös zur Uhr. »Sie fahren jetzt am besten ins Präsidium. Ich komme gleich nach, dann kann ich Sie unterrichten, was heute noch so alles passiert ist. Herr Becker wird hoffentlich bis morgen wieder einsatzfähig sein.« Dann drehte sie sich zum technischen Leiter. »Es kann sein, dass wir in den nächsten Tagen auf Ihre Hilfe angewiesen sind. Für heute sind wir hier oben fertig.«

Eckl nickte und ging zum Aufzug. »Verdammt, er scheint defekt zu sein«, rief er entsetzt aus.

Als er in unsere ebenso entsetzten Gesichter blickte, fing er an zu lachen. »War nur ein kleiner Scherz. Die Liftdame ist bereits unterwegs.«

Du Gauner, dachte ich bissig. Gleich morgen werde ich mit TÜV und Feuerwehr sprechen.

Die Polizeipräsidentin war im Begriff, sich eine weitere Zigarette anzuzünden.

»Tut mir leid, das geht nicht«, sagte Eckl. »Im Aufzug herrscht striktes Rauchverbot. Eigentlich im ganzen Turm.«

»Ich muss auf die Toilette«, meinte Berlinghof.

Die Lifttür öffnete sich. »Zur Aussichtsplattform, bitte«, sagte Eckl zur Liftführerin. Diese rümpfte sichtbar ihre Nase, als sie mich optisch und olfaktorisch wahrnahm.

»Sie können auf uns warten«, beschied Eckl die Frau, als wir auf der Aussichtsplattform ausstiegen. »Außer uns ist niemand mehr im Turm.«

Der technische Leiter führte uns zu den Toiletten. Berlinghof verschwand kommentarlos.

»Wollen Sie sich ein wenig frisch machen, Herr Palzki?«

Ich war froh, mich einigermaßen auf den Beinen halten zu können, aber grundsätzlich stimmte seine Aussage. Ich sah ähnlich verboten aus wie KPD nach seinem Gewahrsamszelleneinsatz. Ich schleppte mich in die Toilette, und mithilfe von einigen Dutzend Papiertüchern gelang es mir, den Schmutz in meinem Gesicht ein wenig zu beseitigen und den Rest gleichmäßig zu verteilen, was mir zu einer gewissen Solariumsbräune verhalf. Die Reinigung meiner Hände funktionierte gut, die roten Flecken verblassten langsam. Was ich auf die Schnelle nicht ändern konnte, waren meine verdreckte Kleidung und der erbärmliche Gestank. Einigermaßen zufrieden mit mir, von den temporären körperlichen Gebrechen abgesehen, verließ ich die Toilette. Die Polizeipräsidentin war noch nicht da.

»Ja, die Frauen«, meinte Eckl, als wir nach mehreren Minuten sahen, wie sich die Tür öffnete. Berlinghof kam, begleitet von einer gewaltigen Rauchwolke, heraus. Dem Rauch nach zu urteilen, musste sie mehrere Zigaretten gleichzeitig geraucht haben.

Als wir kurz darauf im Freien standen, verabschiedete sich Ralf Eckl. »Rufen Sie am besten vorher an, wenn Sie mich brauchen. Falls ich nicht im Büro bin, meine Mitarbeiter wissen immer, wo man mich findet.« Mit diesen Worten verschwand er in Richtung Parkeingang.

Berlinghof nickte mir kurz zu und meinte: »Ich parke oben neben dem Turm. Wo haben Sie Ihren Wagen stehen, Herr Palzki?«

KAPITEL 12 – FRAU ACKERMANN

Erstarrt stand ich da, als mir bewusst wurde, wo mein Wagen parkte. »Auf dem Parkplatz am ›Technoseum‹. Können Sie mich bis dorthin mitnehmen?«

Berlinghof lächelte. »Das geht leider nicht. Ich habe gleich eine wichtige Telefonkonferenz im Auto.« Sie zeigte in Richtung Park. »So weit ist das aber gar nicht, Herr Palzki. Einmal quer durch das Gelände, das ist nichts weiter als ein kurzer Spaziergang. Überlegen Sie mal, was Sie heute schon alles geleistet haben. Da ist der kurze Weg doch ein Klacks für Sie.« Sie ließ mich stehen und ging zum Parkplatz. Über die Schulter blickend rief sie mir zu: »Schauen Sie, dass Sie bald im Präsidium sind. Die Telefonkonferenz dauert nicht sehr lange. Danach kümmere ich mich um Sie.«

Nun stand ich alleine da. Durch den Park gehen, war für mich heute garantiert keine Option. Außerdem müsste ich an der Kasse eine Eintrittskarte kaufen, wenn mich die Person an der Kasse in meinem Zustand überhaupt passieren ließ.

Vielleicht war ich für heute etwas körperlich geschwächt, meine geistigen Fähigkeiten waren wie gewohnt auf der Höhe. Ich wusste, dass sich in der Nähe des Fernmeldeturms eine Straßenbahnhaltestelle befand, die von der Linie 5 bedient wurde. Auf dem schematischen Aushangplan an der Haltestelle erkannte ich schnell, dass ich am Paradeplatz in die Linie 6 umsteigen musste, um zur Haltestelle Luisenpark zu gelangen. Vom Paradeplatz war es zwar nur ein kleiner Fußweg zum Polizeipräsidium, doch Laufen stand zurzeit auf meiner No-Go-Liste.

Die Linie 5 war proppenvoll, doch trotz der vielen stehenden Fahrgäste hatte ich eine 4er-Sitzgruppe für mich allein. Das Tuscheln der anderen Menschen nahm ich nur am Rande wahr, da ich ausschließlich aus dem Fenster schaute und die Aussicht genoss.

Das Umsteigen am Paradeplatz war für mich ebenfalls kein Problem. Das Problem entstand erst kurz danach, als die Aufforderung »Fahrscheinkontrolle« an meine Ohren drang.

Am meisten nervten mich die vielen Gaffer, die den lautstarken Disput zwischen dem Kontrolleur und mir verfolgten. Diskretion und Datenschutz schienen in Mannheim Fremdwörter zu sein.

»Sie heißen also Reiner Palzki und wohnen in Schifferstadt«, brüllte der Kontrolleur durch das Abteil, damit es auch ja der letzte taube Fahrgast mitbekam.

»Ja«, entgegnete ich zornig. »Und dies ist Ihre letzte Fahrt als Angestellter der Verkehrsbetriebe. Dafür werde ich persönlich sorgen!«

»Sie drohen mir? In diesem Fall rufe ich die Polizei.« Er schnappte sich sein Handy und rief bei der Einsatzzentrale an. Mit dem Satz: »Okay, wir warten mit dem Pe, äh, Kerl an der Haltestelle Wasserturm«, beendete er das Telefonat und sah mich streng an. »In ein paar Minuten werden wir wissen, ob Sie Polizist sind, wie Sie vorgeben.« Mit einem abwertenden Blick scannte er mich. Für ihn und sämtliche Fahrgäste zählte ich offensichtlich zur Kategorie aggressiver Penner. Nach der Fahrt durch die Mannheimer Planken bat mich der Kontrolleur, an der Haltestelle Wasserturm auszusteigen.

»Ich muss aber zum Luisenpark«, beharrte ich. »Dort steht mein Wagen.«

»Darauf kann ich keine Rücksicht nehmen«, entgegnete er autoritär und schob mich aus der Straßenbahn. Dass ich einen Wagen besaß, glaubte er mir mit Sicherheit auch nicht.

Bevor sich die Türen der Bahn schlossen, hörte ich den letzten Satz eines aufgebrachten Bürgers. »Recht so, man muss dem Pack seine Grenzen zeigen.« Ein anderer ergänzte: »Frieher hot's des net gewwe.«

Die Polizei kam schnell. Etwas länger dauerte es, meine Identität zu bestätigen und bei Daniela Berlinghof nachzufragen. Letztendlich zeigte es sich aber, dass auch in Baden-Württemberg die gängigen Gesetze befolgt wurden.

»Hier haben Sie Ihren Ausweis zurück«, sagte eine Polizeikommissarin zu mir. »Frau Berlinghof meinte, wir sollen Sie ins Präsidium fahren. Aber so lassen wir Sie nicht in den Streifenwagen einsteigen. Entweder laufen Sie die paar Meter oder Sie müssen warten, bis wir einen Transporter angefordert haben. Die Kosten müssten Sie allerdings selbst tragen.«

»Und was ist mit dem erhöhten Beförderungsentgelt?«, mischte sich der Kontrolleur ein.

»Das muss mein Kollege sowieso zahlen.« Das Wort »Kollege« sprach sie in äußerst verächtlichem Ton aus.

»Aber ich war doch im Einsatz!«

Die Beamtin zeigte dafür kein Verständnis. »In der Straßenbahn? Solche Einsätze, zumal in Zivil, gibt es bei uns nicht. Vielleicht bei Ihnen in Rheinland-Pfalz. Außerdem fiel meine Chefin aus allen Wolken, als sie hörte, dass Sie in einer Straßenbahn aufgegriffen wurden.«

»Ich wurde nicht aufgegriffen!«, schrie ich, und der Kontrolleur zuckte zusammen und nahm eine Abwehrhaltung ein. »Mir reicht das Theater, ich gehe jetzt.«

Ich hörte, wie die Beamtin laut aufatmete. Jetzt konnte sie behaupten, dass ich nicht mit dem Streifenwagen fahren wollte.

Die Strecke bis zum Präsidium zog sich wie Kaugummi, zumal ich langsamen Fußes unterwegs war. Das mitleidige Kopfschütteln, das ich hin und wieder in den Gesichtern von entgegenkommenden Passanten sah, machte mich nicht fröhlicher.

Die Beamten am Empfang wussten Bescheid. Stumm führte mich einer der Beamten mit größerem körperlichem Abstand zum Büro von Daniela Berlinghof.

Die Raumluft verschlug mir den Atem. Berlinghof stand auf und kam mir entgegen.

»Wo bleiben Sie denn, Herr Palzki? Der Anruf wurde mir vor einer halben Stunde durchgestellt. So weit ist der Wasserturm gar nicht entfernt. Und warum sind Sie in einer Straßenbahn ohne gültiges Ticket gefahren?«, fragte sie vorwurfsvoll.

»Ich wollte zu meinem Wagen«, sagte ich und ergänzte mit einer kleinen Notlüge. »In meinem Zustand durfte ich nicht in den Park rein.«

»Aber in die Straßenbahn sind Sie eingestiegen.« Berlinghof ging zurück an ihren Schreibtisch und holte ein paar kleine Zettel aus der Schublade. »Hier sind ein paar Fahrscheine, falls Sie noch mal in Versuchung kommen sollten. Die Strafe müssen Sie aber selbst übernehmen, wir sind schließlich kein Bananen-Bundesland. Vielleicht erstattet Diefenbach die Kosten.«

Sie wies auf eine Sitzgruppe. Während ich Platz nahm,

öffnete sie ein neues Päckchen Zigaretten. Etwas Gutes hatte dieses Büro: In diesem Raum konnte keinem auffallen, wie ich stank.

»Die wichtigsten Akten habe ich Ihnen in Ihr Büro gelegt«, begann Berlinghof. »Zur Spurenlage am Fernmeldeturm gibt es bisher nur wenige Ergebnisse. Die Tote ist mit hoher Wahrscheinlichkeit tatsächlich aus der Luke in der Telekom-Etage gestürzt.«

»*Die* Tote? Eine Frau?«

Die Polizeipräsidentin nickte. »Das einzige Indiz, das bisher darauf hinweist, ist ein BH, der am Tatort gefunden wurde. Persönliche Papiere fand man bei der Leiche nicht.«

Eine Frau, das war im ersten Moment bemerkenswert. Im zweiten Moment half diese Information allerdings nicht weiter.

»Sobald wir wissen, um wen es sich handelt, gebe ich Ihnen Bescheid«, fuhr Berlinghof fort. »Kommen wir jetzt zu dem ermordeten Hausmeister. Bei Herrn Braun wurden, wie Sie wissen, mehrere Blankomitgliedskarten des TSV gefunden. Inzwischen habe ich beziehungsweise meine Mitarbeiter herausgefunden, dass Braun Vereinsmitglied war. Im Moment versuchen wir zu eruieren, ob er mit der Mitgliederbetreuung zu tun hatte. Ach ja«, sie nahm einen Lungenzug, »Braun hatte am Freitagfrüh einen handfesten Streit mit Michael Messer. Davon haben uns mehrere Zeugen berichtet. Die beiden kannten sich seit Jahren.«

Endlich waren ein paar Anhaltspunkte für weitere Ermittlungen gefunden. Messer hatte mir berichtet, dass er den Hausmeister nur sehr flüchtig kannte. Standen die TSVler nicht nur rein zufällig, sondern mit voller Absicht in der Nähe von Braun? Handelte es sich um einen kollektiven Mord, wie es vor Jahrzehnten Agatha Christie in ihrem »Orientexpress« beschrieben hatte? Mir kam ein Gedanke. »Es war eine Frau, die den toten Hausmeister gefunden hat, eine Vereinskollegin von Messer.«

»Alle Achtung«, sagte Berlinghof. »Da haben Sie gut aufgepasst. Sie meinen Eirin Mähn. Leider konnten wir sie bisher nicht finden.«

»Vielleicht die Tote vom Turm?«

»Das können wir im Moment nicht ausschließen. Die Fahndung nach ihr läuft auf Hochtouren.«

Meine momentane Vorgesetzte warf mir ein in einer Plastiktüte gesichertes Asservat zu. »Das haben wir im Büro des Hausmeisters gefunden. Übrigens, Ihre Überreaktion mit dem angeblich nicht untersuchten Keller der Festhalle war überflüssig. Selbstverständlich stand der Keller auf unserer Liste. Auf eine Sperrung des Kellers haben wir verzichtet, da ihn sowieso niemand über das Wochenende benutzte.«

Ich glaubte ihr kein Wort. Faule Ausrede, nichts weiter. Außerdem hatte das Schwergewicht mit seiner Feuerlöscher tragenden Praktikantenfrau die Künstlergarderoben in Beschlag genommen.

Ich sah auf die Karte in der Plastiktüte. *Ehrenkarte Dieter Scriba* stand über dem Logo des Luisenparks.

»Herr Scriba ist …« Weiter kam sie nicht.

»Ich habe Herrn Scriba schon mehrfach kennengelernt«, fiel ich ihr ins Wort. »Den knöpfe ich mir morgen vor.«

»Sehr gut«, antwortete Berlinghof. »Dann haben wir alles Wesentliche besprochen. Den Rest entnehmen Sie den Akten in Ihrem Büro. Dort finden Sie morgen Früh auch Ihre aktualisierte To-do-Liste.«

Ich nickte zum Abschied und verließ ihr Raucherzimmer. Mein Mannheimer Büro auf dem Flur gegenüber betrat ich nicht. Auf Aktenstudium hatte ich keine Lust. Inzwischen war mir der Grundriss des Gebäudes einigermaßen vertraut, und ich fand den Ausgang auf Anhieb. Nur zwei junge Polizeibeamte, die mir im Präsidium über den Weg liefen, erschraken und gingen in Habachtstellung. Nachdem ich ihnen erklärt hatte, dass ich nicht aus den Gewahrsamszellen getürmt, sondern im Geheimauftrag ihrer Chefin unterwegs war, ließen sie mich ohne Kontrolle weitergehen.

Mein hoffentlich letzter Fußweg für den heutigen Tag führte mich zum Paradeplatz, um zur Linie 6 zu gelangen. Rechtzeitig erinnerte ich mich an die Tickets, die mir vorhin zugesteckt worden waren, und entwertete eines davon. Als an der Haltestelle Kunsthalle mein alter Bekannter von vorhin mit dem Ruf »Fahrkartenkontrolle«, durchs Abteil ging, streckte ich ihm lächelnd meine entwertete Karte hin. Stumm, aber deutlich verblüfft, nickte er und ging weiter. Dass ich erneut eine Vierersitzgruppe für mich alleine hatte, war der Situation geschuldet. Am »Technoseum« stieg ich in meinen Wagen, der auf einem offiziellen Parkplatz stand, und fuhr heim. Einen Umweg über die Dienststelle im Waldspitzweg ersparte ich mir. Jetzt eine Dusche und anschließend ins Bett. Leider hatte das Schicksal etwas gegen meinen Plan.

Kaum war ich aus dem Wagen gestiegen, kam Frau Ackermann aus ihrer Haustür und erspähte mich. In der Hand trug sie zwei Stöcke.

Frau Ackermann, unsere Nachbarin, war sehr speziell. Wie ich erst vor wenigen Wochen erfuhr, hatte die NATO mehrfach erfolglos versucht, Frau Ackermanns einzige Begabung für Verteidigungszwecke der NATO-Außengrenzen sowie der Terrorismusbekämpfung zu nutzen. Einem Masterplan zufolge sollte sie als »offene Agentin« ins Ausland geschleust werden. Wenn man weiß, dass unsere Nachbarin in der Lage ist, jegliche Kommunikation zu sprengen, hätte dies ein durchaus funktionierender Ansatz sein können. Allein an der Fürsorgepflicht ihrem Mann gegenüber scheiterte dieses hoch dotierte Angebot. Frau Ackermann als monologische Kommunikationsbombe, ging mir durch den Kopf. Einmal in die Zentrale des IS eingeschleust, und der Terrorismus hätte sich erledigt. In Frau Ackermanns Umgebung war es ausgeschlossen, selbst zu sprechen. Dies lag einzig und allein daran, dass sie in einer atem- beziehungsweise lebensberaubenden Geschwindigkeit ohne Punkt und Komma schnatterte, und sämtliche von anderen Personen generierte Sprache in ihrer Umgebung in einem unverständlichen Grundrauschen unterging. Frau Ackermanns Geschnatter geistig zu folgen, gab man spätestens nach dem ersten Versuch auf. Bedingt durch die unvorstellbare Redegeschwindigkeit, konnte das eigene Gehirn nur Satzfetzen identifizieren, aber im Regelfall keine zusammenhängenden logischen Sätze. Daher war es wenig überraschend, dass ich unser Nachbarhaus fürchtete wie der Teufel das Weihwasser.

»Herr Palzki!« Sie hatte mich erreicht und pumpte mit einem Atemzug einen Kubikmeter Luft in ihre Lungen.

»Das ist ja wunderbar, dass es bei Ihnen doch noch geklappt hat. Ihre Frau war sich sicher, dass Sie rechtzeitig heimkommen und sich über unsere Idee freuen würden. Mit meinem Mann kann ich über dieses Thema nicht reden. Wenn der nicht im Bett liegt, ruht er sich auf der

Couch aus, der faule Sack. Aber was will ich machen? Ich bin auf seine Rente angewiesen, sonst hätte ich ihm längst seinen letzten Tee zubereitet. Haha, das war nur Spaß, Herr Palzki. Ich bringe doch meinen Mann nicht um, wo neben uns ein so bekannter Polizist wohnt. Aber manchmal kann man schon auf dumme Gedanken kommen. Letzte Woche hat er einen Elektriker geholt, um die Glühbirne in der Wohnzimmerleuchte auswechseln zu lassen. Es wundert mich, dass er es noch alleine aufs Klo schafft. Aber ich mache da nicht mit, Herr Palzki. Ich tue was für meine Gesundheit. Und Ihre Tochter Melanie hatte die Idee dazu. Melanie und Ihre Frau haben die Tour für heute ausgesucht. Nur bis zum Schwanenweiher und zurück, zum Eingewöhnen, hat sie gesagt. Viermal die Woche wollen wir das jetzt machen, und ich bin froh, dass Sie mitmachen, Herr Palzki. Wenn ein Mann dabei ist, läuft man doch viel ruhiger. Wo doch auf den Straßen und im Wald immer so viel passiert. Ziehen Sie sich noch schnell um, damit wir gleich loskönnen?«

Diese rhetorische Frage nutzte ich, um mich vor ihren Füßen zu übergeben. Mit offenem Mund und vor allem sprachlos, sprang sie einen Meter zurück. Bevor sie ihren nächsten Audioschwall über mich ergießen konnte, krächzte ich ihr ein »bin krank« entgegen und lief zu meinem Hauseingang. Im Hintergrund hatte sich die Extremwortschleuder wieder eingeschwungen, doch die Schallwellen wurden durch mein Gehirn blockiert.

Es war nicht einfach, auf Kommando und ohne körperliche Übelkeit zu erbrechen, doch diese bisher nie geübte Tätigkeit könnte mir zumindest heute das Leben retten. Längst hatte ich die beiden Stöcke in ihren Händen als Pseudosportgeräte identifiziert.

Es war noch nie meine Art, streitend und mit erhobener Stimme das Haus zu betreten, doch heute hatte ich allen Grund dazu. Als ich meine Frau und meine Tochter einträchtig nebeneinander im Wohnzimmer stehen sah, versagte mir die Stimme. Beide trugen bunte Glanzleggings, ebenso farbenfrohe Oberteile, Stirnbänder und in den Händen hielten sie Nordic-Walking-Stöcke.

»Reiner, wie siehst du denn aus!«, schrie Stefanie auf und ließ die Stöcke fallen.

»Lenk nicht ab«, entgegnete ich. »Wieso macht ihr kleidungsmäßig auf Jane Fonda?«

Melanie, die die Nase rümpfte, rückte ein Stück weit von mir ab und stellte eine Gegenfrage. »Wer ist Jane Fonda, Papa?«

»Das ist so eine fitnessverrückte Tante, die vor 40 Jahren für die Aerobicwelle verantwortlich war. Und die hatte auch so komisches Zeug getragen.«

Stefanie hatte andere Wissensprioritäten. »Sag schon, was ist mit dir passiert?«

»Nichts Schlimmes«, antwortete ich. »Ich hatte nur einen kleinen Dienstunfall. Aber was ist mit euch los?«

»Was hat diese Fonda mit uns zu tun?«, mischte sich Melanie ein und brachte die Unterhaltung vollends ins Chaos.

Stefanie erklärte es ihr. »Jane Fonda hatte in den 70er-Jahren Aerobicvideos produziert und damit eine Fitnesswelle begründet. Überall sind Fitnessklubs entstanden. Das war eine tolle Sache damals.«

»Von wegen«, fuhr ich ihr ins Wort. »Lest einfach mal nach, bei Wikipedia oder so. Wegen des Aerobicwahns gab es mehrere Todesfälle von Freizeitsportlern. Selbst diese Fonda hat irgendwann zugegeben, dass alles übertrieben war. Und jetzt fangt ihr mit diesen unmöglichen Stöcken an. Habt ihr mal gesehen, wie das aussieht?«

Stefanie konnte manchmal bissig sein. »Schau du mal lieber in den Spiegel, wie du aussiehst. Melanie und ich wollen zukünftig ein bisschen Sport treiben. Sogar Frau Ackermann macht mit. Eigentlich haben wir gehofft, dass auch du …«

»Niemals! Peinlichwalking kommt mir nicht ins Haus. Außerdem bin ich ziemlich krank.«

Mit diesem Appell an meinen schlechten Gesundheitszustand hatte ich Stefanie wieder auf meiner Linie.

»Was hast du denn? Setz dich erst mal«, meinte sie besorgt.

»Zuerst gehe ich duschen. Wahrscheinlich rieche ich nicht sehr angenehm.« Während beide synchron nickten, fuhr ich fort. »Und nach der Dusche würde ich mich über ein reichhaltiges Abendessen freuen, damit ich zu Kräften komme. Dann erzähle ich euch von meinen heutigen Erlebnissen.«

Melanie stampfte mit einem Fuß auf. »Heißt das, dass unser Training heute ausfällt? Das finde ich gemein. Papa hat das mit Absicht gemacht.«

Ihr zu erklären, dass ich keineswegs mit Absicht zweimal den Fernmeldeturm bezwungen hatte, dürfte scheitern. »Mit euren komischen Turnstecken hättet ihr mich sowieso nicht vor die Haustür bekommen. Wir können uns nachher aber gerne über geeignetere Sportarten unterhalten.«

»Ja, ich weiß«, blökte Melanie beleidigt. »Wettschnarchen und Hamburgerfuttern.« Mit einem Türknallen verabschiedete sie sich.

Stefanie ging auf mich zu, überlegte es sich aber während der Bewegung anders. »Ich mache dir jetzt eine kräftige Nudelsuppe, während du duschst.«

»Haben wir kein Schnitzel oder Kotelett im Haus? Oder eine Pizza in der Tiefkühltruhe?«

»Nein, mein Lieber. Ich bin heute nicht in den Supermarkt gekommen. Ich war mit Melanie im Reformhaus und im Sportgeschäft. Und dann waren Lisa und Lars auch schon wieder wach.«

Ich nickte alternativlos. Morgen musste ich unbedingt Eichhörnchen spielen und mir einen gewissen Grundvorrat an geeigneten Lebensmitteln in einem geheimen Lager anlegen.

Erst nach dem Duschen bemerkte ich, dass an dem Crosstrainer, der nach wie vor im Wohnzimmer stand, die Pedale fehlten. Meine diesbezügliche Frage an Stefanie sorgte für weiteres Ungemach.

»Melanie hat vorhin gemeint, die Pedale hätte Paul demontiert, während wir einkaufen waren. Da solltest du dich nachher drum kümmern, Reiner. Ich hatte dazu leider keine Zeit gehabt, die Zwillinge, du weißt schon.«

Melanie kam in die Küche und grinste frech. Die Bemerkung ihrer Mutter musste sie gehört haben. »Paul hat sich mit den Pedalen und den länglichen Blumenkästen von Mama, die im Gartenhaus standen, Ski gebaut. Wenn du ihm Ärger machen willst, er ist mit deiner Bohrmaschine in der Garage.« Freudestrahlend setzte sie sich an den Tisch, während Stefanie das Essen auftrug. Gleich nach dem Essen musste ich mich um Paul kümmern, bevor die Feuerwehr oder sonst irgendetwas anrückte.

»Du könntest Paul zum Essen rufen«, meinte meine Frau seufzend.

»Zuerst muss ich was essen«, antwortete ich seufzend.

»Und danach kriegt er Ärger?«, fragte Melanie ohne Seufzer.

Während ich die Suppe löffelte, deren Konsistenz eher einem Brei glich und undefinierbares Zeug beinhaltete, fragte Stefanie nach meinen heutigen Erlebnissen. Dabei fasste sie meine freie Hand an, und ihr Blick fiel auf das Handgelenk. »Oh mein Gott, was ist das?« Sie zeigte auf mehrere rote Flecken, die allerdings bei Weitem nicht mehr die Intensität wie noch vor zwei Stunden hatten. Stefanie gab selbst die Antwort. »Eine Allergie, das muss eine Allergie sein. Hör sofort auf zu essen.«

Ich erkannte meine Chance und gab den Löffel ab.

»Du musst auf irgendeine der Zutaten allergisch reagieren. Doch welche nur?«, grübelte meine Frau.

»Ist doch egal, Hauptsache wir wissen, dass ich auf dieses komische Zeug reagiere. Lass das in Zukunft einfach weg, dann kann uns nichts passieren.«

»Komisches Zeug?«, protestierte Melanie. »Papa, die Zutaten sind aus dem Reformhaus und sauteuer. Das ist alles frisch und Bio und so.«

»Wenn du mit Bio lebensgefährlich für Allergiker meinst, gebe ich dir recht. Von Fleisch habe ich bisher nie Ausschlag bekommen.«

»Wir haben kein Fleisch im Haus«, unterbrach mich Stefanie. »Außerdem solltest du heute zur Sicherheit gar nichts mehr essen. Die Flecken müssen wir unbedingt beobachten, nicht, dass du einen allergischen Schock bekommst.«

Ich versuchte, mein Eigentor in ein Unentschieden abzuwenden.

»Dann lege ich mich jetzt zur Sicherheit ins Bett, wenn sowieso nichts für mich Verträgliches zu essen im Haus ist. Kümmerst du dich bitte um Paul?« Mit einem weh-leidigen Gesichtsausdruck stand ich auf.

Irgendwann nach vielen Stunden gelang es mir einzu-schlafen, trotz permanent knurrendem Magen und halb-stündigen Fleckenkontrollen durch Stefanie.

Der Muskelkater beim Aufstehen war beträchtlich. Gestern Abend ging es mir körperlich eigentlich ganz gut. Das hatte sich jetzt ins Gegenteil verkehrt. Stefanie hatte ich die Geschichte mit dem Fernmeldeturm erzählt, daher hatte sie ein wenig Mitleid mit mir und ließ mir gebührend Zeit zum Aufstehen. Die roten Flecken waren verschwunden.

Das Vollkornbrot-Frühstück inklusive Marmelade aus ökumenischem oder ökologischem Anbau, so genau hatte ich Stefanie nicht zugehört, ließ ich ohne Murren über mich ergehen. Als ich mich verabschiedete, sagte sie zu mir, dass sie Paul zwangsverpflichtet hätte, mit mir heute die Garage aufzuräumen. Und dass ich nicht zu spät heim-kommen solle.

KAPITEL 13 –
WIEDER NACH MANNHEIM RÜBER

Mein erstes persönliches Highlight an diesem Tag hatte ich noch vor Dienstbeginn. Das lag daran, dass die Umgebung der Kriminalinspektion im Waldspitzweg seit Jahren regelrecht mit Discountern zugepflastert war. Ich wählte den Laden meines Vertrauens und kaufte reichlich bis viel ein. Jeweils ein Basislager bei Jutta im Büro, eines in meinem Wagen und ein geheimes zu Hause sollten fürs Erste genügen.

»Was willst du mit diesen Plastiktüten?«, herrschte mich Jutta an, als ich ihr Büro betrat und »Morjen« nuschelte. »Kannst du nicht auch mal ein bisschen ökologisch denken und wiederverwendbare Transportbehälter verwenden?«

Wortlos stellte ich die Tüten in ihren Schrank. »Nur vorübergehend«, beruhigte ich sie. Dann kam Gerhard ins Büro. »Morgen, allerseits. Hallo, Reiner, schau mal, was ich für dich habe.«

Freudestrahlend hielt er mir ein pinkfarbenes T-Shirt mit der Aufschrift *148* entgegen. »Sonderanfertigung in 6XL, extra für dich mit reichlich Platz zum Reinwachsen. Wann willst du deinen Rekord brechen? Um 15 Uhr hat eine Kollegin abgesagt, da könnte ich dich für den Crosstrainer oder das neue Rudergerät eintragen.«

Ich zeigte ihm den Vogel. »Den Rekord habe ich gestern locker übertrumpft. Ich bin den Mannheimer Fernmeldeturm runtergerannt und anschließend gleich wieder hoch.« Das mit dem Rennen entsprach nicht so 100-prozentig der Wahrheit, mir kam es im Moment aber eher auf das Grundsätzliche meiner Aussage an.

»Du?« Gerhard schüttelte sich vor Lachen. »Du schaffst nicht einmal den Weg ohne Pause vom Parkplatz neben dem Turm zum Eingang des Turms.«

Um meinen Muskelkater zu schonen, setzte ich mich an den Besprechungstisch. »Das ist alles nachweisbar. Vorher bin ich mit Becker quer durch den Luisenpark gelaufen, vom Haupteingang bis zum Ausgang am Fernmeldeturm.«

Jutta und Gerhard setzten sich staunend zu mir an den Tisch.

»Danach bin ich mit dem technischen Leiter des Parks im Aufzug hochgefahren. Aber nicht nur bis zur Aufsichtsplattform, sondern bis ganz nach oben.«

Ich setzte mich aufrecht hin. »Und plötzlich war der Techniker verschwunden, und der Aufzug ging nicht mehr. Ich musste die Notwendeltreppe im Inneren des Turms bis nach unten nehmen. Die ist mal steil und eng, sag ich euch. Unten angekommen musste ich feststellen, dass der Ausgang blockiert war. Daher musste ich die Treppe erneut nach oben gehen. Zum Glück war inzwischen die Spurensicherung da.«

»Warum die Spurensicherung?«, unterbrach Jutta.

»Eine Frau wurde vom Turm geworfen«, berichtete ich, blieb aber beim Thema. »Na, ihr beiden, was sagt ihr zu meiner Höchstleistung? Die Mannheimer Polizeipräsidentin und jede Menge andere Leute sind Zeugen.«

Die beiden glaubten mir und waren sichtlich beeindruckt.

»Das muss an dem Training liegen«, meinte Gerhard.

»Unser Chef hat dir am Freitag einen Crosstrainer nach Hause liefern lassen. Du hast bestimmt das ganze Wochenende wie wild trainiert.«

»Wer hat trainiert?« Die Stimme kam aus Richtung Tür. »Doch nicht etwa Palzki?«, fragte KPD nach und trat ein. Seine Sonnenbrille trug er noch immer.

»Er hat uns erzählt, wie er gestern in Mannheim die Treppe des Fernmeldeturms zweimal bezwungen hat«, erklärte Gerhard. »Bald kann er auch bei uns in der Pfalz wieder in den Außendienst«, ergänzte er sarkastisch.

KPD vermasselte mir meine Show. »Von wegen. Ich habe eben mit Frau Berlinghof telefoniert. Palzki muss mehr tot als lebendig gewesen sein, als man ihn aus dem Treppenhaus barg. Berlinghof und die anwesenden Sanitäter haben ihm das Leben gerettet.«

»Die haben mir nur zur Sicherheit den Blutdruck gemessen!« Ich versuchte zu retten, was ging. »Außerdem hatte ich vorher bereits einen sehr langen Fußmarsch hinter mir.«

KPD setzte sich zu uns. »Den Fernmeldeturm werde ich in die Fitnessprüfung für meine Untergebenen integrieren. Er steht zwar im falschen Bundesland, aber man muss auch mal über seinen Schatten springen können. Den nächsten Betriebsausflug verbinden wir mit der Beamtensportprüfung. Jeder muss innerhalb von 180, nein, sagen wir 120 Minuten, zweimal den Turm hoch und wieder runter. Aber nicht mit dem Lift.«

Ich stand auf. »Die Mannheimer warten auf mich. Gestern hat es erneut eine Tote gegeben.«

»Immer langsam«, fuhr mich KPD an. »Zuerst muss ich mit Ihnen ein Hühnchen rupfen. Eigentlich sind es sogar mehrere.«

Stehenbleiben sah irgendwie doof aus, daher setzte ich mich wieder und schaltete meine Ohren auf Durchzug, was mir leider nicht vollends gelang.

»Wir beide hatten fest vereinbart, dass Sie mich täglich auf dem Laufenden halten, was in Mannheim passiert, Herr Palzki. Schließlich bin ich für meine Untergebenen disziplinarisch verantwortlich. Und das gilt auch für Sie, selbst wenn Sie im Moment eine Leihgabe sind.«

Er schnaufte hart durch. »Ich bin doch um Ihr Wohl bemüht«, fuhr er in väterlichem Ton fort. »Wenn Ihnen drüben etwas passiert, müsste ich mir schwere Vorwürfe machen. Außerdem könnte das meinen Ruf als guter Chef nachhaltig schädigen.«

Ich blieb stumm.

»In meiner Not habe ich vorhin Berlinghof angerufen. Ich wollte einfach nur wissen, wie es Ihnen geht, Herr Palzki. Wenn Sie heute Früh pünktlich auf der Dienststelle gewesen wären oder die vereinbarten Rapporte geschickt hätten, wäre mir diese Peinlichkeit erspart geblieben. Damit komme ich zum zweiten Punkt.«

Ich hatte keine Ahnung, was er sonst noch wollte.

»Frau Berlinghof hat mir von Ihnen berichtet, Herr Palzki.« Er machte eine kleine Pause. »Sie hat Sie in den höchsten Tönen gelobt. Noch nie hätte sie mit einem so engagierten, routinierten und mitdenkenden Beamten wie Ihnen zusammengearbeitet.« Jetzt sah er mich böse an. »Was ist da los, Palzki? Das können doch nicht Sie gewesen sein. Mit wem verwechselt Sie Berlinghof?«

»Ich bin halt gut«, wehrte ich mich. Ich musste aufpassen, dass KPD nicht überschnappte. In diesem Fall war Beruhigen angesagt. »Das muss alles Zufall gewesen sein, Herr Diefenbach. Vor jedem meiner Ermittlungsschritte habe ich mir überlegt, wie mein guter Chef in dieser Situation wohl reagieren würde. Das hat mir drüben im fernen Baden-Württemberg bei den schwierigen Entscheidungen sehr geholfen.«

»Dann war es also doch kein Zufall«, konstatierte KPD. »Sondern indirekt meine Mithilfe. Da bin ich jetzt aber sehr beruhigt. So langsam begreifen meine Untergebenen anscheinend meine Denkweise und verinnerlichen sie bei der Verbrechensbekämpfung.«

»Wie wäre es, wenn Sie ein Fachbuch über professionelle Ermittlungsarbeit schreiben würden, Herr Diefenbach? Daniela Berlinghof ist dabei, eines zu schreiben.«

»Soso«, sinnierte KPD. »Selbstverständlich habe ich mehrere unfertige Manuskripte in meiner Schublade liegen. Vielleicht sollte ich wirklich mal …« Er ließ den Satz unvollendet.

Bevor er auf die Idee kam, mir seine Texte vorzulesen, unternahm ich den nächsten Fluchtversuch. »Ich fahr jetzt mal über den Rhein. Wenn es Probleme gibt, melde ich mich bei Ihnen, Herr Diefenbach.«

»Sie sollen sich täglich melden, Palzki. Nicht nur, wenn es Probleme gibt. Wozu haben wir unser neues elektronisches Kommunikationstool? Damit können Sie Ihre Dienstzeit auf die Viertelstunde genau im Voraus planen und Kommentare hinterlegen. Ich kann mir dann alles im Detail ansehen und Sie eingreifend unterstützen. Bei einem guten Chef, wie ich es bin, müssen unabdingbar alle Fäden zusammenlaufen. Nur so ist gewährleistet, dass bei uns immer alles rund läuft. Die Vergangenheit hat dies schließlich eindrucksvoll bestätigt.«

Ich versuchte es mit einer kleinen Ausrede. »Leider muss ich Sie etwas vertrösten, Herr Diefenbach. Wegen

Ihrem wichtigen Projekt, Sie wissen schon, ich meine den Fitnessraum, habe ich das Büro wechseln müssen. Und in meiner neuen Kammer, äh, Büro, gibt es bisher keinen Computeranschluss. Ich werde aber umgehend unseren IT-Dienstleister bitten, mit mir einen Termin zu vereinbaren, damit wir alles vor Ort, also in meinem neuen Büro, besprechen können. Nur habe ich leider im Moment keine Zeit, weil Sie mich freundlicherweise nach Mannheim verliehen haben.«

KPD grunzte unzufrieden vor sich hin. Gegen mein Totschlagargument war er machtlos.

»Dann rufen Sie mich wenigstens jeden Tag an.« Er blickte auf die Wanduhr. »Berlinghof erwartet Sie erst in einer Stunde. Da könnten Sie doch 30 Minuten Rudertraining einschieben? Herr Steinbeißer, ist das Gerät im Moment frei?«

Bevor Gerhard irgendetwas Dummes sagen konnte, zog ich mein gestern zu Hause erprobtes wehleidiges Gesicht auf. »Geht nicht«, krächzte ich. »Ich kann nicht mehr. Der Muskelkater bringt mich noch um.« So richtig gelogen war dies eigentlich nicht.

KPD fuchtelte mit seinen Armen in der Luft herum, was ziemlich belämmert aussah. »Wenn Sie sagen, dass Sie nicht mehr können, Palzki, dann haben Sie erst höchstens ein Drittel Ihrer potenziellen Leistungsfähigkeit abgerufen. Ich kenne doch meine Pappenheimer!«

Gerhard und Jutta mussten sich sichtlich beherrschen, nicht loszuprusten.

»Das mit dem Termin bei Daniela Berlinghof stimmt schon. Vorher treffe ich mich aber mit Dietmar Becker, der ebenfalls von der Mannheimer Polizeipräsidentin in die Ermittlungen einbezogen wurde.«

»Becker?«, platzte KPD sichtlich empört heraus. »Diese, äh, diese, die wagt es tatsächlich, meinen persönlichen, äh, ich meine, diesen Krimiautor für sich zu beschlagnahmen?«

KPD stand wütend auf und schlug mit der Faust auf den Tisch. »Da ist eine Verschwörung gegen mich im Gange, habe ich's doch gleich geahnt. Zuerst hat sie sich trickreich Sie geangelt, Herr Palzki, und jetzt hat sie sich zusätzlich Herrn Becker geschnappt. Mir war am Freitag gleich klar, dass die in Mannheim über keinerlei Ermittlungskompetenzen verfügen. Man muss schon sehr mit Inkompetenz behaftet sein, wenn man mir, dem guten Chef der Schifferstadter Kriminalinspektion unterstellt, der Täter zu, äh …« Gerade noch fiel ihm ein, dass er dieses Erlebnis, das mit einem Besuch in der Gewahrsamszelle endete, seinen Untergebenen verschweigen wollte.

»Also, äh, was ich sagen wollte«, stotterte er weiter, bis er einen neuen Faden gefunden hatte. »Dass Palzki ein paar Tage drüben in Mannheim arbeitet, finde ich nicht weiter schlimm. Ob er bei uns ist oder nicht, das fällt im Normalbetrieb sowieso nicht auf.«

Ich hatte es schon lange aufgegeben, mich über diese Sprüche aufzuregen.

»Aber bei Herrn Becker geht sie zu weit.« Und erneut knallte seine Faust auf den Tisch. »Diese hinterlistige Frau will sich in seinen nächsten Krimi einschleichen. Statt mir soll sie den nächsten Fall lösen. Aber nicht mit mir!«

KPD kam auf mich zu und krallte sich in meinen Oberarm. »Herr Palzki, Sie müssen mir helfen. Herr Becker muss zurück in die Pfalz. Notfalls müssen wir ihn entführen.«

»Ich kann's ja erst mal mit reden versuchen«, schlug ich deeskalierend vor. »Vielleicht kommt er freiwillig zurück, wenn ihm ein gutes Angebot unterbreitet wird. Er ist halt freiberuflich unterwegs und kann sich seine Orte, an dem diese komischen Krimis spielen, selbst aussuchen.«

»Das mag sein, Herr Palzki.« KPD beruhigte sich. »Ich werde ihm ein Angebot unterbreiten, das er nicht abschlagen kann. Die Schwarzgeldkassen sind wohl gefüllt, damit lässt sich einiges anstellen. Bitte versuchen Sie Ihr Möglichstes, Herrn Becker zu überreden, sich in den nächsten Tagen bei mir zu melden. Am besten spätestens morgen.«

Ich nickte zufrieden. Das wäre doch gelacht, wenn mir zu diesem Konflikt nicht etwas wirklich Gutes einfallen würde, an dem ich kräftig partizipieren könnte.

Da die Nahrungsaufnahme im Büro entfallen war, schlug ich während der Fahrt nach Mannheim zu. Während ich mir nonstop eine Kaskade Schokoriegel einverleibte, kamen in mir ungewohnte Gedanken auf. Hatte ich vielleicht wirklich ein Gewichtsproblem? Bisher hatte ich die boshaften Kommentare meiner Kollegen stets ignoriert oder mit einem lustigen Kommentar beiseitegeschoben. Klar, Stefanie tat ihr Möglichstes, mir zu suggerieren, dass ich das eine oder andere Pfund zu viel auf den Rippen hätte. Und wenn ich ganz ehrlich zu mir war: 148 Meter auf dem Crosstrainer war eine deutliche Ansage. Ich habe es zwar geschafft, einmal quer durch den Luisenpark zu wandern, aber würde das nicht auch ein 90-Jähriger schaffen? Gut, die Treppe im Fernmeldeturm war etwas anderes. Besser wäre es natürlich gewesen, wenn ich das Abenteuer überstanden hätte, ohne dass man es mir hinterher ansah oder mit Wiederbelebungsversuchen begann.

Natürlich wusste ich, wie abnehmen funktionierte: weniger Kalorien essen und im Idealfall unterstützend Sport treiben. Den Punkt mit dem weniger essen konterkarierte ich mit diesen Süßigkeiten gerade selbst. Doch was war die Alternative? Der undefinierbare Brei, den ich gestern aß? Hinzu kam, dass eine Sportart, die mir gefiel, erst erfunden werden musste. Ich drehte mich gedanklich in einem Teufelskreis. Würde ich mit ein paar weniger Kilos an Lebensqualität gewinnen? Könnte ich einem Schlaganfall oder Herzinfarkt vorbeugen, den sich ältere Menschen jeglichen Alters gerne mal unvermittelt zuzogen? Sollte ich wirklich? Der Hauch eines Willens, ein zaghaftes Pflänzchen war geboren. Gleich heute Abend würde ich den ersten Teil meines Plans ausführen. Zufrieden mit mir selbst fuhr ich über die Konrad-Adenauer-Brücke nach Mannheim. Ich beschloss, die Reisekostenabrechnung etwas zu strapazieren, und fuhr in das günstigste Parkhaus in den Mannheimer Quadraten unter der Unimensa des Barockschlosses. Den fünfminutigen Fußweg zum Polizeipräsidium hatte ich einkalkuliert. Trotz nach wie vor heftigstem Muskelkater sollte dieser Weg einen Neubeginn meiner persönlichen Bewegungsbewertung darstellen. Ich löschte das Wort »Scheitern« aus meinem Wortschatz und machte mich auf den Weg.

»Hallo, Herr Palzki«, begrüßte mich Becker in unserem gemeinsamen Büro. »Sie sind ja pünktlich.«

»Ich bin immer pünktlich.« Ich grinste ihn an.

»Was ist denn mit Ihnen los, Sie sehen so zufrieden aus. Haben Sie den Mörder identifiziert?«

»Es gibt auch andere Dinge, die mit Zufriedenheit einhergehen, Herr Becker.« Ohne näher darauf einzugehen, setzte ich mich an meinen Platz. Den Computer beachtete ich nicht. »Was gibt's Neues in Mannem? Haben Sie sich von Ihrem kleinen Schock erholt? Die Realität ist halt was anderes, als einen Krimi zu schreiben.«

»Mir ist der Fuß an die Schläfe gedonnert. Das hat mit Schock nichts zu tun. Ich stand genau in der Flugbahn.«

»Da hat die Chefin mir aber etwas anderes erzählt. Ist ja egal. Gehen wir nebenan in die Räucherkammer?«

»Wollen Sie nicht erst die elektronische Akte sichten? Außerdem ist Frau Berlinghof nicht da. Sie musste dringend weg.« Er wedelte mit einem Blatt Papier. »Unsere Liste hat sie mir aber da gelassen.«

Ich riss ihm das Blatt aus der Hand und ließ es ungelesen in den Papierkorb fallen. »Wir sind keine Marionetten. Ich zumindest nicht.«

Der Student benötigte eine Weile, um Herr über seine Maulsperre zu werden. »Was haben Sie vor, Herr Palzki?«

»Nichts Bestimmtes. Erst mal in den Park zu dem Hauptverdächtigen.«

»Äh, und wen meinen Sie damit?«

»Natürlich den Parkdirektor, Herrn Költzsch. Sind Sie darauf nicht alleine gekommen?«

Meine Lüge musste sehr glaubwürdig geklungen haben, da Becker schon wieder eine Maulsperre hatte.

»In der Akte steht von Herrn Költzsch kein Wort. Sind Sie sich da sicher?«

»Waren wir Pfälzer schon ein einziges Mal danebengelegen? Die Mannheimer brauchen halt ein bisschen länger, um auf die Lösung zu kommen. Es gibt da nur noch ein oder zwei kleine Dinge zu klären, die ich aber ohne Ihre Unterstützung recherchieren kann. Am besten ist, wenn Sie in dieser Zeit den Parkdirektor beschatten, damit er uns nicht entkommt. Sie haben damit schließlich weitreichende Erfahrung. Haben Sie nicht einen Kinder-Detektivkasten?«

Becker ließ sich nicht so leicht abschütteln. »Frau Berlinghof meinte, wir sollen zunächst zum TSV zu Herrn

Messer fahren. Immerhin ist seine Kollegin vom Fernmeldeturm gestürzt worden.«

Eirin Mähn, natürlich, das hatte ich beinahe vergessen. Hatte es sich also doch bewahrheitet. Damit machte
sich Michael Messer zum Hauptverdächtigen. Auf diesen Gedanken war natürlich auch die Polizeipräsidentin
gekommen. Warum überließ sie die Befragung Becker und
mir? Ich wurde das Gefühl nicht los, als spiele sie nicht
mit offenen Karten.

KAPITEL 14 –
DAS SPORTZENTRUM DES TSV 1846

Ich stand auf. »Kommen Sie, wir fahren zum TSV. Ich habe es mir anders überlegt. Wir müssen uns sowieso über eine andere Sache unterhalten.«

»Wo haben Sie geparkt?«, fragte Becker, als wir vor dem Präsidium an der Bismarckstraße standen. Ich gab ihm die gewünschte Antwort.

»Im Parkhaus der Uni? Warum lassen Sie sich von Frau Berlinghof keine Ausnahmegenehmigung geben, damit Sie vor dem Präsidium parken können?«

»Seien Sie mal nicht so faul, Herr Becker. Gestern haben Sie sich um die Besteigung des Turms gedrückt, da können Sie doch heute wenigstens ein paar Meter laufen.«

Der Student staunte. Als wir im Wagen saßen, machte er sich auf seinem Schreibblock Notizen.

»Schreiben Sie sich die gelaufene Wegstrecke auf?«, hänselte ich ihn.

Wir schwiegen, bis ich durch das offene Tor auf das Gelände des TSV fuhr.

»Sie können vor dem Sportzentrum parken, Herr Palzki. Ich habe das telefonisch geklärt.«

»Soso«, murrte ich, während ich einen Parkplatz vor dem lang gezogenen eingeschossigen Gebäude suchte. Ich las das Schild vor dem Eingang: *Physio am Turm*. »Da geht's zu einer Arztpraxis, hier sind wir falsch.«

»Keineswegs«, erläuterte Becker. »Der Haupteingang ist um die Ecke. Das Sportzentrum mit integrierter Physio wurde übrigens erst 2014 erbaut. Sogar einen eigenen Kindergarten hat der Verein.«

Klar, Becker hatte im Internet recherchiert. Ich sah das als Verschwendung ermittlungstaktischer Ressourcen. Wie sollten das Baujahr des Gebäudes und der Hinweis auf einen Kindergarten bei der Lösung des Falles helfen?

Nachdem wir ausgestiegen waren, fiel mir das erste Mal auf, wie nah der Fernmeldeturm stand: keine 100 und nur getrennt durch einen Zaun. Dies zeigte mir, dass ich ein Alibi von Michael Messer für die Tatzeit besonders detailliert prüfen musste. Eine gute Viertelstunde könnte bei einer exakten Planung genügen, sich durch ein Loch im Zaun zu zwängen, mittels Nachschlüssel mit dem Nebenlift oder dem Versorgungslift nach oben zu gelangen, das Opfer aus dem Turm zu stürzen und zurück zum Sportzentrum zu schleichen.

Vielleicht dauerte dies auch eine halbe Stunde. Jedenfalls würde ich das überprüfen, wenn sein Alibi nicht absolut wasserdicht war.

Gemeinsam mit Becker betrat ich das geräumige Foyer, das mit mehreren Sitzgruppen bestückt war. Becker ging zu der Empfangstheke, die den offenen Übergang zu einem Fitnessstudio bildete. Ich staunte Bauklötze, als ich das Alter der trainierenden Personen wahrnahm. Mein Weltbild, was Fitnessstudios anging, wurde mit diesem Anblick zerstört. Bisher war ich der Meinung, dass nur eine masochistische Klientel, das höchstens 30 Jahre alt war und generell kein Gramm Bauchfett besaß, den Gerätepark nutzte. Hier war alles anders. Vereinzelt turnten zwar auch jüngere und sportlich aussehende Vereinsmitglieder auf den unterschiedlichsten Geräten, die Mehrzahl dagegen war älter als ich. Während Becker am Empfang nach Messer fragte, scannte ich möglichst viele der Sporttreibenden ab. Durchaus gab es nicht wenige, die wie ich über einen leichten Bauchansatz verfügten. Sollte ich meine Einstellung gegenüber diesen mörderischen Metallmaschinen genauso überdenken wie vorhin auf der Fahrt meine Ernährungsgewohnheiten? Vielleicht konnte ich im fernen Mannheim beim TSV anonym einen Sportexperten befragen?

»Herr Palzki? Träumen Sie?«

Becker schüttelte mich am Oberarm. »Herr Messer erwartet uns im Besprechungsraum.«

Gegenüber dem Eingang gelangten wir in einen Raum, der für größere Teilnehmerzahlen geeignet war. Herr Messer kam uns entgegen, er trug Schwarz.

»Meine Herren«, begann er. »Wir vom TSV sind erschüttert! Niemals hätten wir uns träumen lassen, dass ein Mensch vom Fernmeldeturm herabstürzt. Und dann sogar Eirin Mähn, ein sehr beliebtes Vereinsmitglied.«

Während ich überlegte, ob er das mit dem beliebt ehrlich oder ironisch meinte, fuhr er fort. »Ist es denn inzwischen gesichert, dass es sich um Fremdverschulden handelt?«

»Wieso?«, hakte ich sofort nach. »Gibt es Ihrer Meinung nach Anzeichen für einen Suizid? Hatte sich Ihre Kollegin in der letzten Zeit seltsam benommen?«

»Nein«, wehrte Messer sofort ab. »Das heißt, vielleicht. Verdammt, ich weiß nicht.«

»Ja was nun?«

»Vor einer Woche hatte sie mir vertraulich mitgeteilt, dass sie aus dem Verein austreten möchte. Sie hätte gewisse Differenzen mit jemandem.«

Verärgert fragte ich erneut nach. Warum musste man manchen Zeitgenossen jeden Wurm einzeln aus der Nase ziehen? »Wer dieser jemand ist, hat sie bestimmt auch gesagt.«

Messer nickte zögernd. »Sicher, aber ich weiß es leider nicht mehr.« Er knetete nervös seine Hände. »Ich habe ihr nicht richtig zugehört, weil ich, äh, weil, das spielt doch keine Rolle. Jedenfalls weiß ich nicht mehr, als ich Ihnen gerade gesagt habe.«

Das nebulöse Geschwafel war zwar alles andere als aussagekräftig, ein erster Anhaltspunkt war es dennoch. Becker, der neben mir saß, war vollends mit Schreiben beschäftigt.

»Dann komme ich nun zu meiner Standardfrage, die ich jedem, der im Entferntesten die Getötete kannte, stellen muss: Wo waren Sie gestern während der Tatzeit?«

»Ich?« Messer brauste auf. »Sie denken doch wohl nicht, dass …«

Ich unterbrach ihn harsch. »Ich habe Ihnen doch erklärt, warum und wem ich diese Frage stelle. Warum reagieren Sie also über? Haben Sie etwas zu verheimlichen?«

Messer hatte sich schnell wieder unter Kontrolle. »Natürlich nicht. Ich war schon seit Längerem nicht mehr auf dem Fernmeldeturm. Lassen Sie mich überlegen. Ja klar, ich war zu Besuch bei meiner Mutter in Ketsch. Soll ich Ihnen die Adresse aufschreiben?«

Falls sich dieses Alibi als nachhaltig erweisen sollte, war Messer außen vor. Vielleicht hatte er aber Helfershelfer im Verein? Eines stand fest: Der TSV musste gründlich untersucht werden. Dafür würde ich meine studentische Hilfskraft einsetzen, falls ich ihn zu dieser wichtigen Aufgabe überreden konnte.

»Klar«, bestätigte ich ihn. »Im Laufe des Tages sollten Sie auf dem Präsidium vorbeikommen, damit Ihre Fingerabdrücke genommen werden können.«

Messer war drauf und dran, erneut in die Luft zu gehen. In letzter Sekunde beruhigte er sich. »Wenn's der Wahrheitsfindung dient, bitte schön.«

»Herr Becker, bitte informieren Sie telefonisch das Präsidium, dass Herr Messer später vorbeikommt.« Damit war diese banale Verwaltungsaufgabe delegiert.

Wir waren gerade aufgestanden, als Michael Messer noch etwas einfiel. »Ist die Spurensicherung auf dem Turm mit ihrer Arbeit inzwischen fertig?«

Da ich den Sinn der Frage nicht verstand, fragte ich nach. »Das kann Ihnen doch egal sein?«

»Nicht unbedingt, wenn Sie meine Fingerabdrücke

vergleichen wollen. Sonst müsste ich mir nachher Handschuhe anziehen.«

»Handschuhe? Bei dem Wetter?«

»Sie verstehen nicht, Herr Palzki. Ich habe um 16 Uhr mit Herrn Eckl einen Termin auf dem Fernmeldeturm.«

Becker hatte längst seinen Notizblock gezückt und protokollierte mit.

»Im Auftrag Ihrer Chefin«, sagte Messer. Als ich nicht reagierte, gab er Details preis. »Frau Berlinghof will die Sportprüfung für ihre Mitarbeiter erweitern. Das Sportabzeichen soll durch eine Sonderprüfung ergänzt werden. Ab nächster Woche muss jeder Außendienstbeamte des Mannheimer Polizeipräsidiums zweimal die Treppe des Turms hoch und wieder runter in weniger als einer Stunde.«

Was war da los? Standen KPD und Berlinghof im Fitnesswahn? Wollten die beiden sich gegenseitig übertrumpfen, wer die sportlichsten Beamten hatte? Irgendwie erinnerte mich dies an das Schmierseifenspektakel »Spiel ohne Grenzen« aus den 70er-Jahren.

»Dann tun Sie, was Sie tun müssen«, entgegnete ich Messer. »Wenn Sie einen Probelauf starten, beginnen Sie am besten oben.«

Dass die Tür im Fundament klemmte und zahlreiche Leuchten ausgefallen waren, würde er früh genug bemerken. Wir verabschiedeten uns endgültig.

»Was machen wir als Nächstes?«, fragte der Student, als wir im Freien standen.

Ich reichte ihm die Adresse von Messers Mutter. »Sie nehmen da oben die 5er-Straßenbahn und fahren nach Ketsch. Mit ein paar Mal Umsteigen werden Sie da schon irgendwann mal ankommen. Nachdem Sie das Alibi überprüft haben, fahren Sie ins Präsidium und recherchieren gründlich über diesen Verein. Ich wünsche ein Exposé von 50 Seiten bis morgen Früh. Und fahren Sie auf keinen Fall schwarz. Die Kontrolleure in Mannheim verstehen keinen Spaß. Habe ich mir sagen lassen.«

Becker, der Querulant, schoss natürlich quer. »Nach Ketsch kann genauso gut ein Streifenwagen fahren. Die werden dafür wenigstens bezahlt. Und wegen den Informationen zum TSV spreche ich später mit Daniela Berlinghof. Wobei ich nicht glaube, dass der Verein in der Sache mit drinhängt.«

»Glauben heißt nicht wissen«, antwortete ich und lief an meinem Wagen vorbei.

»He!«, protestierte Becker. »Haben Sie Ihre Brille vergessen?«

Ohne Antwort zu geben, lief ich weiter. Becker, der Naseweis, folgte schließlich. Erst am Drahtzaun, der das Vereinsgelände umspannte, stoppte ich. Ein paar dutzend Meter weiter stand der Turm.

»Was meinen Sie? Könnten Sie da drüber klettern?«

Der Student runzelte die Stirn. »Mit Leichtigkeit. Der ist nur gut zwei Meter hoch. Aber warum sollte ich das tun?«

Ich verzichtete darauf, es selbst zu versuchen. Während ich überlegte, gab Becker ausnahmsweise einen wichtigen Impuls. »Ich verstehe Ihre Frage immer noch nicht, Herr Palzki. Warum sollte ich an dieser Stelle über den Zaun klettern, wenn ich in 20 Metern Entfernung außerhalb des Vereinsgeländes ohne Zaun zur Rasenfläche vor dem Fernmeldeturm gelangen kann?«

Das stimmte, wie ich mir leider eingestehen musste. Falls Messer der Täter war, von seiner Unschuld war ich nach wie vor nicht überzeugt, hätte er nur ein paar zusätzliche Sekunden benötigt, um zum Eingang des Turms zu gelangen. Vielleicht war der kleine Umweg eine schnellere Alternative, als durch ein Loch im Zaun zu kriechen oder drüberzuklettern.

Die Neugier hatte mich gepackt. Ohne den Studenten zu informieren, lief ich hoch zur Straße in Richtung Fernmeldeturm. In kürzester Zeit erreichten wir den Rundbau des Eingangs.

KAPITEL 15 – DAS GEHEIMNIS
DES FERNMELDETURMS

»Was wollen Sie hier?«, fragte Becker neugierig. »Die Spurensicherung ist doch längst fertig.«

Fast wäre ich der Versuchung erlegen, ihm zu sagen, dass der zweite Fuß des Opfers vermisst wurde. Doch das wäre ziemlich gemein gewesen.

»Nur so ein Gefühl«, knurrte ich vor mich hin. Dass ich erneut auf den Turm musste, hatte ich mir gestern bereits vorgenommen. Becker hing mir zwar wie eine Klette an den Fersen, doch die Gelegenheit war günstig. Keiner wusste, dass wir hier waren. Irgendein Geheimnis barg der Turm, und ich war Willens, es zu lösen.

Becker trottete mir wortlos hinterher, was akzeptabel war. Schlimmer wäre es, wenn er mich mit seinen verrückten Theorien, die er als Kriminalschriftsteller ständig entwickelte, totquatschen würde.

Das Vorzeigen meines rheinland-pfälzischen Dienstausweises schüchterte die Liftdame genügend ein, um uns nach oben zur Telekom-Etage zu bringen. Um eine dritte Rettungsmöglichkeit neben dem Liftanforderungstaster zu haben, ließ ich mir die Handynummer der Frau geben. Die Treppe als zweite Rettungsmöglichkeit war zurzeit, wie ich wusste, durch den blockierten Ausgang keine brauchbare Alternative.

Becker staunte, als er die Büros und vor allem deren Anordnung sah. »Das hätte ich hier oben niemals vermutet.«

In dem Moment hörte ich ein leises Knacken, das tausend verschiedene Ursachen haben konnte. Doch zusammen mit dem unbestimmten Gefühl, nicht allein in dieser Etage zu sein, machte es mich stutzig.

»Leise«, flüsterte ich dem Studenten zu. »Ich glaube, wir sind nicht allein.«

In der Hoffnung, keinen bewaffneten Gegner zu treffen, schlich ich in Richtung der Geräuschquelle. Das übernächste Büro musste es sein. Und schon wieder dieses seltsame Knacken. Ich beschloss, ins Risiko zu gehen. Mit ein oder zwei schnellen Schritten betrat ich das Büro und schrie, natürlich unbewaffnet: »Hände hoch, Polizei!«

Ängstlich traten zwei Gestalten, die sich hinter einem Schrank versteckt hatten, hervor: Rena Fernandez und Dieter Scriba.

»Ich kann alles erklären!« Die Marketingleiterin zitterte am ganzen Körper. Der Seebühnenmeister Scriba dagegen gab sich cool. Lässig setzte er seine Riesenbrille ab und lächelte wie John Wayne in seinen besten Zeiten.

Ich setzte mich auf den einzigen Stuhl, der in diesem Büro stand. Langsam beruhigte sich mein Herzschlag. »Da bin ich aber mal gespannt«, meinte ich.

Scriba übernahm das Wort. »Ich war heute früh bei Ralf, ich meine Herrn Eckl. Eigentlich wollte ich nur mal so hören, was da gestern passiert ist. An der Seebühne habe ich so gut wie nichts mitbekommen.«

»Reine Neugierde?«

Er setzte seine Brille wieder auf. »Ja, so kann man es sagen.«

»Und Herr Eckl hat Ihnen sofort den Schlüssel überlassen? Ist er denn ebenfalls hier?«

»Nein«, antwortete Scriba. »Ja, vielleicht, kann schon sein.«

»Ja was denn jetzt?«

Rena Fernandez sprang in die Bresche. »Herr Scriba hat Herrn Eckl nicht gefunden, daher ist er zur Verwaltung gegangen und mir begegnet. Ganz zufällig«, ergänzte sie. »Herr Scriba wollte nun von mir wissen, was gestern passiert ist, doch ich weiß es auch nicht genau. Ein Mitarbeiter unseres technischen Leiters meinte zu Herrn Scriba, dass Eckl mit einem Karton Lampen weggefahren sei und von einer klemmenden Tür gefaselt hat.«

Ich kombinierte, dass Eckl sich momentan wohl im Inneren des Fernmeldeturms befand und die Nottreppe in Schuss brachte, bevor die Feuerwehr oder der TÜV auf diese Mängel aufmerksam wurde. Meine geplante Meldung an die Behörden dürfte damit wohl zu spät kommen.

»Das erklärt aber nicht, warum Sie beide hier oben sind.«

»Er hat mich neugierig gemacht«, gab die Marketingleiterin zu. »Herr Scriba ist ein helles Köpfchen. Er merkt sofort, wenn etwas nicht in Ordnung ist. In den letzten Jahren hat er dem Park das eine oder andere Mal mit seiner exzellenten Beobachtungsgabe helfen können.«

Also doch, dachte ich resigniert. Ein weiterer Hobbydetektiv wie Dietmar Becker. Aber auch Hobbydetektive konnten ihre dunklen Geheimnisse haben. Die verdächtige Luke unter der Tribüne der Seebühne stand immer noch auf meiner Überprüfungsliste.

»Und was haben Sie bisher herausgefunden?«, fragte ich Scriba.

Er baute sich wichtigtuerisch vor mir auf. »Nichts, aber ich habe so meinen Verdacht!«

»Und welcher Verdacht sollte das sein?«

»Das möchte ich im Moment nicht sagen«, machte Scriba einen auf stur. »Es sind bisher schließlich nur Vermutungen.«

»Und Sie?« Ich blickte Fernandez scharf an. »Haben Sie Vermutungen? Wie lange halten Sie sich bereits hier oben auf?«

Die Marketingleiterin setzte sich mangels Stuhl auf die Tischkante. »Noch keine fünf Minuten. Wir sind gerade aus dem Aufzug gekommen, da hörten wir, wie die Aufzugstür aufging. Dass Sie das sind, wussten wir nicht.«

Aufgrund ihrer unlogischen Aussage runzelte ich die Stirn. Eine Rückfrage erübrigte sich, da sie selbst merkte, dass in diesem Punkt Klärungsbedarf herrschte.

»Ich bin mit Herrn Scriba im Nebenaufzug gefahren. In der Verwaltung haben wir einen Schlüssel für Notfälle.«

Das erklärte, warum die Liftdame die beiden nicht erwähnte: Die Anwesenheit der beiden war ihr unbekannt.

»Kann sich den Schlüssel, der in der Verwaltung hängt, jeder holen, ohne dass es bemerkt wird?«

Fernandez schüttelte den Kopf. »Nur mit ein bisschen krimineller Energie. Er hängt vorne am Schlüsselbrett des Pförtners. Der Pförtner schaut natürlich nicht die ganze Zeit auf das Schlüsselbrett, außerdem hängen da so viele Schlüssel. Das fällt gar nicht auf, wenn einer fehlt.«

»Aber Sie haben dem Pförtner natürlich Bescheid gegeben?«

Die spontan entstandene Gesichtsröte der Marketingleiterin war mir Antwort genug.

»Ich wollte doch nur mal schauen«, meinte sie trotzig.

»Dazu hatten Sie inzwischen genügend Zeit«, beschied

ich. »Bringen Sie bitte den Schlüssel zum Pförtner zurück.«
Ich gab meinem Drehstuhl einen kleinen Schwung und
schaute nun zu Scriba empor, der längst nicht mehr so cool
dreinschaute wie zu Beginn. »Und Ihnen möchte ich dringend nahelegen, sämtliche Informationen, die Sie besitzen und irgendetwas mit den Todesfällen zu tun haben
könnten, umgehend der Polizei zu melden. Von mir aus
gerne anonym. Denken Sie daran: Sie könnten das nächste
Opfer sein!«

»Ich? Ich habe doch gar nichts gemacht.«

»Das ist einem Mörder ziemlich egal. Nun gehen Sie
bitte.«

Becker, der Protokoll führte, und ich begleiteten die
beiden Parkmitarbeiter zum Aufzug. Um die Liftdame
nicht zu verwirren, ließ ich sie mit dem Nebenaufzug
hinunterfahren.

»Nun können wir uns an die Arbeit machen«, sagte
ich zu Becker, als wir mutmaßlich alleine in der Telekom-Etage waren.

»Und wonach suchen wir?«, wollte der Student wissen. »Die Spurensicherung hat garantiert jeden Quadratzentimeter untersucht.«

»Überschätzen Sie die Mannheimer Kriminalpolizei
nicht. Die haben sich mit Sicherheit nur auf die Aufzüge
und den Raum mit der Luke konzentriert. Die anderen
Büros wurden wahrscheinlich nur oberflächlich untersucht. Anders hätte ich es auch nicht gemacht. So wie es
aussieht, hat sich das Opfer mit dem Mörder hier oben
getroffen, wenn sie nicht sogar gemeinsam hochgefahren
sind. Warum sollte der Mörder in den Büros irgendwelche Spuren hinterlassen, wenn er von Beginn an plante,
sein Opfer aus dem Turm zu werfen?«

»Klingt plausibel«, antwortete Becker. »Zumal vor der Luke Kampfspuren gefunden wurden.«

»Natürlich wird Frau Mähn sich gewehrt haben. Woher wissen Sie das eigentlich?«

Becker zog ein freches Grinsen auf. »Aus dem Bericht. Sie haben sich ja geweigert, den Computer anzufassen.«

Da ich keine Antwort gab, hakte er nach. »Und nach was suchen wir jetzt?«, wiederholte er.

»Was weiß ich, Sie wollten ja unbedingt mitkommen. Es ist nur so ein Gefühl, ziemlich unspezifisch. Dass das Opfer von hier oben hinabgestürzt wurde, muss einen tieferen Sinn haben. Bedenken Sie das Entdeckungsrisiko des Täters!«

Becker sah mich lange an. »Dann machen wir uns auf die Suche. Falls das stimmt, werde ich Sie in meinem nächsten Krimi an dieser Stelle lobend erwähnen. Das heißt, wenn Daniela Berlinghof die Stelle nicht kürzt.«

»Ach, da fällt mir ein: Sie sollen sich bei Diefenbach melden, der will Ihnen ein Angebot unterbreiten. Ich denke, das könnte sich mächtig für Sie lohnen, finanziell gesehen.«

Becker zog eine Grimasse. »Will er mich mal wieder für meinen nächsten Krimi instrumentalisieren? Nein, die Zeiten sind vorbei, dass ich mich von Diefenbach breitschlagen lasse und in seinem Sinne schreibe. Die inoffiziellen Tipps, die er mir in der letzten Zeit gab, waren auch nicht so das Gelbe vom Ei. Meine Zukunft liegt in Mannheim, Herr Palzki. Frau Berlinghof hat mir aus ihrem Etat ein Stipendium verschafft. Damit brauche ich nicht mehr als Journalist für Zeitungen zu schreiben, sondern kann mich komplett meinem Steckenpferd, den Regionalkrimis, widmen.«

»Und Ihr Studium?«

»Natürlich studiere ich noch. Ob das ein oder zwei Semester länger dauert, spielt doch keine Rolle. Hauptsache das Leben macht Spaß und ich verdiene gutes Geld dabei.«

»Mit den Krimis?«

»Ach was«, entgegnete der seitengewechselte Becker. »Davon wird man nicht reich. Aber das Stipendium ist wirklich sehr großzügig bemessen.« Er rollte mit den Augen.

Mir kam ein anderer Gedanke, den ich gut fand. »Heißt das, Sie verlegen Ihre Geschichten nach Baden-Württemberg? Keine Pfalz mehr, kein Schifferstadt, kein KPD, kein Reiner Palzki?« Ich jubelte innerlich.

»Da bin ich mir noch im Unklaren. Vielleicht werden es sogar zwei Reihen. Da muss ich erst mit dem Verlag sprechen.« Becker funkelte mich schelmisch an. »Aber Sie, Herr Palzki, werde ich in beiden Reihen einbauen. Bei den momentanen Ermittlungen im Luisenpark und beim TSV spielen Sie ja eine gewichtige Rolle.«

Jetzt schaute der Arsch mir direkt auf den Bauch.

Ich musste dieses blöde Thema beenden. »Schicken Sie Diefenbach wenigstens eine E-Mail und sagen ihm ab. Sonst meint er, ich hätte Ihnen seinen Wunsch nicht ausgerichtet.«

»Mache ich, Herr Palzki. Aber Sie müssen mich verstehen. Die Arbeitsbedingungen für mich als Krimiautor sind in Mannheim sagenhaft. Ich habe von Anfang an vollen Zugriff auf sämtliche Datenbanken und Informationen des Polizeipräsidiums. Bei Diefenbach musste ich jedes Mal betteln, bis er mit Informationen herausrückte. Und wehe, ich habe ihn mal in meinem Manuskript falsch zitiert.«

»So machen wir es«, antwortete ich mit belegter Stimme. »Jetzt beginnen wir endgültig mit der Suche. Sie gehen nach links und ich in die andere Richtung.«

Mit voller Absicht hatte ich den Langzeitstudenten zum Lukenraum geschickt, den die Spurensicherung längst auf den Kopf gestellt hatte.

In die einzelnen Büroräume warf ich nur flüchtige Blicke. Wenn es dort offensichtlich Auffälliges gab, wäre es gefunden worden. Mein Interesse galt den beiden hintereinanderliegenden großen Räumen am Ende des Flurs. Wie magisch zog mich mein Gefühl dorthin. Mein Unterbewusstsein hatte längst registriert, dass dort etwas nicht stimmte. Ich hoffte auf Inspiration, um diese unterbewussten Gedanken fassen zu können.

Ich betrat den vorderen Raum, an dessen Decke ein paar Stahlträger entlangliefen. Bis auf ein paar ausrangierte Schreibtische, die älter und vor allem ramponierter als die in den Büros waren, stand hier nichts. Der hintere Raum, der durch einen breiten Durchgang mit dem vorderen verbunden war, strotzte nur so von Sperrmüll aller Art. Was hatte auf dieser Etage ein verrosteter Wäscheständer zu suchen? Oder eine abgewetzte Couch? Ohne Strategie stöberte ich in den alten Sachen herum und wunderte mich immer mehr. Hatten diese Sachen wirklich irgendwann mal zum Inventar dieser Etage gehört? Wenn nicht, warum sollte an diesem Ort jemand seinen Sperrmüll entsorgen? Aufwendiger ging es wirklich nicht. Oder hatte das Chaos einen tieferen Sinn? Ich ging zu der kleinen Kammer, die mit teilweise verrotteten Putzutensilien gefüllt war, und begann, sie leerzuräumen. Nachdem ich das ganze Zeug ausgeräumt hatte, staunte ich über die Größe der Kammer. Ich begann, die

Wände abzuklopfen, doch ohne Erfolg. Ich war auf der falschen Fährte. Niemand würde solch einen großen Aufwand betreiben, um etwas zu verstecken. Zumal es sich meiner Vermutung nach um einen größeren Gegenstand handeln musste, sonst hätte man ihn wesentlich einfacher an einem anderen Ort verstecken können. Oder ich irrte mich, doch das schloss ich kategorisch aus. Nun wurde es Zeit, systematisch vorzugehen, das hieß, mit Überlegen. Ich stellte mich an den Durchgang zum hinteren Raum und betrachtete den Müll. Plötzlich kam mir die Erleuchtung. Der Sperrmüll war keinesfalls zufällig drapiert, wie es einem flüchtigen Betrachter erscheinen mochte. In der rechten Ecke am hinteren Raumende standen oder lagen auffällig wenige, dafür aber große Gegenstände herum. In der Ecke befand sich die Couch. Auf der Lehne der Couch lag ein hoher Stapel alter Decken. Es war so einfach, wie ich dachte: Die drei oder vier großen Gegenstände vor der Couch ließen sich mit wenigen Handgriffen zur Seite schieben. Schon stand ich vor der Couch. Ein Ruck, und auch diese ließ sich mit Leichtigkeit ein gutes Stück von der Innenwand wegschieben. Ich blickte auf eine schmale Tür.

Sie war nicht einmal abgeschlossen, sogar einen Lichtschalter gab es. Ich hatte ein Büro entdeckt, wenn auch ein offensichtlich geheimes. Der Raum hatte die gleiche Tiefe wie die Kammer mit den Putzutensilien, nahm aber fast die komplette Breite des Außenraums ein. In diesem schlauchartigen Büro war Platz für einen Schreibtisch und zwei Kommoden.

Selbstverständlich wäre es meine Pflicht gewesen, sofort die Mannheimer Kripo zu informieren. Da ich aber vermutete, dass Daniela Berlinghof etwas damit zu tun haben könnte, entschied ich mich für einen anderen Weg. Ich zog das Paar Einmalhandschuhe aus meiner Jacke, welches ich schon eine Weile mit mir herumtrug und mehr als einmal angezogen hatte. Der Zweck heiligte die Mittel, ich wollte keine eigenen Spuren hinterlassen. Außerdem musste ich aufpassen, möglichst keine fremden Abdrücke zu zerstören. Ich hoffte, dass man den Benutzer dieses Büros schnell identifizieren konnte. Doch war das gleichzeitig unser gesuchter Mörder, oder überschnitten sich, wie sich regelmäßig bei den Ermittlungen zeigte, zwei unterschiedliche Dinge? Eine vorsichtige Durchsuchung des Büros würde mir weiterhelfen.

Die erste Kommode war vollgestopft mit Büchern, Prospekten und Zeitschriften, teilweise Jahrzehnte alt. Immer ging es ausschließlich um den Luisenpark und den angrenzenden TSV. Seltsam, baute hier ein Unbekannter eine Fachbibliothek zur Geschichte des Luisenparks und des TSV auf? Warum ausgerechnet auf dem Fernmeldeturm? Wenn der Unbekannte zu dem Thema eine Ausstellung plante, könnte er dies doch in aller Öffentlichkeit tun und nicht heimlich in einem gut versteckten Büro.

In den diversen Printprodukten klebten in hoher Zahl Post-its. Den Sinn verstand ich nicht, für mich waren die gekennzeichneten Berichte oder Kapitel allesamt ganz normale Artikel. Na ja, damit konnte sich die Spurensicherung befassen, die hatte mehr Zeit als ich.

Ich öffnete die zweite Kommode, und mir fielen mehrere Pappröhren entgegen. Der ersten Röhre entnahm ich einen Plan. Ich rollte ihn aus und legte ihn auf den leeren Schreibtisch. Es handelte sich um einen maßstabsgerechten Geländeplan des Luisenparks und des TSV. Ich erkannte sofort, dass das 2014 eingeweihte Sportzentrum bereits enthalten war. Somit war die Information von Becker im Nachhinein doch brauchbar.

»Herr Palzki, haben Sie etwas gefunden?«, rief in diesem Moment selbiger. Der Student hatte meinen freigeschaufelten Weg durch den Sperrmüll entdeckt und stand im Türrahmen.

»Fassen Sie bloß nichts an«, herrschte ich ihn an. »Sonst werden Sie als Mörder verhaftet!«

Becker blieb ungewohnt lässig. »Haben Sie mir nicht schon tausendmal erklärt, dass Polizeibeamte im Regelfall nur vorläufig festnehmen und nicht verhaften?«

»Mit Ihren Fingerabdrücken am Türrahmen wird jeder Richter sofort die Haftanordnung unterschreiben.« Ich streckte lächelnd meine behandschuhten Hände in die Luft.

»Was ist das?«, fragte der Student.

»Ein Büro«, antwortete ich. »Wussten Sie das nicht?«

Nachdem er eine Grimasse gezogen hatte, präzisierte er seine Frage. »Ich meine den Plan.«

»Ein Plan«, entgegnete ich und ergänzte, »des Luisenparks. Ist damit Ihr Grundbedürfnis an Information befriedigt?«

Unbeirrt fragte er weiter. »Und warum liegt der Plan dort?«

Die Antwort »weil ich ihn dort hingelegt habe«, dürfte ihn kaum endgültig zufriedenstellen. »Der lag in dieser Kommode.«

Becker wollte ins Büro eintreten, doch ich hob die Hand. »Bleiben Sie an der Tür stehen. Zuerst muss die Spurensicherung rein. Ich schaue mich nur kurz um.« Mangels weiterer Möglichkeiten – in der Schreibtischschublade lagen Kugelschreiber, Locher und Lineal – öffnete ich die nächste Pappröhre. Dieser Plan war mit dem ersten identisch, wenn man von handschriftlichen Ergänzungen absah. Diverse Flächen waren mit einem roten Filzstift schraffiert. Gekennzeichnet waren diese Flächen mit einzelnen Buchstaben, denen ein Punkt folgte. Abkürzungen, das brachte mich so nicht weiter. Die schraffierten Flächen waren unterschiedlich groß und über den gesamten Plan verteilt. Eine lag teilweise auf dem Gelände des Luisenparks und teilweise auf dem Vereinsgelände, etwa dort, wo sich das Restaurant befand.

Becker konnte das Ganze vom Türrahmen aus nur rudimentär überblicken. »Da steht doch was nebendran«, meinte er.

Gute Augen, dachte ich und las vor: »K Punkt, dann I Punkt, und hier unten haben wir ein G Punkt. Und, haben Sie die Lösung?«

»Sie müssen in die anderen Pappröhren schauen, Herr Palzki.«

Ich drehte mich zu ihm um und verpasste ihm eine verbale Ohrfeige. »Wenn ich etwas tun muss, dann höchstens, Sie vom Turm werfen. Können Sie sich einen Moment mit Ihrer permanenten Klugscheißerei zurückhalten? Ich habe diesen Beruf gelernt, und nicht nur aus Detektivtipps aus den Yps-Heften wie Sie.«

Ich öffnete eine Röhre nach der anderen und zog weitere Pläne hervor. Manchmal zeigten sie irgendwelche Details des Geländes, und oft genug waren es scheinbare Kopien. Ich wollte meine Untersuchung bereits aufgeben, als ich eine einzelne Rolle wahrnahm, die möglicherweise beim Öffnen der Kommode herausgefallen und unter den Schreibtisch gerollt war. Dieser Plan unterschied sich grundlegend von den anderen.

»Donnerwetter«, rief ich aus. »Das ist ja ein Ding!«

»Was ist, Herr Palzki?« Becker trippelte aufgeregt von einem Fuß auf den anderen. Zu seinem Glück wagte er es nicht, mir in das Büro zu folgen.

Ich klärte ihn auf. »Das ist ein Plan zur Umgestaltung des Parks und des Vereinsgeländes.«

Der Student schien enttäuscht. »Ach so. Ich dachte schon, Sie haben etwas Brisantes gefunden. Aber eine Neugestaltung des Parks dürfte nach 40 Jahren nicht ungewöhnlich sein.«

»Wohl eher eine Neukonzipierung«, verbesserte ich ihn. »Oder wie würden Sie eine 1.500 Meter lange Indoorskihalle bewerten und einen Hotelkomplex am Neckar, der doppelt so groß ist wie das Vereinsgelände des TSV? Und hier: ein Hubschrauberlandeplatz, auch nicht schlecht.«

Becker stand mit offenem Mund da.

»Machen Sie den Mund zu oder wenigstens die Tür, es zieht.«

»Das können niemals echte Pläne sein«, meinte Becker nach einer Weile.

»Echt sind sie schon. Die Frage ist, ob sie legitim sind. Mal schauen, ob der Parkdirektor Költzsch davon weiß oder jemand vom TSV. Würden Sie nachher, sobald wir im Präsidium sind, unauffällig in den Archiven, insbesondere in den Zeitungsarchiven, schnüffeln, ob Sie einen diesbezüglichen Hinweis finden? Vielleicht ist die Umgestaltung des Parks längst beschlossene Sache und der Öffentlichkeit bekannt? In Rheinland-Pfalz müssen wir das nicht unbedingt mitgekriegt haben.«

Becker nickte. »Mache ich. Aber warum wird der Plan auf dem Fernmeldeturm versteckt?«

»Diese Frage ist absolut berechtigt. Daher müssen wir die Zahl der Eingeweihten zunächst so klein wie möglich halten.« Ich schaute Becker streng an. »Das bedeutet, dass Ihre persönliche Förderin Daniela Berlinghof davon keine Silbe erfahren darf.«

»Warum das denn?« Becker verstand die Welt nicht mehr. »Wir müssen die Spurensicherung informieren. Frau Berlinghof wird uns einen Kopf kürzer machen, wenn wir ihr diesen Fund verheimlichen.«

»Alles zu seiner Zeit. Ich vermute einen Maulwurf innerhalb der Mannheimer Behörde.«

Mit diesem von KPD oft benutzten Argument hatte ich Becker hoffentlich von dem Gedanken abgebracht, dass, zumindest in meinen Augen, die Chefin selbst verdächtig sein könnte.

Ich rollte den Neugestaltungsplan in die Papprolle und reichte ihn Becker. »Halten Sie mal das Ding fest.« Nun rollte ich alle anderen Pläne zusammen und stopfte sie in die Kommode zurück. Nach einer Weile sah es genauso aus wie vorhin, als ich das Büro betreten hatte. Nur diesen einen Plan würden wir mitnehmen. Nachdem die Tür verschlossen war, rückten wir gemeinsam die Couch mit dem Stapel Decken in die Ecke zurück. Der restliche Großsperrmüll folgte. Der Urzustand war wieder hergestellt. Zufrieden stopfte ich für die nächste Verwendung die Einmalhandschuhe in meine Jacke. Mein Gefühl hatte sich erneut als richtig erwiesen. Mit diesem Ergebnis hatte ich zwar nicht gerechnet, aber das Leben war halt kein Wunschkonzert. Ich drückte den Liftanforderungsknopf und nahm Becker die Rolle ab. »Kein Wort, wenn wir im Aufzug runter fahren.« Becker hätte ich es durchaus zugetraut, dass er während der Fahrt unter den

Ohren der Liftdame munter mit mir über die eben erlebte Sache plauderte.

Obwohl ich wusste, dass mein Wagen auf dem Gelände des TSV stand, beschloss ich, quer durch den Park zu laufen, um mit dem Parkdirektor unter vier, wahrscheinlich eher unter sechs Augen reden zu können. Je früher ich das Rätsel der Pläne löste, desto besser. Ob dies mit den beiden Kapitalverbrechen zu tun hatte, würde sich zeigen.

»Wir gehen zur Verwaltung«, sagte ich zu Becker, während wir unten aus dem Lift ausstiegen.

»Wollen wir nicht erst Ihren Wagen holen? Bedenken Sie, wir müssen den Weg wieder zurück.«

»Seien Sie mal nicht so gehfaul«, antwortete ich vorwurfsvoll, obwohl ich meinen immer noch aktiven Muskelkater fürchtete. »Alle Welt redet von Fitness, und Sie wollen immer gleich Auto fahren. Sie sollten in einen Sportverein gehen, Herr Becker. Vielleicht lässt Herr Steinbeißer Sie manchmal in unserem neuen Fitnessraum trainieren?«

Zu einer Antwort kam es nicht, da wir vor dem Eingangsgebäude Marco Fratelli in die Arme liefen.

KAPITEL 16 –
NEUIGKEITEN AUS DEM LUISENPARK

»Herr Palzki!«, rief dieser, als er uns entdeckte. »Und Herr Becker ist ebenfalls dabei, welche Freude!« Er schüttelte uns überschwänglich die Hände.

Marco Fratelli war der Geschäftsführer der Peregrinus GmbH, die gemeinsam mit dem Bischöflichen Ordinariat in Speyer die Kirchenzeitung »der Pilger« produzierte und herausgab. Fratelli lernte ich vor einiger Zeit im Zusammenhang mit meinen Ermittlungen im Kirchenmilieu, insbesondere im Speyerer Dom kennen. Becker hatte die ganze Sache schriftstellerisch aufbereitet, das heißt, bis zur Unkenntlichkeit entstellt und als Krimi mit dem Titel »Pilgerspuren« veröffentlicht.

Der Geschäftsführer, der ähnlich gigantische Mengen Kaffee trank wie meine Kollegen Gerhard und Jutta, hatte einen kleinen Spleen, der gar nicht mal so klein war: Er eiferte seinem Vorbild Christo nach, und verhüllte alles, was ihm in die Quere kam. Es begann mit der Verhüllung des Speyerer Doms und war mit dem Mannheimer Barockschloss lange nicht am Ende.

»Herr Fratelli, Sie zu sehen, kann nur eines bedeuten!« Ich sah zum Fernmeldeturm hoch, vor dem wir standen.

»Richtig, Herr Palzki.« Fratelli freute sich. »Nächste Woche geht es los, bis dahin müssen massenhaft Planen herbeigeschafft werden. Das Problem bei dem hohen Turm ist die Windlast. Das muss alles ordentlich befestigt werden. Stellen Sie sich mal vor, die Planen würden sich lösen und zum Beispiel auf die Uniklinik auf der anderen Neckarseite wehen. Die hätten dann eine private Sonnenfinsternis.« Fratelli lachte über seinen Witz.

»Herr Palzki, Sie sehen so abgemagert aus. Ich wollte sowieso in das Restaurant gehen und etwas essen. Wollen Sie beide nicht mitkommen? Geht natürlich auf Spesenrechnung, die Kulturförderung der Stadt Mannheim ist da nicht kleinlich.«

War seine Anmerkung bezüglich meiner Konstitution ironisch gemeint, oder zeigten sich bereits die ersten Ergebnisse meiner Bemühungen? Ich beschloss, seinen Kommentar ernst zu nehmen. Da ich in der Tat Hunger hatte, beschloss ich, die Einladung anzunehmen. Fratelli winkte der Dame im Kassenhäuschen am Eingang des Parks zu, was ausreichte, um uns alle drei passieren zu lassen. Das Restaurant »Sommergarten Luise« befand sich in Sichtweite. Es handelte sich um das Restaurant, das teilweise in den künstlichen Hügel des Turms gebaut war und vom gleichen Pächter wie das Drehrestaurant »Skyline« bewirtschaftet wurde. Aufgrund der angenehmen Temperatur setzten wir uns ins Freie.

Beim Blick in die Speisekarte lief mir ein halber Hektoliter Wasser im Mund zusammen. Da ich aber stets Herr über die Lage und mich bin und zudem hoch motiviert war, bestellte ich mir aus der Kinderkarte das Jägerschnitzel ›Max und Moritz‹ sowie einen bunten Salat und eine Cola light. Wenn das Stefanie und Melanie sehen würden!

»Wie wollen Sie die schweren Planen da hochbringen?«, fragte Dietmar Becker den »Pilger«-Geschäftsführer.

»Das ist in der Tat nicht so einfach«, erklärte Fratelli. »Die Planen sind viel zu groß und zu schwer für die Aufzüge. Die Treppe im Inneren scheidet ebenfalls aus. Wir müssen von außen kommen.«

Da das Essen aufgetragen wurde und Fratelli großen Hunger hatte, dauerte es eine Weile, bis er in seinen Erklärungen fortfahren konnte.

»Wir machen das auf zwei Etappen. Zuerst kommt der untere Bereich dran bis zum Drehrestaurant. Wobei wir in die Planen Löcher schneiden, damit die Aussicht aus dem Restaurant und von der Aussichtsplattform nicht so stark behindert wird. Für die unteren 130 Meter bis zur Büroetage behelfen wir uns mit der Außenkabine, die für die Glasreinigung benutzt wird. Damit können wir vom Boden aus lange Streifen, jeweils zehn Meter breit, bis nach oben ziehen und dort befestigen. Im Anschluss werden die Streifen, immer noch mithilfe der Außenkabine, miteinander verschweißt.«

»Sie kennen die Büroetage?«, quatschte ich überrascht in seine Rede.

Fratelli nickte, ließ sich dadurch aber nicht von seinen Erklärungen abhalten. »Der Rest kommt von oben, per Helikopter. Das ist wie ein Hut, der oben aufgesetzt wird. Sogar die meisten Antennen werden damit funktionieren. Nur bei den Satellitenschüsseln klappt das natürlich nicht. Aber im Gegenzug erhält Mannheim ein Kunstobjekt erster Sahne. Dafür wird man wohl mal für ein paar Wochen auf irgendeinen technischen Firlefanz verzichten können. Selbst Herr Költzsch weiß nicht so genau, was da oben überhaupt gesendet oder empfangen wird.«

Ich wagte einen erneuten Anlauf. »Sie kennen die Büroetage? Waren Sie oben?«

»Schon mehrfach, Herr Palzki. Gerade heute Früh.«

»Was? Sie waren heute auf dem Turm? Mit wem?«

»Mit Herrn Költzsch natürlich«, antwortete Fratelli überrascht. »Ist das wichtig für Sie? Natürlich habe ich von dem Todesfall gehört. Aber Herr Költzsch hatte mir gesagt, dass der Turm freigegeben wurde. Ich hatte gestern mit dem Parkdirektor einen Termin, aber er kam nicht. Er war kurzfristig verhindert, hatte er mir am Telefon erklärt.«

Unglaublich, wie einfach man manchmal an Zufallsfunde kam. Würde ich Fratelli nicht kennen, wäre ich vorhin an ihm vorbeigelaufen und hätte nie von seinem Treffen mit dem Parkdirektor erfahren.

»Wann hatten Sie gestern einen Termin? Wo wollten Sie sich treffen?«

Becker hatte seinen Block gezückt und schrieb eifrig mit, was für mich sehr bequem war.

»Das war ziemlich exakt eine halbe Stunde, bevor die Person aus dem Turm stürzte. Ich muss ziemliches Glück gehabt haben. Hätte ich fünf Minuten länger gewartet, wäre mir das Opfer vielleicht auf den Kopf gefallen.«

Es war nicht zu fassen, wir mussten Fratelli nur um wenige Minuten, vielleicht sogar nur um Sekunden verpasst haben. »Wo sind Sie anschließend hin?«

»Zum Parkplatz natürlich. Auf dem Rückweg kamen mir diverse Einsatzfahrzeuge von Polizei und Feuerwehr entgegen.«

Potenziell machte sich mit diesem Alibi auch Fratelli verdächtig. Da er sich im Turm auskannte, konnte er sich durchaus einen Nachschlüssel besorgt haben, wenn er nicht sogar für seine Verhüllungsaktion einen offiziellen Schlüssel besaß. Nach dem Mord hätte er durch die Katakomben im Turmfundament hinausschleichen können.

»Wann haben Sie von der Tat erfahren?«

»Von Herrn Költzsch, als ich ihn später angerufen habe. Er entschuldigte sich vielmals. Im gleichen Telefonat haben wir uns für heute Früh verabredet, und da war er pünktlich zur Stelle.«

Jetzt wurde es noch interessanter. »Was haben Sie in der Büroetage gemacht?«

Fratelli bekam ein seliges Lächeln. »Das müssen Sie mit eigenen Augen sehen, Herr Palzki. Da oben sieht es aus wie vor 40 Jahren, alles total altmodisch eingerichtet. Nur der viele Sperrmüll im hinteren Raum hat mich etwas irritiert.«

Ich wiederholte meine Frage. »Und was haben Sie dort gemacht?«

»Ach so, entschuldigen Sie bitte. In dieser Etage befindet sich der Ausstieg. Von dort kommt man an die Außenkabine dran. Herr Költzsch sagte mir, dass aus dieser Luke das Opfer hinabgestürzt wurde. Das war schon eine gruslige Ansage.« Jetzt kam er endlich zum Thema. »Der Parkdirektor zeigte mir die Sicherungsmöglichkeiten. Ein paar meiner Mitarbeiter müssen schließlich da raus. Für mich wäre das allerdings nichts. Herr Költzsch hat die Luke für mich ein Stück aufgemacht. Da hat's mich fast rausgeweht, solch ein Wind herrscht da oben.«

»Das war der einzige Grund? Warum waren Sie in den anderen Büros und beim Sperrmüll?«

»Reine Neugierde, Herr Palzki. Außerdem mussten wir ein wenig verschnaufen, wir sind die Treppe hochgelaufen.«

»Wie bitte? Die Treppe?« Ich konnte es nicht glauben.

»Ja, auf meine Bitte hin. Ich wollte das einfach mal sehen, wie der Turm im Inneren aussieht. Herr Költzsch erzählte mir, dass gestern wegen eines Irrtums ein Polizeibeamter auf der Treppe eingesperrt war. Nachdem er nach unten und wieder nach oben gegangen war, hat man ihn mehr tot als lebendig geborgen. Die Mannheimer Beamten scheinen nicht besonders fit zu sein.«

Ich schaute Becker scharf an, der mich verstand und schwieg.

»Aus diesem Grund wollten Sie die Treppe nehmen?«

»Klar, so hoch ist das doch nicht. Noch keine 150 Meter, das ist ein Klacks. Wir waren allerdings nicht alleine auf der Treppe.«

Meine Mimik animierte ihn, weiter zu erzählen. »Irgendein Handwerker hatte defekte Lampen der Notbeleuchtung ausgewechselt. Der Parkdirektor hat ihn mit Namen angesprochen, aber ich weiß ihn nicht mehr.«

Nun hatte ich die Gewissheit, dass auch der technische Leiter Ralf Eckl im Turm war.

»Das ist ein tolles Fitnessprogramm, Herr Palzki. Ich kann das nur empfehlen, versuchen Sie es auch einmal. Ich überlege, ob wir den nächsten Betriebsausflug unseres Verlags in den Luisenpark machen und mit einem kleinen Fitnesstest kombinieren. Zweimal den Turm hoch und wieder runter, da sollte eine durchschnittliche Person weniger als eine Stunde brauchen.«

Ich ging auf sein Fitnessprogramm nicht ein. »Sie könnten mir einen Gefallen tun, Herr Fratelli.«

Der Geschäftsführer strahlte. »Sind Sie in die Ermittlungen involviert, Herr Palzki? Ach, was frage ich da überhaupt. Wenn Herr Becker und Sie vor Ort sind, wird es wohl so sein. Wie kann ich Ihnen helfen? Soll ich wieder verdächtige Personen fotografieren?«

Sein Vorschlag hatte einen Grund. Vor Kurzem verhüllte er die neuen Abpackhallen des Unternehmens

»Kartoffel-Kuhn« in Frankenthal, just zu einem Zeit-punkt, in dem ich dort wegen mehrerer Morde ermittelte. Da sich um das Unternehmen, das sich auf freiem Feld außerhalb der Ortsbebauung befand, mehrere zwielich-tige Gestalten herumschlichen, hatte ich Fratelli gebeten, diese von dem Dach des Unternehmens zwecks Beweis-sicherung zu fotografieren.

»Fotografieren wäre in diesem Fall die Königsdiszi-plin. Mir würde es genügen zu erfahren, wer sich wann im Fernmeldeturm aufhält. Ich meine damit aber nicht irgendwelche Besucher oder das Personal vom Restau-rant, sondern zum Beispiel Mitarbeiter des Parks oder vom angrenzenden TSV. Im Prinzip alle Personen, die sich befugt oder unbefugt auf der Büroetage, im Inne-ren des Turms oder sonst wo in der Nähe herumtreiben.«

»Vom TSV auch?«, fragte Fratelli überrascht. »Heute Früh war ein Mann von dem Verein hier, als ich Herrn Költzsch traf.« Der »Peregrinus«-Chef grübelte. »Mes-ser, ja mit *Herr Messer* hat ihn der Parkdirektor angespro-chen. Über was sie gesprochen haben, weiß ich nicht, es ging mich schließlich nichts an. Das Gespräch dauerte höchstens zwei Minuten, danach ging Messer nach oben in Richtung Parkplätze.«

Und schon hatten wir eine weitere wichtige Informa-tion erhalten. Michael Messer war hier und unterhielt sich mit Költzsch. Dies konnte natürlich rein menschliche Neugierde sein, andererseits könnte der Täter zurück zum Tatort gekommen sein, wie es häufig vorkam.

Die Bedienung kam, und Fratelli bezahlte inklusive einem üppigen Trinkgeld. Dann sah er auf die Uhr. »Ich muss jetzt leider zum Turm, meine Mannschaft rückt gleich an.«

Während wir im Begriff waren aufzustehen, schnappte sich Fratelli das auf dem Tisch liegende Smartphone von Becker. Noch bevor dieser protestieren konnte, tippte Fratelli in atemberaubender Geschwindigkeit auf dem Display. Becker schaute mich hilflos an und zuckte dann auch noch erschrocken zusammen, als Fratelli mir schwungartig das Handy unter die Nase hielt.

Mal wieder schaute ich den Geschäftsführer fragend an. Dieser grinste mich beseelt an und erklärte glücklich: »Unser ›Pilger-Magazin‹ gibt es nun auch digital in allen App-Stores!

Einfach nach ›der pilger‹ oder ›Pilger-Magazin‹ im App-Store suchen und mit dem Magazin eine schöne Auszeit erleben!«

Noch bevor Becker mit seinem Wissen über den Jakobsweg angeben konnte, hörte ich Fratelli sagen: »Jetzt muss ich aber wirklich weg.«

Nachdem Fratelli außer Sichtweite war, versuchte Becker zu betteln. »Nach diesem Essen sollten wir besser mit dem Wagen um den Park zur Verwaltung fahren, das geht wesentlich schneller.«

»Nichts da«, entgegnete ich hoch motiviert. »Sie sind selbst schuld, warum haben Sie eine große Portion essen müssen? Nach dem Essen sollst du ruhn oder tausend Schritte tun. Zum Faulenzen sind wir nicht hier, wir müssen den Mannheimer Teil der Welt retten.«

Mit schnellem Schritt lief ich trotz schmerzender Schenkel in Richtung Kutzerweiher. Das bedepperte Gesicht von Becker war mir dies allemal wert. Mürrisch folgte er mir. Nachdem er mich eingeholt hatte, gab ich eine kleine Zugabe. Ich zeigte auf einen Weg, der links abzweigte. »Wir nehmen diesen Weg, da geht's am chinesischen Teehaus vorbei, das ist eine Abkürzung.«

Da er nicht widersprach, zeigte sich, dass er sich mit den örtlichen Gegebenheiten nicht auskannte. Der Weg am Teehaus vorbei war allerdings eher das Gegenteil einer Abkürzung. Dennoch hatte ich mich bewusst für diese Variante entschieden, da der Weg an der Grenze zwischen Park und Vereinsgelände verlief. Während ich den trennenden Zaun, so gut es vom Weg aus ging, nach potenziellen Durchschlupfmöglichkeiten absuchte, wurde ich auf zwei Personen aufmerksam, die ich schon einmal gesehen hatte: Keine 50 Meter vom Teehaus entfernt standen die beiden Vermesser in der Nähe des Zauns im Gestrüpp.

»Halt«, sagte ich zu Becker und deutete mit meinem Kinn zu dem kleinen Vermessungstrupp.

»Vielleicht sind das die gleichen wie gestern«, meinte Becker uninteressiert. Er ging weiter.

»Halt«, wiederholte ich, und Becker erschrak. Er drehte sich um. »Ist Ihnen der Weg auf einmal zu weit? Das hätten Sie sich früher überlegen müssen. Da hinten erahne ich bereits das Freizeithaus, von dort ist es nicht mehr weit bis zur Verwaltung.«

Immerhin zeigte der Student damit, dass er sich zumindest rudimentär im Park auskannte. Ich zeigte ihm den Vogel.

»Haben Sie ein Glück, dass Sie einen ausgebildeten Kriminalpolizisten dabei haben. Sie übersehen die wichtigsten Spuren. Wie wäre es, wenn Sie sich in Zukunft nur auf das Schreiben beschränken und das Ermitteln den Fachleuten überlassen?«

Der Student reagierte äußerst wirr. Für einen Moment suchte er tatsächlich Schuhspuren auf dem trockenen Weg, dann schien ihm die Erleuchtung zu kommen. »Meinen Sie die beiden Personen, die da hinten den Park vermessen? Was soll bei denen verdächtig sein? Frau Fernandez hat uns doch den Grund erklärt.«

»Sie glauben auch alles, was man Ihnen sagt.«

Becker wurde hellhörig. »Ist das nicht so?«, flüsterte er, obwohl niemand in unserer Nähe war. »Soll ich mich anschleichen und die beiden belauschen?«

Ich klatschte mir die Hand an die Stirn. Womit hatte ich in meiner Umgebung so viel Blödheit verdient?

»Herr Becker, ich glaube Ihnen gerne, dass Sie als Kind erfolgreich Cowboy und Indianer gespielt haben. Dies ist aber die Realität, die sogenannte brutale Erwachsenenwelt. Hinter jeder Ecke könnte ein Mörder oder zumindest ein Gauner lauern.«

Becker bekam große Augen. »Die beiden sind unsere gesuchten Mörder?«

Ich unterließ es, ihn weiter mit seiner Naivität zu konfrontieren. Wahrscheinlich hätte er es sowieso nicht verstanden. »Warum auch nicht?«, antwortete ich vielsagend. »Die sind für mich nicht unverdächtiger als alle anderen, mit denen wir im Zusammenhang mit den Ermittlungen bisher gesprochen haben.«

Becker, der eben noch einen auf Indianer machen wollte, starrte die ganze Zeit mit einer Penetranz auf die beiden Vermesser, dass diese inzwischen auf uns aufmerksam geworden waren. Aus der Entfernung sah ich, wie die beiden sich unterhielten und Blicke zu uns warfen. In diesem Fall gab es nur eine Möglichkeit. Die direkte Konfrontation. Ohne Becker etwas zu sagen, verließ ich den Weg und ging auf die beiden zu. Der Student folgte mir, hoffentlich würde er mit seinen beschränkten Mitteln keinen Präventivschlag ausführen, sondern sich ruhig verhalten.

»Ich wünsche einen wunderschönen guten Tag«, säuselte ich in Richtung des weiblichen Teils des Duos, das gar nicht so weiblich aussah.

»Was wollens vun uns?«, fragte Rambos Frau. Sie sah martialisch aus: Ihr strähniges Haar war mit einem runenbestickten Stirnband wirr nach hinten gebändigt. Ihre tarnfarbene Outdoor-Kämpferbekleidung strotzte nur so von Taschenaufsätzen, die größtenteils ausgebuchtet waren und für den verbeulten Gesamteindruck der Gestalt verantwortlich zeichneten. Diverse Ketten hingen an ihr und waren an Jacke, Hose und sogar an den Stiefeln befestigt und erinnerten an Fotos des Entfesselungskünstlers Harry Houdini. Eine besonders breite Kette hatte sie um den Hals geschlungen. An den Enden, die sich in Bauchhöhe befanden, baumelten Dutzende Sicherheitsschlüssel und, soweit ich es erkennen konnte, Flaschenöffner, Taschenmesser und weitere metallene Accessoires.

Ich hoffte, dass sie relativ ungefährlich und nicht irgendwo ausgebrochen war. Becker, der die Lage etwas pessimistischer einordnete, trat vorsichtig ein paar Schritte zurück.

»Keine Panik«, antwortete ich. »Wir sind nur auf einem Routinerundgang. Ordnungsamt«, ergänzte ich.

»Mer hänn nix agstellt«, schrie Miss Rambo zurück. »Mer dun do bloß ä bissel was ausmesse.«

Ihr männlicher Begleiter, der verhältnismäßig normal angezogen war, stand daneben und sagte kein Wort. Die Sicherheitswesten, die sie gestern trugen, hatten sie heute nicht an.

»Ich will ja auch keine Kritik an Ihrer Arbeit üben«, beruhigte ich sie. »Es ist nur so, dass wir keine Informationen darüber vorliegen haben, dass im Luisenpark Vermessungsarbeiten stattfinden. Würden Sie mir daher bitte erklären, warum Sie alles vermessen und wer Ihr Auftragsgeber ist?«

»Dess dirfen mer net verrote.«

»Und warum nicht?«

»Weil des geheim is, kapierscht des jetztert endlich?« Ihr Ton wurde eine Spur bedrohlicher.

Hier half nur ein rhetorischer Kniff, den ich wie aus dem Effeff beherrschte. Würde ich der Dschungelkönigin eine alternativlose Erwiderung wie »In zehn Minuten ist die Polizei da, dann ist es Sense mit dem Geheimnis« entgegnen, würde die Sache brutal eskalieren. Wenn man aber Menschen psychologisch geschickt zwei Alternativen zur Auswahl stellte, wählten sie in fast allen Fällen automatisch eine dieser Alternativen. Fast nie kam jemand auf die Idee, dass es eventuell weitere Möglichkeiten gab. Menschen liebten es, aus irgendetwas Vorgefertigtem auswählen zu dürfen. Um zu meinem Ziel zu gelangen, nutzte ich diese Alternativrhetorik gnadenlos aus. Ich zückte meinen Ausweis und hielt ihn der Kriegerin unter die Nase. »Sie können zwischen zwei Möglichkeiten wählen: Entweder Sie kooperieren auf der Stelle mit mir oder in zehn Minuten wimmelt es von meinen Kollegen. Dann werden Sie zunächst auf das Präsidium gebracht und ausgiebig verhört. Das kann durchaus einige Stunden dauern.«

Ich nutzte absichtlich die veraltete Bezeichnung »Verhör« für eine Vernehmung, weil es deutlich aggressiver klang. Genaugenommen würde es sich zwar nur um eine Befragung handeln, doch wer wollte das so genau wissen. Diese Ausdrucksverschärfung hatte ich deshalb gewählt, weil mir die Alternative 1 viel lieber wäre. Würde sie die zweite Möglichkeit wählen, müsste ich wohl oder übel die Mannheimer Beamten informieren, was automatisch zur Folge hätte, dass Berlinghof davon erfahren würde.

Mein kleiner Trick zeigte Wirkung. Sie schaute zu ihrem Kumpel. »Was meenscht du, Eschon? Sollen mer dem Bulle do alles sage?«

Wortlos nickte er.

»Was willschten vun mir wisse, hä?« Dass sie mich duzte, wenn auch auf Urpfälzisch, war mir egal. Vielleicht war sie zu diesem gesellschaftlichen Unterschied im Dialog intellektuell nicht in der Lage.

»Das habe ich Ihnen bereits gesagt. Zunächst: Was vermessen Sie im Park?«

Sie klimperte eine Weile nervös mit ihren Ketten, dann antwortete sie. »Mer nemme die Höheprofile von denne Hügel uff und vermessen den Zaun do vorne. Dess kriege mer gut bezahlt. Noch zwe oder drei Tag, dann sinn mer fertisch.«

»Hat der Stadtpark diese Arbeit in Auftrag gegeben?«

»Ne, nadierlich net«, gab sie zu und spuckte auf den Boden. »Die solle doch dovun nix wisse. Kannscht du dess, was ich dir grad sag, fer dich behalte, hä?«

»Mal sehen. Warum darf der Park davon nichts wissen?«

»Dess weß doch ich net!« Sie spuckte erneut. »Dess hämma halt gsagt kriegt. Mer sollen uffbasse, und wenn ehner frogt, sollen mer sage, das mer vun de Stadt kumme.«

»Okay, das habe ich verstanden. Wer ist Ihr Auftraggeber?«

Sie blieb stumm.

Ich drehte mich zu Herrn Becker. »Herr Becker, würden Sie bitte das SEK anrufen? Dringender Fall im Luisenpark. Die Kollegen sollen den Wasserwerfer und die Gummigeschosse nicht vergessen.«

»Jetztert wart doch ämol«, fiel sie mir ins Wort. »Du kannscht der de Aruf spare«, sagte sie zu dem Studenten. »Der bringt mich um«, fuhr sie fort. »Dem trau ich alles zu. Der is vornerum so saufreundlich, awer wem ma net alles macht, was er will, dann werd er zum Deifel.«

»Und den Namen? Ich blieb hartnäckig.

»Storck«, sagte sie. »Manfred Storck. Reicht dir dess?«

Storck, den Namen hatte ich doch schon einmal gehört. Bei irgendeiner früheren Ermittlung war eine Person mit dem Namen Storck involviert gewesen. Das konnte auch ein Zufall sein.

»Da sind wir schon einen großen Schritt weitergekommen«, sagte ich freundlich. »Jetzt benötigen wir nur noch ein paar Details zu dieser Person. Adresse und so weiter. Sie müssen keine Angst haben, wir von der Polizei beschützen relativ harmlose Bürger vor Verbrechern. Falls dieser Storck einer sein sollte.«

»Eijo, is dess äner. Der soll a schun mit Droge gedealt hawe, in de Ludwigshafener Friedenskerch. Hab ich jedenfalls erzählt bekumme.«

Friedenskirche? Mir dämmerte es. »Meinen Sie den Storck, der im Förderkreis der Friedenskirche sitzt und die Veranstaltungen organisiert?«

»Eijo«, antwortete sie und raschelte erneut mit ihren Ketten. »Dess soll awer alles nur Tarnung sei, hab ich ghert. Warum kimmern ihr Bulle eich net ämol um die Kerch, statt uns zwee harmlose Leit auszufrooche, bloß weil mer do ä bissel was ausmesse. Immer geht's nur uff die kleene Leit.«

Mit Unbehagen dachte ich an die Ermittlungen in der Friedenskirche im Ludwigshafener Stadtteil Friesenheim zurück. In dieser protestantischen Kirche mit ihrem charakteristischen und sehenswerten Rundbau, die neben Gottesdiensten für viele kulturelle Veranstaltungen genutzt wurde, hatte ich eine meiner wenigen Niederlagen als Polizeibeamter erleben müssen. Innerhalb weniger Tage wurden die Organistin und ein Presbyter ermordet. Bei den Opfern hatte man jedes Mal Drogen gefunden. Aufgeklärt war der Fall bis heute nicht. Während den Ermittlungen hatte ich es mit Manfred Storck zu tun, der viele der Veranstaltungen organisierte. Er hatte damals zwar einen zwielichtigen und verdächtigen Eindruck auf mich gemacht, als einzig verwertbares Indiz war dies allerdings zu schwach.

»Dann werde ich mir Ihren Wunsch mal zu Herzen nehmen und nachher gleich nach Ludwigshafen zur Kirche fahren.«

»Denn Wech kannscht der heit spare«, meinte Rambos Frau. »Der is heit unnerwegs in Holland. Was er dort macht, wees ich awer net. Vielleicht kaaft er neie Droge?«

Es war schon sehr auffällig, wie sie versuchte, ihren Auftraggeber in Misskredit zu bringen. Sie musste tierisch vor ihm Angst haben.

»Wissen Sie, wann er erreichbar ist? Sonst müsste ich ihn international zur Fahndung ausschreiben.«

Ein kurzes Lächeln überflutete ihr grimmiges Gesicht. »Des kannscht jo trotzdem mache«, sagte sie. »Morje frieh iss er awer widder in der Kerch, dess wees ich genau.«

Nun hatte ich sämtliche Informationen beisammen, wir konnten den Rückzug antreten.

»Dann werden wir Sie bei der Arbeit nicht weiter stören, auf Wiedersehen.«

»Dess muss net sei«, antwortete sie.

Nachdem Becker und ich zurück auf dem befestigten Weg waren, drehte ich mich kurz um. Ich sah, wie der männliche Teil des Duos in ein Handy sprach. Dies konnte zwar alles bedeuten, doch ich hatte so meinen Verdacht.

»Das ist ja ein uriger Kerl gewesen«, meinte Becker und verbesserte sich schnell. »Die Frau meine ich.«

»Vielleicht war sie früher mal ein Mann«, sagte ich zu Becker. »Eines ist aber klar: Wo die hinhaut, wächst kein Gras mehr.«

»Deshalb hatte ich ziemlich Respekt vor ihr gehabt. Und vor Ihnen ebenfalls, Herr Palzki. Dass Sie sich so nah an sie herangetraut haben.«

»Sie wissen doch, ich bin als Polizeibeamter psychologisch hoch geschult. Das ist ein großer Unterschied zu einem Studenten, der sich sein Wissen und seine Weisheit aus irgendwelchen Enid-Blyton-Büchern angelesen hat.«

Becker war eingeschnappt und sagte kein Wort mehr, bis wir die Verwaltung erreichten.

»Wir wollen zu Herrn Költzsch«, sagte ich zu der Dame an der Pforte und hielt ihr meinen Ausweis hin.

»Da ist er zufällig gerade«, antwortete sie und zeigte ins Innere des Gebäudes. »Gehen Sie vorn rechts herum, da kommen Sie zum Eingang.«

Die Pförtnerin konnte nicht wissen, dass mir die örtlichen Gegebenheiten bekannt waren.

»Hallo, Herr Költzsch«, begrüßte ich den Parkdirektor und stellte ihm notgedrungen Dietmar Becker vor.

»Sind Sie nicht der bekannte Kriminalschriftsteller?«, fragte er ihn prompt. »Ich habe alle Ihre Bücher mit großer Freude gelesen. Schreiben Sie einen Krimi über die beiden Todesfälle im Luisenpark?«

Der Student nickte. »Aber erst, wenn wir den Fall aufgeklärt haben«, antwortete er stolz im Plural.

»Falls Sie für das Buchcover ein schönes Foto unseres Parks benötigen, melden Sie sich gerne bei mir oder Frau Fernandez, unserer Marketingleiterin.«

»Ich bin aus einem anderen Grund hier«, unterbrach ich die beiden im Singular in ihrem absolut unwichtigen Dialog. »Können wir kurz in Ihr Büro gehen?«, sagte ich bestimmt.

»Na, äh, ja, natürlich«, stotterte Költzsch überrascht. »Kommen Sie bitte mit. Entschuldigen Sie bitte, natürlich haben die Ermittlungen Vorrang. Dieser brutale Mörder muss gefasst werden. Im Moment kommen zwar viele Schaulustige in den Park, gute Werbung sieht aber anders aus.«

Sein Büro war nur ein paar Meter entfernt. Verglichen mit KPDs opulenten Bürosaal sah es eher wie in einer Sachbearbeiterstube des Finanzamtes aus.

»Das ist Frau Ballosch, meine Direktionsassistentin«, sagte Költzsch zu einer Frau, die uns in das Büro gefolgt war. Sie gab ihrem Chef einen Aktenordner. Danach fragte sie uns: »Möchten Sie einen Kaffee?«

Ich verneinte dankend, Becker überlegte unschlüssig.

Im gleichen Moment hatte ich ein Déjà-vu.

»Sind Sie nicht der geniale Krimiautor Dietmar Becker?«, fragte Frau Ballosch und lächelte über beide Ohren. Becker nickte mit einem kurzen Seitenblick zu mir.

»Ich lese im Moment den ›Weinrausch‹, Herr Becker. Warten Sie bitte mal kurz.«

Sie verschwand für wenige Sekunden im Vorzimmer und kam tatsächlich mit dem besagten Krimi zurück. »Lese ich natürlich nur in den Pausen«, sagte sie mit einem vieldeutigen Blick zu ihrem Chef.

»Würden Sie mir das Buch bitte signieren, Herr Becker? Ich heiße Michaela.«

Ich konnte es nicht glauben, wie viele Menschen es gab, die ihre kostbare Lebenszeit mit dem Lesen von Beckers unrealistischen Pseudokrimis vergeudeten. Gab es wirklich keine sinnvollere Freizeitbeschäftigung?

Kurz Zeit später war der Spuk vorbei. Frau Ballosch verzog sich nach überschwänglichem Bedanken in ihr Vorzimmer. Herr Költzsch schloss die Tür.

Ohne zunächst etwas zu sagen, zog ich den Plan aus dem Köcher und legte ihn auf seinen Schreibtisch. Neugierig trat er näher und beugte sich über den Plan. Je länger er hinsah, desto größer wurden seine Augen. Noch bevor seine Augäpfel aus dem Kopf gesprungen wären, richtete er sich wieder auf.

»Das kann nur ein Scherz sein«, meinte er kopfschüttelnd. »Eine Skiflughalle, davon habe ich bisher nie etwas gehört. Wer soll das überhaupt bezahlen? Nein, das kann ich nicht für bare Münze nehmen. Wo haben Sie den Plan her, Herr Palzki?«

»Er lag in einem Versteck im Fernmeldeturm.« Näheres würde ich nicht verraten.

»Im Turm?« Seine Skepsis blieb. »Ich kann Ihnen versichern, dass es keine Pläne gibt, den Park derart umzugestalten. Das müsste sowieso offiziell über die Stadt Mannheim laufen. Und die haben nicht annähernd so viel Geld, um dies zu realisieren. Nein, das ist unmöglich.«

Er beugte sich erneut über den Plan. »Ich kann keinen Namen des Planerstellers entdecken. Das ist ungewöhnlich.«

Ich rollte das Papier zusammen und steckte es in die Pappröhre. »Sie sind sich also sicher, davon nie etwas mitbekommen zu haben?«

»Aber 100-prozentig!«, regte sich Költzsch auf. »Das würde ich niemals zulassen! Unseren schönen Park in ein Tollhaus verwandeln, das geht einfach nicht.«

Ich wechselte das Thema. »Dass in Ihrem Park Vermessungsarbeiten durchgeführt werden, wissen Sie aber?«

»Wie bitte?«

»Seit Tagen läuft ein Vermessungstrupp quer durch Ihren Park, und Sie wissen davon nichts?«

Költzsch schnappte hörbar nach Luft. Er nahm den Telefonhörer ab und drückte eine Taste. Nach einem kurzen Telefonat sagte er: »Wir werden uns darum kümmern. Ich habe wirklich keine Ahnung, wer das sein könnte, Herr Palzki. Kleinere Vermessungsarbeiten gibt es zwar hin und wieder im Park, das sind aber höchstens zwei Personen und kein ganzer Trupp.«

Ich verriet ihm natürlich nicht, wie groß der von mir gemeinte Trupp war. Allerdings dürfte er von dem seltsamen Pärchen keine Ahnung haben. Ich wechselte zum dritten Thema, von dem mir bekannt war, dass es ihm nicht unbekannt war.

»Sie haben sich heute mit Herrn Messer vom TSV getroffen?«

Költzsch blickte überrascht auf. »Wo haben Sie diese Information her? Ja, es stimmt, ich habe ihn zufällig in der Nähe des Turms getroffen.«

»Dürfte ich erfahren, um was es in dem Gespräch ging?«

»Verdächtigen Sie Herrn Messer?« Der Parkdirektor runzelte die Stirn. »Es war zwar seine Vereinskollegin, die unseren ermordeten Hausmeister gefunden hat und später vom Fernmeldeturm gestürzt wurde, freilich sehe ich keinen Anhaltspunkt, warum Messer daran beteiligt gewesen sein soll.«

»Jeder ist erst mal verdächtig«, erwiderte ich. »Damit haben wir Pfälzer die größten Fahndungserfolge erzielt. Unsere Aufklärungsquote liegt bei Kapitalverbrechen seit dem Beginn der Ära Diefenbach regelmäßig über 100 Prozent.«

Er lachte auf. »Dann müssten Sie auch mich verdächtigen.«

»Ja«, antwortete ich knapp, was ihm zu denken gab. »Also, um was ging es bei dem Gespräch?«

»Wir haben uns höchstens zwei Minuten unterhalten. Es ging um eine Wiederholung der TSV-Veranstaltung in unserer Festhalle im nächsten Jahr. Wir haben überhaupt nicht über die Todesfälle gesprochen.«

»Das ist seltsam.«

»Seltsam?«

»Einer Ihrer Mitarbeiter wurde ermordet, ebenso eine Kollegin von Messer. Sie beide stehen vor dem Turm und wollen nicht über diese Sache gesprochen haben?«

»Es war genauso, wie ich es Ihnen gesagt habe«, bekräftigte Költzsch. »Reicht Ihnen das?«

Ich nickte vordergründig ergeben.

»Da wäre noch eine andere Sache, Herr Költzsch.«

Fragend sah er mich an.

»Man sagte mir, dass sich beim Pförtner ein Brett befindet, an dem unter anderem ein Schlüssel für den Fernmeldeturm hängt.«

»Das stimmt«, bestätigte der Parkdirektor. »Der ist für Notfälle gedacht.«

»Kann ich den Schlüssel bitte sehen?«

»Selbstverständlich. Kommen Sie mit.«

Die Situation war, wie ich es vermutet hatte. Das Schlüsselbrett befand sich gleich hinter der offen stehenden Tür zur Pförtnerloge. Hier konnte sich jeder bedienen, ohne gesehen zu werden.

»Nanu«, rief Költzsch überrascht aus, »der Schlüssel fehlt.«

Mein Erstaunen hielt sich in Grenzen. Hatte vielleicht die Marketingleiterin den Schlüssel noch nicht zurückgebracht? »Wer könnte ihn genommen haben?«

Költzsch wandte sich an die Pförtnerin. »Wissen Sie, wer den Schlüssel zum Fernmeldeturm genommen hat?«

Während die Frau verneinte, trat von hinten der technische Leiter Ralf Eckl zu uns. »Sie suchen den Turmschlüssel, Herr Költzsch? Der hängt immer dort links oben.« Er ging zu dem Schlüsselbrett. »Der ist ja gar nicht da.«

»Das haben wir auch gerade festgestellt«, sagte ich zu Eckl.

»Tut mir leid, Herr Palzki. Ich habe keine Ahnung, wer im Moment den Schlüssel hat«, sagte Költzsch resigniert. »Sobald ich es weiß, werde ich es Ihnen melden. Irgendetwas läuft in diesem Unternehmen entschieden falsch.«

Költzsch stand nun vor seinem technischen Leiter. »Sie haben einen eigenen Schlüssel, Herr Eckl. Sind Sie mit den Reparaturarbeiten im Turm inzwischen fertig?«

Eckl wurde aschfahl. »Was heißt Reparaturarbeiten? Ich habe nur eine einzige Glühlampe der Notbeleuchtung an der Treppe ausgewechselt. Heute Nachmittag wollen die Polizeipräsidentin und ein Mitarbeiter des TSV den Turm besichtigen.«

Von wegen eine Lampe, dachte ich. Eher einen Jahresbedarf an Leuchtmitteln des kompletten Parks. Von der klemmenden Tür ganz zu schweigen. Dass Eckl und Messer um 16 Uhr einen Termin hatten, wusste ich, von Berlinghof dagegen bisher nichts.

»Sehr gut«, antwortete Költzsch. »Die Rettungswege müssen ständig kontrolliert werden. Nicht auszudenken, wenn da mal etwas passiert und die Rettungswege nicht in Ordnung sind. Vielleicht baue ich die Turmtreppe in das Fitnesskonzept ein, das ich zurzeit für die Mitarbeiter ausarbeite. Zunächst aber nur auf freiwilliger Basis.«

Ich dachte mir meinen Teil, und wir verabschiedeten uns, bevor auch Eckl in Becker den Krimiautor erkannte.

»Ich werde voraussichtlich morgen wieder hier sein«, sagte ich zu dem Parkdirektor und gab ihm die Hand.

KAPITEL 17 – BESUCH BEI JACQUES

»Kommen Sie?«, sagte ich zu Becker, ohne ihn sicherheitshalber mit Namen anzusprechen. »Wir laufen zum Parkplatz.«

Der Student blieb trotzig stehen. Sollte er doch, das war mir egal. Sollte er schauen, wie er zurückkam. Ich ging zurück in den Park, fest entschlossen, diese Wegstrecke ohne körperliche Probleme, die über den allgegenwärtigen Muskelkater hinausgingen, zu bewältigen.

Ich war noch nicht richtig losgelaufen, da überholte mich von hinten ein Elektromobil mit Stadtparklogo. Am Steuer saß Ralf Eckl, und von der Beifahrerseite winkte mir Becker zu. »Bis später!«, rief mir der Gauner zu.

Zugegeben, es war anstrengend, den kompletten Park ein zweites Mal zu durchwandern. Insgesamt gesehen hatte ich heute eine beträchtliche Strecke zu Fuß zurückgelegt. Ich kniff in meine Taille, um zu überprüfen, ob sich bereits die ersten Erfolge bemerkbar machten. Von nun an würde ich mich täglich wiegen. Morgens, abends und tagsüber in unbeobachteten Momenten auf Gerhards Fettanalysewaage, die er für den Fitnessraum gekauft hatte. Der Rest meines Diätprogramms würde sich fast von alleine ergeben.

Am Parkplatz des TSV angekommen, hatte ich Gelegenheit zur Revanche. Becker saß auf der Zufahrtsstraße auf einer Parkbank und träumte vor sich hin. Ich schlich zu meinem Wagen und fuhr in Schritttempo bis vor die Bank. Durch das geöffnete Seitenfenster reichte ich dem völlig überraschten Studenten eine Straßenbahnfahrkarte, die ich von der Polizeipräsidentin bekommen hatte. »Mit der Linie 5 bis in die Quadrate, den Rest können Sie laufen. Ihre Rechercheaufgaben haben wir bereits besprochen. Ich muss jetzt zu einem dringenden Termin. Bis morgen, tschüss.« Ich gab Gas und schloss das Fenster. Über sein Fluchen konnte ich mich jetzt nur noch optisch im Rückspiegel ergötzen. Zufrieden fuhr ich zurück nach Schifferstadt.

Ich hatte heute zwar bereits viel erlebt und geleistet, nichtsdestoweniger war noch nicht offizieller Dienstschluss. Im Moment würde mich zwar niemand in Schifferstadt oder in Mannheim vermissen, nach Hause fahren stand aber ebenso wenig auf meinem Plan, wie meine Stammdienststelle aufzusuchen. Wann hatte ich schon einmal Zeit, mich um mich selbst zu kümmern? Meine eigenen Bedürfnisse zu befriedigen? Immer dachte ich nur an andere: meine Familie, meine Kollegen und natürlich an die vielen Gauner, derer ich habhaft werden wollte. Nun war ich mal an der Reihe. Hoch motiviert fuhr ich in den Schifferstadter Westen in den Kestenbergerweg. Ich parkte vor dem Einfamilienhaus von Jacques Bosco. Bevor ich ausstieg, sammelte ich sämtliche kalorienhaltige Lebensmittel ein, die ich in meinem Wagen für Notfälle gebunkert hatte, und steckte sie in eine Plastiktüte, die Stefanie für andere Notfälle immer im Handschuhfach aufbewahrte. Mit der schweren Tüte in der Hand nahm ich den schmalen Durchgang zwischen Haus und Garage.

Jacques Bosco, der mit seinen weit über 70 Jahren und knapp über 1,50 Meter Körpergröße Albert Einstein zum Verwechseln ähnlich sah, war der letzte Allgemeingelehrte der Menschheit. Hinzu kam, dass er ein genialer Erfinder war und Dinge erfand, für die die Menschheit in den meisten Fällen noch nicht reif war. Während meiner Kindheit waren wir Nachbarn, und mit Vergnügen spielte ich in seinem Labor Verstecken. Jacques hatte ich mein Faible für Naturwissenschaften und insbesondere physikalische Experimente zu verdanken. Mit seiner Hilfe hatte ich während der Schulzeit den Ruf eines Art Zauberers wegen der vielen Streiche inne, die jedes Mal von der Schülerschaft mit großem Erfolg bewertet wurden. Von der Lehrerschaft weniger. Dennoch gab es kein einziges Mal, bei dem man mich erwischt hatte. Ein besonders toller Clou war mir damals mit der Zauberkreide gelungen. Jacques hatte wenige Monate vorher die sogenannte Zaubertinte erfunden, eine Tinte, die nach kurzer Zeit wie von Zauberhand wieder verschwand. Da mein Freund noch nie an der Vermarktung seiner Erfindungen interessiert war, hatten das damals andere erfolgreich getan. Jacques hatte für mich eine nach dem gleichen Prinzip funktionierende Zauberkreide entwickelt, die ich vor den jeweiligen Unterrichtsstunden heimlich gegen die Schulkreide austauschte. Der Erfolg war riesig, besonders bei unserem Deutschlehrer, einem 200-jährigen Greis mit Scheuklappenblick, der ein ellenlanges Gedicht an die Tafel schrieb und danach von uns verlangte, es abzuschreiben. Während wir ihn mit unseren Unmutsbezeugungen ablenkten, verblasste sein literarisches Werk auf der Tafel. Natürlich behaupteten wir nach der Entdeckung der leeren Tafel durch unseren Lehrer, dass er in dieser Stunde nichts an die Tafel geschrieben hatte. Die Selbstzweifel unseres Deutschlehrers wurden erst Tage später durch seine Kollegen beseitigt, denen

Ähnliches in ihren Unterrichtsstunden passierte. Seit diesem Zeitpunkt brachten die Lehrer die Kreide zu ihren Stunden immer mit.

Ich klopfte und trat ein. Jacques trug eine Schutzbrille und beugte sich gerade über eine Stichflamme, in der er einen länglichen Gegenstand bewegte.

»Hallo, mein Freund«, begrüßte ich ihn.

Jacques drehte die Flamme ab und richtete sich auf. »Nanu, Reiner, was machst du bei mir? Mit dir habe ich gar nicht gerechnet.«

Nach einer kurzen Umarmung und dem Austausch von einigen freundlichen Floskeln ging ich auf seine seltsame Begrüßung ein. »Hast du bei meinen früheren Besuchen immer mit mir gerechnet?«

Mein Freund lachte. »Oh Reiner, du bist so berechenbar. Immer wenn in der Zeitung über mysteriöse Todesfälle berichtet wird, tauchst du kurz darauf bei mir auf.«

Na ja, so falsch lag er damit nicht. Hin und wieder hatte er mir bei früheren Ermittlungen mit dem einen oder anderen Gedanken weitergeholfen. Bisweilen auch mit einer seiner Erfindungen.

»Es gab zwar zwei Tötungsdelikte in Mannheim, deswegen bin ich aber nicht zu dir gekommen.«

»Meinst du die beiden Toten vom Luisenpark?«, fragte der Erfinder neugierig. »Du ermittelst also mal wieder in Baden-Württemberg. Das wusste ich nicht. Womit kann ich dir helfen?«

Ich reichte ihm die Tüte. »Es gibt in dieser Sache nichts für dich zu tun, Jacques. Hier nimm, für dich.«

Er warf einen flüchtigen Blick hinein. »Bäh, was ist das denn für ein Mist? Willst du mich umbringen? Das ist das reinste Gift. Hoffentlich isst du nicht solch ungesundes Zeug.« Er schaute mir auf den Bauch. »Oder doch?«

Auf einer Seite des Labors standen diverse Plastikton-nen, die mit *Restabfall*, *Kunststoff*, *Papier*, *Bio* und *Energie* beschriftet waren. Er öffnete die Energietonne und warf meine teuer gekauften Süßigkeiten hinein.

»Bist du sicher, dass du die richtige Abfalltonne erwischt hast?«

»Wieso Abfalltonne?«, fragte Jacques zurück. »Weißt du, wie viel Energie in dem Schokoladenzeug steckt? Mit meinem Kalorien-Wärmetauscher hole ich aus dem Inhalt der Tüte mindestens 100 Kilowattstunden her-aus. Schau mal in deine Stromrechnung, was eine Kilo-wattstunde kostet.«

Ich versuchte, mich geistig zu sammeln. Mir konnte es egal sein, wie Jacques meine Süßigkeiten verwertete. Hauptsache, ich musste sie nicht mehr essen. Bevor ich mein Anliegen vortrug, wollte ich Interesse für seine momentane Arbeit zeigen. »Was erfindest du im Moment?« Ich zeigte auf den länglichen Gegenstand, den er bei meiner Ankunft unter der Flamme erhitzt hatte.

Jacques winkte bescheiden ab. »Ach, nichts Besonde-res. Ich bin auf der Suche nach einer neuen Legierung, einem Antischwerkraftmetall. Damit werde ich das Ski-fahren revolutionieren.«

Solche Antworten war ich von meinem Freund gewohnt. »Was muss ich mir unter Antischwerkraftme-tall vorstellen?«

»Das ist ganz einfach, Reiner. Du kennst doch diese Hovercraft Luftkissenboote oder ein anderes Beispiel, eine Magnetschwebebahn. Beide bewegen sich durch die

Luft, einmal eine Handbreit über Wasser, beim anderen knapp über einem magnetisierbaren Stahlträger. Nach diesem Prinzip will ich Ski bauen. Die Unterseite der Ski wird aus dem Antischwerkraftmetall, wie ich meine Legierung nenne, gefertigt. Dieses Metall wird von der Erdanziehung nicht angezogen, sondern abgestoßen. Das gleiche Prinzip kennst du von Magneten, wenn du die gleichen Pole aneinanderhalten möchtest.«

»Und das funktioniert?«

»Noch nicht so richtig«, gab er zu. »Ich muss mit meiner Legierung das Magnetfeld der Erde nachbilden, damit sie sich davon abstößt. Irgendwie fehlt mir da die letzte Idee.« Jacques legte den Metallstab, den er zur Verdeutlichung vom Tisch genommen hatte, wieder hin.

»So, jetzt hast du genug Interesse geheuchelt. Warum bist du zu mir gekommen?«

Ich beschloss, mit der Tür ins Haus zu fallen. »Ich will abnehmen.«

Jacques sah mich grinsend an. »Hat dich Stefanie endlich so weit? Jedes Mal, wenn ich sie sehe, klagt sie mir ihr Leid mit dir. Uneinsichtig wärst du. Du würdest absichtlich deine Gesundheit ruinieren.«

»Ist ja schon gut«, unterbrach ich ihn. »Das ist alles Vergangenheit. Jetzt will ich ja abnehmen. Ich bin heute schon ziemlich weit gelaufen und habe nur einen Kinderteller und etwas Salat gegessen.«

»Sieht man nicht«, antwortete er sarkastisch. »Aber der Anfang ist mal gut. Die Kür, also das eigentliche Abnehmen, dauert bei dir schätzungsweise ein halbes Jahr. Im Anschluss folgt die Pflicht, die dauert dein gesamtes Restleben. Sonst hast du drei Monate später dein Gewicht wieder drauf.«

»Was, so lang? Kann man das nicht abkürzen?«

»Du meinst Fett absaugen? Das ist noch ungesunder als Rauchen. Nee, du musst weniger essen und dich mehr bewegen.«

Meine Hoffnung schwand. »Ich dachte, du hast in diese Richtung vielleicht mal experimentiert und etwas Passendes erfunden. Eine Superdiät in drei Tagen oder so.«

»Physikalisch unmöglich«, beschied er mir. »Alle angebotenen Diäten, insbesondere die Schnelldiäten, kannst du allesamt in die Tonne treten. Da verlierst du nur Flüssigkeit, aber kein Körperfett. Und genau darin ist die überflüssige Energie gespeichert. Auch das ganze Thema Kohlenhydrate kannst du dir in die Haare schmieren. Kurzfristig geht zwar die Waage runter, wenn du auf Kohlenhydrate verzichtest, aber irgendwann isst du sie doch wieder. Und es ist so was von egal, ob du das Zeug morgens, mittags oder abends futterst. Mit dem Körperfett hat das nur sehr wenig zu tun.«

Deprimiert setzte ich mich auf einen Hocker.

»Es gibt nur zwei Möglichkeiten«, referierte Jacques weiter. »Weniger Kalorien zu dir nehmen, als dein Körper benötigt, oder durch Bewegung den Verbrauch deines Körpers erhöhen. Alles andere ist Bullshit.«

»Ich hab's ja verstanden«, entgegnete ich enttäuscht.

Mein Freund taxierte mich. »Ich schätze deinen Grundbedarf an Kalorien, korrekterweise müsste es Kilokalorien heißen, auf 2.000 und deinen Bewegungsumsatz auf 1.000 Kalorien. Du kannst also jeden Tag 3.000 Kalorien essen, ohne zuzunehmen. Angenommen, du isst nur 2.000 Kalorien am Tag, sparst du in der Woche 7.000, kapiert?«

»Ja.«

»7.000 Kalorien entsprechen einem Kilogramm Fett.

Mit dieser Ersparnis wirst du jede Woche ein ganzes Kilogramm schlanker.«

Ich überschlug im Kopf die Dauer der benötigten Diät.

»Das dauert ja ewig«, protestierte ich. »Kannst du nicht mit deinem Kalorien-Wärmetauscher nachhelfen? Die gewonnenen Kilowattstunden schenke ich dir.«

Jacques brüllte vor Lachen. »Der Wärmetauscher funktioniert zum Teil thermisch. Bei 2.500 Grad Celsius ist nicht nur dein Fett weg. Außerdem ist der Wärmetauscher viel zu klein für deinen üppigen Körper.«

Jacques reichte mir eine Broschüre. »Da sind ein paar schmackhafte Rezepte drin, alles rund um die Kartoffel. Mit Kartoffeln kann man hervorragend abnehmen, wenn man nicht gerade Pommes oder Chips isst. Die Grumbeere haben zwar Kohlenhydrate, aber dafür kein Fett. Nimm dir das Heft ruhig mit. Übrigens betreue ich im Schifferstadter Schulzentrum eine Schüler-AG zum Thema gesunde Ernährung. Deine Tochter Melanie ist auch dabei. Hat sie dir das nicht gesagt? Sie kann dir sicherlich ein paar Tipps für eine ausgewogene Ernährung geben.«

Ich stand auf. »Vielen Dank für deine aufmunternden Worte, Jacques. Drück mir die Daumen, dass es mit der Diät klappt.«

»Entschuldige, Reiner, falls ich dich demotiviert habe. Alles andere wäre aber Augenwischerei und würde dir nicht helfen. In einem halben Jahr hätte ich vielleicht etwas für dich.«

Klasse, jetzt würde er »April, April« sagen und mit seiner Wunderwaffe rausrücken.

»Zusätzlich zum Abnehmen solltest du Sport treiben.

Mit einer halben Stunde leichtem Sport verbrauchst du ungefähr 500 Kalorien. Das bringt dir in der Woche ein zusätzliches halbes Kilogramm. Gesund ist es außerdem, weil sich bei einer Diät auch die Muskeln abbauen.«

»Und was hat dein Gefasel mit dem halben Jahr zu tun? Soll ich so lange Sport treiben?«

»Ich entwickle ein ganzheitliches Sportgerät mit Motorantrieb. Damit kannst du, ohne dich im Geringsten anzustrengen, deine Muskeln trainieren und gleichzeitig abnehmen. Du spannst dich in das Gerät ein und wählst auf dem Display, wie viele Kalorien du abnehmen möchtest. Sogar einen kleinen Fernseher integriere ich, damit die Zeit sinnvoll verbracht werden kann. Die privaten Sender werden natürlich ausgefiltert. Solch einen Quatsch braucht kein Mensch.«

»Und wo ist dabei der Haken?«

»Es gibt keinen, Reiner. Allerdings wird es nur einen Prototyp geben. Vermarktung war ja noch nie mein Ding. Du darfst die Maschine testen, wenn sie einigermaßen fertig ist.«

Auf den ersten Blick klang seine Idee ganz vernünftig. Nicht so gut bewertete ich, dass ich Tester spielen sollte. Zu meiner persönlichen Sicherheit würde ich, wenn es soweit war, KPD über die Erfindung meines Freundes informieren. KPD würde ohne zu zögern das Sportgerät für uns testen. Mir machte es nichts aus, Zweittester zu sein.

»Ich fahr dann mal wieder, alter Freund. Danke für deine Informationen, auch wenn ich es mir leichter vorgestellt hatte. Da muss ich jetzt wohl durch.«

»Mach's gut, Reiner. Lass dich mal wieder blicken. Ach, da fällt mir noch etwas ein.« Jacques ging zu einem Regal, das aus vielen kleinen Schubkästen bestand und in Heimwerkerkellern für die Unterbringung von Schrauben und anderen Utensilien genutzt wurde. Ohne groß zu überlegen, zog er eines der unbeschrifteten Fächer auf und griff hinein.

»Nimm davon ein paar mit, die können dir vielleicht mal nützlich sein.«

»Blaue Pillen? Ist es das, was ich vermute?«

Jacques lachte. »Du hast dich oft genug reproduziert. Nein, die Pillen sorgen für eine kurzfristige Leistungsverstärkung. Die mobilisieren den Tiger in dir. Hast du als Kind ›Immer, wenn er Pillen nahm‹ geschaut? So was kannst du auch, nur mit dem Fliegen, das klappt noch nicht.«

»Und nach der Einnahme liegt man drei Tage im Koma. Das Zeug ist doch voll mit Nebenwirkungen.«

Jacques drückte mir die Pillen in die Hand. »Man muss nicht alles wissen. Mehr als zwei Drittel der Patienten leiden nur deshalb unter Nebenwirkungen, weil sie den Beipackzettel gelesen haben.«

Seufzend ließ ich die Tabletten in meine Tasche kullern. Bei der nächsten Wäsche würden sie sich auflösen.

Zehn Minuten später parkte ich zu Hause vor der Tür. Die Sprachbombe Frau Ackermann blieb mir erspart.

»Papa!«, rief mir Paul entgegen, als ich die Haustür einen Spalt geöffnet hatte. »Ich habe die Garage ganz alleine aufgeräumt. Du brauchst nicht nachzuschauen.«

»Ich schau's mir später an«, sagte ich seufzend zu meinem Sohn und betrat die Wohnung.

Paul legte nach. »Ich habe die Schokolade und die Kekspackungen genommen, die ich zufällig in deinem Büro gefunden habe.«

»Was hast du in meinem Büro zu suchen?«, herrschte ich ihn an und fragte mich, welche Süßigkeiten mein Sohn gefunden hatte. Nach meinen Inventuraufzeichnungen war alles aufgebraucht, und zum Auffüllen war ich nicht mehr gekommen. Außerdem sollte das Büro für meine Kinder tabu sein.

»Ich habe was gesucht«, meinte er lapidar und verschwand im Obergeschoss.

Im Wohnzimmer saß Melanie. Sie setzte ihr gemeinstes Lächeln auf. »Du Paps«, sagte sie ebenfalls begrüßungslos. »Willst du dir gleich die Garage anschauen? Ich glaube, mein kleiner Bruder bekommt ganz schön Ärger.« Verschmitzt gluckerte sie in sich hinein.

»Viel zu müde«, antwortete ich.

Stefanie kam aus dem Kinderzimmer der Zwillinge. »Hallo, Reiner, ich habe so früh gar nicht mit dir gerechnet. Ich mache mich gleich mal ans Essen. Was hättest du denn gerne?«

»Haben wir Feldsalat?«, fragte ich mit überzeugender Miene. »Den habe ich im Luisenpark gegessen. Der hat vorzüglich geschmeckt.« Das Kinderschnitzel verschwieg ich.

»Du … du hast was?«, stotterte meine Frau und Melanie sah mich verwundert an. »Du veräppelst mich doch!«

Ich sah sie ernst an. »Das würde ich mir nie erlauben. Im Ernst, der Salat war vorzüglich. Kriegst du das auch hin?«

Stefanie zog eine beleidigte Miene auf. Mist, da war mein Mund mal wieder schneller als mein Gehirn.

»Bei uns gibt es mindestens dreimal die Woche Salat. Aber du isst ja so gut wie nie davon.«

»Nur wenn es Nudel- oder Kartoffelsalat gibt mit viel Mayo«, quatschte Melanie ungefragt zwischendrein.

»Ich hab's ja verstanden«, kapitulierte ich. »Ab heute will ich ein wenig abnehmen und mehr Sport machen. Ich bin heute absichtlich ganz weit gelaufen und habe nur wenig gegessen.« Zum Beweis legte ich meine Hände auf den Bauch. »Ein bisschen was hat es schon gebracht.«

Stefanie benötigte ein paar Sekunden, um meine neue auf mich bezogene Weltanschauung zu verstehen. »Du meinst das wirklich ernst?«

»So wahr ich hier stehe«, antwortete ich. »Und nach dem Essen trainiere ich auf dem Crosstrainer.«

»Das geht nicht«, warf Melanie ein. »Die Pedale sind in der Garage.«

»Dann hole ich sie mir halt aus der Garage. Wo ist da das Problem?«

Melanie gluckste erneut. »Das wirst du sehen, Papa.«

In die Garage durfte ich heute nicht, wenn ich mir meine gute Laune nicht verderben wollte. »Dann fange ich erst am Wochenende mit dem Training an. Am Samstag habe ich auch mehr Zeit.«

Meine Frau stand immer noch da wie zur Salzsäule erstarrt.

»Glaubst du mir endlich, Stefanie? Ich war sogar bei Jacques. Er hat mir wertvolle Tipps zur Kalorienreduzierung gegeben.« Ich drehte mich zu Melanie. »Du bist doch bei Jacques in der AG. Kannst du mir die Unterlagen zur gesunden Ernährung leihen, damit ich mich darin einlesen kann?«

Stefanie fand ihre Sprache zurück. »Das finde ich fantastisch, Reiner. Gleich morgen Früh besorge ich Feldsalat. Heute gibt's Tofu und Brokkoli. Geht das in Ordnung?«

Ich schluckte. Das ging mir eindeutig zu schnell. Auch wenn ich festen Willens war, abzunehmen. Ein Hardcore-Vegetarier wollte ich nicht werden. Nach einer Beilagen-Schweinshaxe zu fragen, würde im Moment kontraproduktiv sein. »Ab und zu gibt's aber auch eine kleine Fleischbeilage, oder?«

Stefanie lachte. »Natürlich, mein Schatz. Morgen kaufe ich magere Hühnerbrust. Aber sag mal, woher kommt dein plötzlicher Sinneswandel?«

»Wahrscheinlich liegt das an dem Fernmeldeturm in Mannheim. Ich bin da gestern einmal von ganz oben die Treppe bis nach unten und danach wieder nach oben gelaufen. Das war anstrengender, als ich dachte. Naja, und dann gab eines das andere.«

Melanie drückte mir den Mordsstapel Hefte und Broschüren in die Hand, die auf dem Wohnzimmertisch lagen. »Die will ich aber zurück.«

Stefanie, die bereits auf dem Weg zur Küche war, drehte sich noch mal um. »Was machen wir mit Paul?«

»Der wird sich kaum auf unsere Ernährung einstellen«, behauptete ich. »Er ist jung und agil, der braucht seine Kalorien.«

»Eigentlich müsste er zur Strafe mitmachen«, sagte Stefanie nachdenklich. »Süßigkeiten habe ich ihm bis auf Weiteres untersagt. Hast du schon gesehen, wie es in der Garage aussieht?«

»Ich bin eben erst heimgekommen«, lenkte ich von dem Damoklesschwert ab. »Wie lange dauert es, bis der, äh, das köstliche Abendessen fertig ist?«

Eine halbe Stunde später quälte ich mich zum ersten Mal in meinem Leben in vollem Bewusstsein und ohne begleitende Biere durch die gesunde Küche Stefanies. Da ich meine frühere pauschale Ablehnung aufgegeben hatte, konnte ich die einzelnen Bestandteile des Essens neutral bewerten. Der Tofu schmeckte gar nicht so, wie er aussah, was allerdings hauptsächlich an der Würzung lag, wie Melanie mir im Detail erklärte. Auch der Brokkoli schmeckte mit ein paar Gläsern Mineralwasser ganz vernünftig. Klar, den Geschmacksträger Fett vermisste ich schon, und mein Magen knurrte entsprechend laut. Nein, aufgeben war noch nie meine Sache, das würde ich jetzt bis zum bitteren Ende durchstehen, und wenn es Tage dauern würde bis zu meinem Wunschgewicht.

KAPITEL 18 – DIE FRIEDENSKIRCHE IN LUDWIGSHAFEN

Am nächsten Morgen fuhr ich nach einem schmalen Frühstück, das aus einem fettarmen Früchtejoghurt und einem milchfreien Kaffee bestand, zur Dienststelle. Stefanie hatte mir eine Plastikbox mitgegeben, in dem mit Scheibenkäse belegtes Vollkornbrot auf meinen kleinen Hunger wartete.

»Da ist ja unser Reiner zurück«, begrüßte mich Gerhard und tat überrascht. »Die ganze Welt sucht nach dir.«

»KPD?«, riet ich, während ich mich zu ihm setzte.

»Worauf du dich verlassen kannst«, antwortete Jutta und folgte mir an den Besprechungstisch. »Der hat vielleicht mal getobt, sag ich dir. ›Dieser Palzki hängt einfach in der Weltgeschichte herum, und keiner weiß, wo er ist oder was er tut. Dabei habe ich ihm einen wichtigen Auftrag erteilt‹, sagte er gestern. Was meinte KPD damit?«

Ich musste einen Moment überlegen, bevor es mir einfiel. »Blödes Zeug wie immer, wenn etwas von unserem Chef kommt. KPD vermutet, dass die Mannheimer Polizeipräsidentin unseren Studenten Becker abwirbt. Er hat Angst, dass nicht er in seinem nächsten Krimi eine der Hauptpersonen spielt, sondern die Berlinghof.«

»Und wie lautet dein Auftrag? Sollst du den Studenten entführen?«

»Das hatte KPD tatsächlich vorgeschlagen. Auf meine

Einwände hin, will er sich aber zunächst damit begnügen, Becker ein unschlagbares Angebot zu machen.« Ich machte die typische Fingerbewegung für Geld. »Die Schwarzgeldtöpfe wären gut gefüllt, sagte KPD zu mir, und ich soll bitteschön Becker davon überzeugen, sich bei ihm zu melden.«

Meine beiden Kollegen waren sehr neugierig. Um meine Redemotivation zu erhöhen, stellte mir Jutta eine volle Keksdose hin. Ohne wesentlich länger als ein paar Sekunden zu zögern, schob ich die Dose Jutta entgegen. »Danke, ich habe mein eigenes Essen dabei.«

Einen Moment stutzte sie, dann lachte sie laut heraus. »Ach, du meinst die Tüten mit dem Süßkram in meinem Schrank. Soll ich sie dir holen?«

Mist, dieses Depot musste auch noch geräumt werden, das hatte ich bereits vergessen. »Ne, lass mal«, antwortete ich betont lässig, obwohl mir im Reflex die Magensäure hochpoppte. »Das kannst du für die Gästebewirtung nehmen oder wenn Gerhard oder du mal Gelüste habt.«

»Alles in Ordnung mit dir, Reiner?«, fragte Gerhard, und er klang besorgt. »Warst du gestern vielleicht beim Arzt, weil man dich nicht erreichte? Steht es so schlimm um dich?«

Ich klärte den Irrtum auf. »Nein, ich war nicht beim Arzt. Wenn ihr es genau wissen wollt: Ich war beim TSV und im Luisenpark. Becker war fast die ganze Zeit bei mir. Ich habe ihm übrigens ausgerichtet, dass er sich bei KPD melden soll. Ob er es tut, weiß ich nicht, ich bin schließlich nicht sein Kindermädchen.«

Ich holte tief Luft und berichtete den Rest der Wahrheit. »Außerdem bin ich zweimal freiwillig durch den kompletten Park gelaufen und im Restaurant habe ich einen Feldsalat gegessen.« Zur vergleichenden Bestätigung öffnete ich die Brotbox, die mir Stefanie mitgegeben hatte.

»Du bist auf Diät?«, platzte Jutta heraus. »Bist du krank?«

»Muss man krank sein, wenn man abnehmen will? Gerhard, trägst du mich ab nächste Woche täglich in deinen Kalender ein? Bis dahin sollte sich meine Leihstellung in Mannheim erübrigt haben.«

»Du hast den Mörder?«, fragte Gerhard.

»Du nimmst freiwillig ab und machst Sport?«, fragte Jutta zeitgleich.

»Einmal ja und einmal fast ja«, antwortete ich. »Es muss ja nicht gleich ein Marathon sein. Ich wäre euch sehr verbunden, wenn ihr mir diesbezüglich keine Steine, beziehungsweise Kekse in den Weg legt.«

Jutta nickte eifrig und stellte die Keksdose weg. Gerhard war eher mörderfixiert. »Wer ist der Täter?«

»So 100-prozentig ist es noch nicht klar. Ich habe zwei Personen auf meiner Liste und hoffe, dass ich heute ein Stück weiter komme. Ich bin nachher ohne Becker unterwegs. Der weiß nicht, dass ich erst nach Ludwigshafen fahre, bevor es zum Polizeipräsidium Mannheim geht. Wo ist eigentlich Jürgen?«

Jürgen war unser Jungkollege, der immer noch bei seiner Mutter wohnte und deshalb häufig Anlass für Spott und diverse Witze war. Jürgen nahm dies aber niemals übel, mauserte er sich doch inzwischen zu einem geschätzten Kollegen. Auf Jürgen griff ich immer zurück, wenn es etwas zu recherchieren gab. Egal ob es die Suche in unseren internen Polizeidatenbanken war oder eine freie Recherche im Internet: Was Jürgen nicht fand, gab es nicht.

»Der ist heute ganz früh mit KPD weg«, sagte Jutta. »Wir haben keine Ahnung, um was es geht.« Sie schaute zur Uhr. »In einer halben Stunde wollten sie wieder hier sein.«

Ich stand auf. »Dann werde ich mal schnell verduften, bevor ich KPD über den Weg laufe. Ihr habt mich nicht gesehen, ist das klar?«

Während sie mir zunickten, schnappte ich mir einen Zettel und einen Kugelschreiber von Juttas Schreibtisch. »Wenn Jürgen zurück ist, soll er sich gleich um einen Manfred Storck kümmern, der ist Presbyter in der Ludwigshafener Friedenskirche und für das Veranstaltungsprogramm zuständig. Irgendwo muss es eine Akte zu zwei ungelösten Kapitalverbrechen in der Friedenskirche geben. Die soll er ebenfalls raussuchen. Ich versuche, mich im Laufe des Tages bei euch telefonisch zu melden. Ach, da hätte ich noch etwas Heikles. Kann einer von euch inkognito nach Mannheim fahren und im Geheimbüro des Fernmeldeturms ein paar Fingerabdrücke sichern?«

Aus den ratlosen Gesichtern schloss ich, dass meine Kollegen ein Informationsdefizit hatten. Im Schnelldurchlauf erzählte ich ihnen von meiner Entdeckung.

»Wie stellst du dir das vor?« Jutta hob eine Augenbraue. »Wie sollen wir unerkannt auf den Turm kommen?«

»Ihr macht das schon, strengt euch mal ein bisschen an.«

»Mal schauen, was wir für dich tun können«, besänftigte Gerhard. »Irgendetwas wird uns sicher einfallen.«

Ich hob erleichtert die Hand zum Gruß und verschwand.

Während der Fahrt zur protestantischen Rundkirche im Stadtteil Friesenheim versuchte ich, mir den alten Fall ins Gedächtnis zurückzurufen. Das erste Opfer, die Organistin, fand man tot im Gehäuse der Orgel. Gut in Erinnerung hatte ich den runden Innenraum der Kirche, der durch nicht vorhandene Pfeiler wie ein riesengroßes Raumschiff wirkte. Dies lag daran, dass die Kirche freitragend aus einem aus zwölf Pfeilern bestehenden Außenskelett bestand. Als sei dies für einen Statiker nicht herausfordernd genug, stand der Kirchturm mittig auf dem höchsten Punkt der Pfeiler. Somit ragte der Kirchturm direkt über den Köpfen der bis zu 700 Gottesdienstbesucher, die im Übrigen auf einer Theaterbestuhlung mit gepolsterten Sitzen Platz nehmen konnten.

Der zweite Tote, ein Presbyter der Gemeinde, wurde kurz darauf im Kellergewölbe der Kirche gefunden. Bei beiden Opfern lag ein Beutel mit Drogen. Trotz intensiver Bemühungen gelang es nicht, diesen Fall aufzuklären. Vielleicht ergab das heutige Gespräch einen neuen Ansatzpunkt?

Ich parkte neben der Kirche, genau auf der Verbindungslinie Gotteshaus und Imbissstand in der Leuschnerstraße. Selbstbewusst ging ich nicht zum Kaloriengrill, sondern zum Kirchenportal. Da ich unangemeldet kam, wunderte ich mich, dass nicht abgeschlossen war. Als ich im Foyer stand und mich umsah, entdeckte ich auf einer der beiden Freitreppen, die nach oben zum Kirchenraum führte, eine Frau, die augenscheinlich die Treppe wischte.

»Ich suche Herrn Storck!«, rief ich zu ihr hoch.

Die Angesprochene trat zum Treppengeländer, um mich besser sehen zu können. »Haben Sie einen Termin?«

»Ja«, log ich, und sie gab sich mit der Antwort zufrieden. Notlügen sollten auch in einer Kirche erlaubt sein, redete ich mir ein.

»Herr Storck ist im Keller. Kennen Sie sich hier aus?«

»Wie in meiner Garage«, antwortete ich mit Selbstironie, die sie natürlich nicht verstehen konnte.

Ich nahm die Treppe nach unten in das Kellergeschoss. Ein großer Vorraum führte mittels einem breiten Durchgang nach hinten, wo sich die Toiletten befanden. Jetzt wurde es spannend. Wo würde sich Storck aufhalten? Sollte ich ihn überraschen, oder wusste er längst Bescheid, dass ich kam? So fasste ich jedenfalls das Telefonat des Vermessers gestern im Park auf. Ich entschied mich, zu rufen. Vorrangig deshalb, weil der Keller der Kirche sehr eigentümlich ausgebaut war. Der hintere kleinere Teil bestand aus einer Vielzahl von kleinen und kleinsten Räumen: Lagerräume, Heizungskeller, Büros und den Aufzugsschacht gab es hier. Ja sogar ein Aufzug war dabei, der die drei Stockwerke der Kirche behindertengerecht machte. In dieser Vielzahl an Räumen konnte sich Storck mit Leichtigkeit verstecken, wenn er von mir nicht gefunden werden wollte. Hinzu kam der vordere Teil des Kellers: ein einziger Raum mit einer einzigen Zugangsmöglichkeit. Und vor genau dieser offen stehenden Metalltür stand ich jetzt.

»Herr Storck?«, rief ich in das Dunkel des Saals hinein. Richtig dunkel war es nicht. An den Wänden hingen ein paar wenige Notlichter, die die Atmosphäre des riesigen Raums noch beängstigender machten. Alle paar Meter befanden sich, ohne erkennbares System völlig ungeordnet, mal dicke Betonpfeiler und mal dünnere aus Ziegelsteinen, die offensichtlich die Last des gesamten Gebäudes trugen. Die Decke und die Außenwand waren im Rohzustand, hier und da blitzten Armierungseisen durch.

Ich vernahm ein leises Geräusch, das menschlicher Natur sein könnte. Zur Sicherheit wiederholte ich meinen Ruf. »Herr Storck, sind Sie hier?«

Erneut hörte ich das Geräusch, das sich nicht wie ein Echo anhörte. Wie eine menschliche Stimme allerdings auch nicht. Ich ging auf Nummer sicher und rief ein drittes Mal. Nachdem sich das Geräusch – war es ein Röcheln? – bestätigte, war mir klar, dass ich diese Katakomben betreten musste.

Ich wusste nicht, wie Storck mir gesonnen war. Würde er mir hilfsbereit den Auftraggeber des Vermessungstrupps nennen oder mir Steine in den Weg legen, die durchaus tödliche Folgen haben könnten, wenn ich Frau Rambo Glauben schenkte. Möglich war auch eine dritte Variante: Vielleicht war Storck selbst gefährdet, weil sein Auftraggeber wusste, dass ich ihm auf den Fersen war. Was, wenn der Vermesser gestern nicht den Presbyter der Friedenskirche, sondern dessen Auftraggeber angerufen hatte?

Gefahr oder keine Gefahr, das war hier die Frage. Ich beschloss, das Kellergewölbe zu betreten. Das schummrige Licht, das sich an den Pfeilern teilte, warf lange Schatten, was die Orientierung zusätzlich erschwerte. Kein noch so kleines Geräusch drang von außen herein. Hinter jedem der unzähligen Pfeiler konnte er sich versteckt haben. Storcks Heimvorteil versuchte ich mit meiner Taktik zu unterwandern. Ich schlich nicht auf dem direkten Weg von Pfeiler zu Pfeiler nach hinten, wie es jeder Anfänger tun würde. Von der Tür aus führte mein Weg zunächst nach links bis zur Außenwand. Jetzt hatte ich wenigstens eine massive Mauer im Rücken, was mein privates Gefährdungspotenzial etwas minderte. Ich versuchte, in die Hocke zu gehen, um im Entengang zum nächsten Pfosten zu watscheln. Bei diesem Versuch hatte ich allerdings nicht den Muskelkater einkalkuliert, den ich mir vorgestern in Mannheim eingehandelt hatte und der nach wie vor unerträglich schmerzte. Daher musste ich in aufrechter Position durch das Gewölbe schleichen. Längst vermutete ich, dass am anderen Ende, dort wo seinerzeit hinter einer Trennwand der tote Presbyter gefunden wurde, die größte Gefahr lauerte. Um meinem vermuteten Gegner keine weiteren Hinweise zu geben, verzichtete ich selbstverständlich auf weitere Rufe. Da sich die Notlichter in der Mitte des Raums befanden, stand ich an der Außenmauer relativ im Dunkeln. Dies hatte Vor-, aber auch Nachteile, wie mir schmerzlich bewusst wurde, als ich über einen zufällig im Weg liegenden Pflasterstein stolperte. Ich ließ mir mit meiner Aktion Zeit, viel Zeit. Das Geräusch war bisher nicht mehr wiedergekommen. Es waren nur noch ein paar Meter bis zu der breiten Zwischenwand, die mitten in den Katakomben stand und für mich aus baulicher Sicht keinen Sinn ergab. Um zu der Wand zu gelangen, musste ich meine massive Rückendeckung aufgeben. Ich konzentrierte mich auf das vordere Ende der raumhohen Trennwand. Sollte ich ohne Vorwarnung auf die andere Seite springen? Was, wenn Storck bewaffnet war? Doch soweit kam es nicht. Während ich an einem gemauerten Pfeiler vorbei schlich, vernahm ich über mir ein winziges Geräusch. Ich blickte nach oben und dankte meinem feinen Gehör. Wie in Zeitlupe rutschte aus der oberen Mauerreihe ein Betonklotz heraus, mit dem man hier und an anderen Stellen die brüchigen Ziegelpfeiler saniert hatte. Mit einem gewaltigen Hechtsprung – eine andere Möglichkeit sah ich nicht – sprang ich in die dunkle Ecke hinter der Trennmauer. In derselben Sekunde zerbrach hinter mir mit lautem Getöse der Betonklotz in tausend Teile. Mehrere Kieselsteine spritzten an meinen Körper, zwei davon an meinen Kopf. Eine Staubwolke vernichtete die letzte optische Orientierungsmöglichkeit. Trotz mächtiger Schmerzen allerorts bereitete ich mich auf einen Angriff vor. Ich sah zum ersten Mal hinter die Mauer und erschrak bis ins Mark. Im Staubnebel erkannte ich diffus eine Person, die ähnlich wie der Sensenmann einen erhobenen Spaten in der Hand hielt.

»Machen Sie sich nicht unglücklich!«, schrie ich und rollte zur Seite. Würde ich dem Hieb so ausweichen können?

Eine Taschenlampe blendete mich, jetzt war alles zu spät.

»Wer sind Sie?«, fragte die Stimme und trat in meine Richtung. Wenn er noch einen Schritt näherkam, könnte ich ihn an seinen Beinen fassen und so aus dem Gleichgewicht bringen. Doch diesen Gefallen tat er mir nicht.

»Sie sind doch Herr Palzki?«, fragte die Person. Sie stellte den Spaten an die Wand. »Wie kommen Sie in den Kirchenkeller?«

Ich sammelte meine losen Knochen ein, die zu meinem Erstaunen allesamt heil zu sein schienen, und stand auf. Ein paar blaue Flecken hatte ich mir auf jeden Fall zugezogen.

»Sind Sie Manfred Storck?«, riet ich aufs Geratewohl.

»Aber sicher doch«, antwortete er und leuchtete mit der Taschenlampe kurz in sein Gesicht.

»Was haben Sie bei uns im Keller gemacht? Haben Sie den Stein gelöst? Das hätte böse ausgehen können. Für Sie und die Kirche. Ich werde das heute gleich überprüfen lassen, nicht, dass wir jetzt ein statisches Problem mit unserer Kirche haben.«

Sorgen hat der, dachte ich und rieb mir das linke Knie und den rechten Ellenbogen. »Der Block ist von alleine rausgefallen. Oder haben Sie dabei nachgeholfen?«

»Ich?«, fragte Storck überrascht. »Warum sollte ich das tun?«

»Um einen Zeugen zu beseitigen.«

Er runzelte die Stirn. »Zeugen? Wie meinen Sie das? Es ist kein Geheimnis, was ich hier unten mache.«

»Wer weiß davon, dass Sie im Keller der Kirche töten wollen?«, fragte ich neugierig zurück.

Storck antwortete ohne Argwohn. »So ziemlich alle in der Kirchengemeinde. Der Herr Pfarrer und das Presbyterium auf jeden Fall.«

Ich war einer großen Verschwörung auf der Spur. Eine Kirchengemeinde als mordende Gemeinschaft. Klar, dass Storck mich in den nächsten Minuten umbringen wollte, da er so redselig war und mir das Geheimnis der Friedenskirche verriet.

»Sie haben schon öfters getötet?«, fragte ich vorsichtig, während ich nach einer Fluchtmöglichkeit Ausschau hielt.

»Manchmal muss das sein«, antwortete Storck geheimnisvoll lächelnd. »Erst letzte Woche habe ich solch ein Biest erledigt.«

»Sie haben ein Biest erledigt?«

»Ja, eine Ratte. Was dachten Sie? Ich schleiche mich im Dunkeln an, und dann bekommen die Biester eins mit dem Spaten übergebraten. Ich weiß auch nicht, wo diese verflixten Wanderratten immer herkommen.«

Ich atmete erleichtert auf, alles war nur ein Missverständnis gewesen.

Während Storck den Schaden an dem Pfeiler begutachtete, stellte ich eine weitere Frage. »Hat man Ihnen nicht Bescheid gegeben, dass ich komme?«

Der Presbyter schüttelte den Kopf. »Wer soll das gewesen sein?«

»Die beiden Personen, die im Luisenpark mit Vermessungsarbeiten beschäftigt sind.«

»Was, Bonnie und Clyde?« Diese Antwort war Storck offenbar unkontrolliert herausgerutscht. »Welche Vermessungsarbeiten?«, korrigierte er sich. Trotz der bescheidenen Lichtverhältnisse konnte ich erkennen, wie blass er geworden war.

»Kommen Sie, spielen Sie nicht den Unschuldigen. Wir wissen längst Bescheid, das Spiel ist aus.« Ich setzte ihn unter Druck. Wenn das nicht reichte, würde ich ihm sagen, dass eine Armee Polizeibeamte die Kirche umstellt hatte.

»Wa... äh, was wissen Sie bereits?«, fragte er unsicher zurück.

»Alles«, antwortete ich unbestimmt.

Schweiß stand ihm auf der Stirn. Ich sollte es nicht übertreiben, da Storck wohl Erfahrung mit dem Spaten als Waffe hatte.

»Ich habe die Arbeiten nur vermittelt.« Mit einem Arm wischte er sich den Schweiß aus dem Gesicht.

»Kann sein, kann aber auch nicht sein. Bevor ich Sie mitnehme, wollte ich Ihnen Gelegenheit geben, reinen Tisch zu machen. Das könnte sich strafmildernd auswirken.«

»Wieso strafmildernd? Ich habe doch gar nichts Verbotenes gemacht!« Seine Hände zitterten.

»Das sagen alle Gauner«, ging ich jetzt in die Offensive. »Was ist nun? Erzählen Sie mir die Geschichte?«

Er knickte ein. »Kommen Sie mit.«

Storck ließ den Spaten stehen. Wir verließen die Katakomben und gingen in eine kleine Werkstatt im Kellergeschoss, in der ein Tisch mit mehreren Klappstühlen stand.

»Möchten Sie etwas trinken?«

Ich verneinte. Das würde noch fehlen, dass er mich vergiftete.

Storck holte aus einer Ecke eine Flasche Wasser und setzte sich. »Ich kenne nicht einmal den richtigen Namen der beiden«, begann er. »Sie sind für mich schon immer Bonnie und Clyde.«

»Weil sie ähnlich kriminell sind wie die beiden Filmhelden?«, unterbrach ich.

»Keine Ahnung, von was die beiden leben. Das ist mir auch egal. Von Zeit zu Zeit versorge ich sie mit einem kleinen Auftrag, so wie im Moment mit den Vermessungsarbeiten. Das ist aber nichts Illegales!«, betonte er.

»Nicht illegal? Das meinen Sie nicht im Ernst, oder? Frau Rambo hat mir gesagt, dass sie sagen sollen, sie arbeiten im Auftrag der Stadtverwaltung, wenn sie gefragt wird.«

»Frau Rambo? Das ist gut, Herr Palzki. Das trifft es ganz gut.« Er machte eine kleine Pause. »Von mir aus, eine kleine Notlüge, was soll's? Die beiden machen schließlich nichts kaputt.«

»Lassen wir die beiden einmal außen vor. Was wollen Sie mit dem Ergebnis der Vermessungsarbeiten anfangen?«

»Ich? Nichts, Herr Palzki. Ich habe die Arbeit nur vermittelt. Das mache ich hin und wieder. Ich bin Spezialist für die Vermittlung von nicht alltäglichen Arbeiten. Aber nichts Kriminelles!«, betonte er.

»Soso.« Ich fixierte ihn. »Und wer ist der Auftraggeber?«

Storck verschränkte die Arme. »Das darf ich leider nicht verraten. Das ist Teil der Abmachung. Diskretion ist mein zweiter Vorname.«

Ich verschränkte ebenfalls die Arme, um ihn damit ein wenig zu provozieren. »Das ist leider nicht die Antwort, die ich erwartet habe.« Ich stand auf. »In einer Viertelstunde wird ein Spezialeinsatzkommando vor Ort sein und auch den kleinsten Stein in dieser Kirche umdrehen. Das wird leider auch die Öffentlichkeit mitkriegen. Außerdem muss ich Sie jetzt bitten, mit mir nach Schifferstadt zu fahren. Dort erwartet Sie das eine oder andere Kreuzverhör.«

Das »Kreuzverhör«, das es eigentlich nur im angloamerikanischen Prozessrecht gibt, zeigte Wirkung.

»Ich bitte Sie, Herr Palzki, setzen Sie sich doch wieder.«

Na bitte, ich hatte ihn geknackt.

»Es ist eine Rechtsanwältin aus Speyer«, begann Storck mit der Beichte. »Aber das haben Sie nicht von mir, okay? Die bringt es fertig und lässt mich umbringen. Ich habe gehört, dass sie mit Verrätern kurzen Prozess macht. Offiziell spielt sie die Superfreundliche, doch hinten rum ist sie ein brutales Tier. Sie bezahlt sehr gut, aber ich habe Angst vor ihr.«

»Ich kann Ihnen nichts versprechen. Im Normalfall wird Sie die Polizei aber vor Handgreiflichkeiten beschützen. Im Prinzip hätten Sie sich das aber vorher überlegen sollen, auf was Sie sich da einlassen. Merken Sie sich, die Polizei erfährt früher oder später einfach alles. Jetzt bräuchte ich nur noch den Namen der Anwältin und die Adresse. Dann sind Sie mich auch schon los.«

»Martina Meyer«, flüsterte er. »Mit ey.« Nach einem langen Seufzer nannte er mir die Speyerer Adresse.

»Na sehen Sie, geht doch«, sagte ich zum Abschluss. Ich notierte mir die Daten und kam gleichzeitig auf eine noch ganz andere Idee.

»Der Tod Ihrer Organistin und des Presbyters, war das auch Ihr Werk? Haben Sie vielleicht Bonnie und Clyde als Killer angeheuert?«

Storck sprang aus seinem Stuhl auf. »Aber nie im Leben! Ich habe keine Ahnung, wer die beiden ermordet hat. Das hat mit meiner Vermittlungstätigkeit absolut nichts zu tun. Das gilt auch für den Drogenfund. Solche Dinge lehne ich grundsätzlich ab.«

Die Antwort war zu erwarten gewesen, selbst wenn *grundsätzlich* nicht *generell* bedeutete. Wenn er der Mörder oder zumindest ein Handlanger wäre, würde er dies ohne Not wohl kaum mir gegenüber zugeben. Ich nahm mir vor, die damalige Akte noch mal genau zu studieren.

»Dann verabschiede ich mich jetzt, Herr Storck. Ich bitte Sie, Frau Meyer mit ey nicht anzurufen und sie über unser Gespräch zu informieren.«

»Ich bin doch nicht lebensmüde. Dann weiß sie doch sofort über mich Bescheid, wenn Sie bei ihr auftauchen.«

Mit meiner durch den Hechtsprung verschmutzten Kleidung konnte ich bei der Speyerer Rechtsanwältin nicht auftauchen, auch wenn sie noch so halbseiden war. Ich musste zu Hause vorbeifahren und mich umziehen. Das Haus war leer, vermutlich war Stefanie leckere Sachen einkaufen gegangen. Dadurch blieben mir viele Fragen erspart. Die diversen aufgeschürften Körperstellen versorgte ich großzügig mit Heftpflaster.

KAPITEL 19 – MEYER MIT EY

In der Dienststelle lief es schlechter. Auf dem Flur lief ich KPD in die Arme.

»Da sind Sie ja endlich!«, brüllte er über den Flur, sodass mehrere Kollegen neugierig aus ihren Büros traten. »Ich dachte schon, Sie sind ausgewandert, Palzki. Kommen Sie, kommen Sie!« Er zeigte auf die offene Tür zu seinem Bürosaal.

Um die Hierarchie zwischen uns beiden zu verdeutlichen, machte er es sich hinter seinem opulenten Schreibtisch bequem, auf dem durchaus ein größerer Pkw Platz gehabt hätte. Ich setzte mich nicht, wie von meinem Chef erwartet, auf den niedrigen Hocker am anderen Ende des Tisches, sondern in die bequeme Luxus-Sitzgruppe zwischen dem elffachverglasten Panoramafenster und seiner Privatbibliothek.

»Was machen Sie da drüben?«, rief KPD zu mir. »Machen Sie mir keine Flecken auf das Rochenleder.«

»Kleiner Arbeitsunfall«, schrie ich aufgrund der Entfernung zurück. »Ich habe mich im Einsatz verletzt, der Rücken, Sie verstehen.« Ich fläzte mich in den Sessel.

KPD blieb nichts anderes übrig, als seine Stellung aufzugeben und zu mir zu kommen. »Ich erkenne ja Ihren Willen an, Palzki. Trotz Verletzung kommen Sie zum Dienst, das macht nicht jeder meiner Untergebenen. Dafür trage ich Ihnen ein Sternchen in Ihre Personalakte ein. Aber warum waren Sie die ganzen Tage unauffindbar?«

KPD tat, als wäre ich seit Wochen verschwunden. »Ich war im Undercovereinsatz, Herr Diefenbach. So, wie Sie es mir beigebracht haben.« KPD hatte mir bisher noch nie etwas Sinnvolles beigebracht.

»Trotzdem«, sagte KPD, schon eine Spur beruhigter. »Irgendwie ist das alles aus dem Ruder gelaufen. Herr Becker hat sich erst vorhin gemeldet. Aber er hat Sie seit gestern ebenfalls nicht mehr gesehen.« Er seufzte. »Von allen Seiten erlebe ich Enttäuschungen. Becker weigert sich, im Moment mit mir zusammenzuarbeiten. Vielleicht will er nur den Preis in die Höhe treiben. Dann diese Berlinghof, eine Katastrophe! Sie lässt sich ständig am Telefon verleugnen. Ich denke, es wird langsam Zeit, dass ich eingreife und diesen Mordfall höchstpersönlich löse. Das wird die größte Blamage für das Mannheimer Polizeipräsidium!« KPD hatte sich in Rage geredet. »Und jetzt waren auch Sie noch abgängig, Palzki! Statt endlich diesen Mörder zu fangen, tauchen Sie unter und lassen andere die Arbeit tun. Immer muss man alles selber machen.« KPD war wütend. Er sah mich mit funkelnden Augen an. »Palzki, können Sie eigentlich schreiben?«

Was war das jetzt für eine hirnrissige Frage? »Ich habe mal einen Volkshochschulkurs belegt«, antwortete ich frech. »Für die Polizeilaufbahn hat das gereicht.«

»Ich muss mich wehren«, sprach KPD weiter, ohne auf meine Antwort einzugehen. »Wenn diese Berlinghof und dieser Becker gemeinsame Sache machen, muss ich qualitativ höherwertig nachlegen. Was halten Sie von dem Titel ›Diefenbachs Ermittlungsakte – Den Gaunern auf der Spur‹?«

»Ein bisschen sperrig für ein Sachbuch«, antwortete ich wahrheitsgemäß.

»Das soll kein Sachbuch werden, sondern der Beginn einer neuen Krimireihe. Mit mir als alleiniger Protagonist. Was halten Sie von meiner sehr guten Idee?«

Die Frage war nur rhetorisch, denn sofort sprach er weiter. »Das wird ein größerer Bestseller als diese Bücher von Herrn Becker, das habe ich im Gefühl. Und Sie werden die Manuskripte schreiben, Palzki.«

»Ich?«, antwortete ich erschrocken. »So gut war der Volkshochschulkurs auch wieder nicht.«

»Sie sollen bloß abtippen. Den Krimi diktiere ich in die Computeranlage oder in ein Diktiergerät. Sie setzen sich ein Headset auf und tippen meine erstklassige Geschichte ab. Einen Verlag benötige ich bei meinem Ruf als guter Chef nicht. Von meinem Krimi lasse ich für den Anfang gleich mal 10.000 Stück, nein, besser 20.000 Stück drucken. Der Krimi wird sich wie geschnitten Brot verkaufen, Sie werden sehen.«

KPDs Probleme möchte ich haben, dachte ich angesäuert und stand auf. Hier half nur Flucht. »Ich kann auf diesem unbequemen Sessel nicht sitzen, Sie verstehen, mein Rücken.«

»Unbequem?« KPD setzte einen wirren Klaus-Kinski-Blick auf. »Der Sessel ist mit sauteurem Rochenleder bezogen. Dafür haben Hunderte Autofahrer zu schnell fahren müssen.«

»Stinken tut er auch.« Ich hinterließ einen ratlosen Chef. Ohne weiter angesprochen zu werden, konnte ich den Ausgang erreichen. In ein paar Minuten würde ich wieder weg sein. Doch zuvor musste ich kurz zu meinen Kollegen.

»Prima, dass du da bist, Jürgen«, begrüßte ich unseren Jungkollegen. Gerhard und Jutta saßen am Besprechungstisch und reparierten eine Kaffeemaschine.

»KPD war heute sicher schon ein Dutzend Mal hier und hat dich gesucht. Wo hast du nur gesteckt?«, fragte Jutta.

»Ich war eben bei ihm«, antwortete ich. »Eklig, wie seine neue Couchgarnitur muffelt. Irgendwie nach Fisch.«

Jürgen, der an Juttas Computer saß, sah betrübt aus. »Freust du dich nicht, mich zu sehen?«

»Es ist wegen KPD, der nervt.«

»KPD nervt immer, das ist nicht außergewöhnlich.«

Jürgen lachte kurz auf. »Aber mich besonders. Ich soll ihm heute noch die besten Druckereien im Umkreis heraussuchen, weil er Ende der Woche seinen ersten Krimi in Druck geben möchte. Das ist der Wahnsinn, Reiner.« Jürgen rollte mit den Augen. »Ich war heute Früh mit ihm unterwegs, der hat die ganze Zeit nur wirres Zeug in sein Diktiergerät gesprochen. So einen Typen würden wir sofort in die geschlossene Psychiatrie bringen.«

»Bis zum Ende der Woche?«, hakte ich nach. »Spinnt der jetzt komplett?«

»Bei dem Tempo, das er beim Diktieren drauf hat, schafft er 1.000 Seiten«, bekräftigte Jürgen.

»Ich meine etwas anderes«, versuchte ich zu erklären. »KPD will, dass ich sein Manuskript abtippe, mit Headset und so.«

Für einen kurzen Augenblick war es mucksmäuschenstill. Dann lachten drei Personen schallend. »Du? Ausgerechnet du?« Jutta schnappte nach Luft.

»Eben nicht«, widersprach ich. »Ich habe Besseres zu tun, als mich um die Verrücktheiten unseres Chefs zu kümmern. Jürgen, hast du diesen Storck von der Friedenskirche durchleuchtet?«

Jürgen wischte sich eine Lachträne aus dem Augenwinkel. »Ich hatte dazu bisher keine Zeit. KPD hat die

Suche nach den Druckereien auf höchste Priorität gesetzt. Weißt du, woran er die Qualität der Druckereien misst? Du glaubst es nicht: anhand des Preises. Je teurer, desto besser muss sie sein, behauptet KPD.«

»Die höchste Priorität hat in unserer Fabrik immer noch die Verbrechensbekämpfung. Ich bin einem Mörder auf der Spur, vielleicht sogar mehreren.« Ich gab ihm die handgeschriebene Notiz mit der Adresse der Rechtsanwältin. »Da fahre ich jetzt hin. Kannst du bitte mal schauen, wo das genau ist? Und wenn ich zurückkomme, möchte ich alles über diesen Storck und diese Rechtsanwältin Meyer wissen. Hast du das verstanden?«

Bei den letzten beiden Sätzen hatte ich meinen Tonfall verschärft. Für KPDs Mätzchen war jetzt wirklich keine Zeit. Ich war fest gewillt, den Mannheimer Ermittlungsfall in Kürze erfolgreich abzuschließen. Ich hatte es im Gefühl, dass mir nur noch sehr wenige Informationen fehlten, um den oder die Täter überführen zu können.

Gerhard war über meine Autorität erstaunt. »Seit du auf Diät bist, bist du ein anderer Mensch, Reiner. Übrigens haben wir einen Kollegen nach Mannheim geschickt. In ein oder zwei Stunden hast du deine Fingerabdrücke, vorausgesetzt, es gibt welche.«

Jürgen winkte hinter dem PC hervor. »Wahnsinn, Reiner. Die Kanzlei liegt keine 100 Meter von der ›Currysau‹ entfernt.« Er gab mir einen Ausdruck. »Ich habe dir die Anfahrtsskizze ausgedruckt.«

»Das wird eine harte Bewährungsprobe«, meinte Gerhard gehässig, während er einen Keksriegel auspackte, der zu meiner ehemaligen Notration gehörte. Er biss herzhaft hinein.

»Ihr werdet euch wundern«, sagte ich trotz Speichelüberfluss und verschwand, bevor ich die Kontrolle über mich verlor.

Der Konflikt mit der »Currysau« am Speyerer St.-Guido-Stifts-Platz war mir längst bewusst. Früher oder später wäre es sowieso so weit gekommen, warum also nicht gleich? Mein Wille war trotz Gerhards gemeiner Aktion nach wie vor ungebrochen.

Mit den schlechtesten Voraussetzungen, einem knurrenden Magen im dreistelligen Dezibelbereich, parkte ich neben meinem Lieblingsimbiss »Currysau« in Speyer.

Wenn ich die nächsten Minuten überstehen würde, hätte ich gewonnen. Ich mobilisierte mein komplettes Vernunftzentrum und sprach mantramäßig vor mich hin: »Ich habe keinen Hunger, ich habe keinen Hunger.«

Höchst konzentriert betrat ich den Wintergarten.

»Hallo, Reiner«, schallte es mir von Robert, dem Eigentümer des Kulttempels, entgegen. »Schon lange nicht mehr gesehen. Wo warst du die letzten drei Tage?«

Schweigend trat ich näher.

Robert fiel mein Zustand nicht auf. »Wie immer einen Palzki-Burger und drei Cheeseburger mit Pommes und Mayo als Sättigungsbeilage?«

»Nur 'ne Cola light, bitte«, murmelte ich.

»Wie bitte? Ich habe dich nicht richtig verstanden, Reiner.«

»Ich hab's mit dem Magen. Bitte nur eine Cola light.«

Robert sah mich entgeistert an. »Hoffentlich hast du nichts Ernstes. Wenn du als Kunde ausfällst, kann ich Insolvenz anmelden.« Er sah mich an. »Gut siehst du wirklich nicht aus. Kann es sein, dass du abgenommen hast? Musst du ins Krankenhaus? Vielleicht organisiere ich dir zuliebe einen Lieferservice in die Klinik.«

»Alles in Ordnung«, beruhigte ich ihn. »Gib mir nur eine Cola.«

»Cola? Bei Magenschmerzen? Ne, das geht gar nicht. Ich brüh dir schnell einen Kamillen-Holunder-Tee mit einem Schuss Zitrone auf. Was Besseres gibt es nicht.«

»Ich bin auf Diät. Freiwillig.« Jetzt war es draußen.

Robert war wie vor den Kopf gestoßen. »Du? Diät? Ich wusste gar nicht, dass dieses Wort zu deinem aktiven Wortschatz gehört. Du musst wirklich sehr krank sein.«

Er hatte ein Einsehen mit mir und brachte die gewünschte Cola light. Nachdem er eine Kundin bedient hatte, flüsterte er mir etwas zu, damit es die anderen Gäste im Wintergarten nicht mitbekamen. »Ich kann dir ein paar Salatblätter geben, die wir auf manche unserer Burger legen. Selbstverständlich ohne Salatsoße. Die anderen Gäste dürfen das aber nicht sehen, ich will schließlich nicht meinen Ruf schädigen. Ruckzuck postet ein Gast ein Foto von dir und dem Salat und lädt es bei Facebook hoch. Ich sehe schon die Schlagzeile vor mir: *Neu bei der Currysau: Hasenfutter*. Ne, das geht nicht. Das müsstest du hinten bei uns in der Küche essen, damit dich kein Gast sieht.«

»Keinen Salat«, beschied ich Robert. »Das bekomme ich jeden Tag zu Hause. »Diätburger oder so was in die Richtung hast du nicht zufällig im Angebot? Das wäre doch eine Marktlücke für deinen Kulttempel.«

Robert schüttelte den Kopf. »Der Schuss würde nach hinten losgehen. Burger ohne Kalorien, die schmecken sollen, das gibt's nicht. Das wäre wie das Perpetuum mobile. Ohne den Geschmacksträger Fett schmeckt kein Burger. Damit würden wir unserem Ruf nachhaltig schaden.« Robert zeigte auf eine der vielen Tafeln, die im Wintergarten hingen. »Ab morgen haben wir unsere beliebten herzhaften Suppen im Angebot. So ganz kalorienfrei sind die aber auch nicht.«

Ich trank meine Cola aus und verabschiedete mich mit betrübter Miene. Robert schaute mir mit gleichem Gesichtsausdruck nach. Würde ich durch meine Enthaltsamkeit die Speyerer Wirtschaft schädigen? Würde ich Robert und seinen Bruder in nachhaltige wirtschaftliche Schwierigkeiten bringen? Was passierte mit seinen Angestellten? Wäre ich schuld an ihrer Arbeitslosigkeit? Sobald ich den Parkmörder entlarvt hatte, würde ich mich um diese Herzensangelegenheit kümmern.

Die Kanzlei der Rechtsanwältin Martina Meyer war leicht zu finden. Ich ersparte mir das Klingeln, da die Eingangstür unverschlossen war. Hinter einer Theke saß eine junge Rechtsanwaltsgehilfin, deren Füße auf der Theke lagen, während sie sich die Fingernägel grün lackierte. Erst als ich unmittelbar vor der Theke angekommen war, zuckte sie mit einem schrillen Schrei zusammen. Hastig zog sie sich die Ohrstöpsel aus dem Ohr, die mit ihrem Handy verbunden waren.

»Wa... was ... äh, machen Sie hier?«, stammelte sie mich mit großen Augen an.

Mir war bereits ein dummer Spruch auf der Zunge gelegen, doch rechtzeitig konnte ich mich beherrschen.

»Ich möchte Frau Meyer sprechen.«

»Haben Sie einen Termin?« Eingeschüchtert schaute sie auf einen Monitor. »Ich kann keinen Eintrag finden.«

»Es ist dringend«, beharrte ich.

»Tut mir leid, Frau Meyer ist nur nach Terminvereinbarung zu sprechen. Ich kann Ihnen morgen 14 Uhr anbieten.«

»Und ich biete Ihnen sofort an.« Mit grimmiger Miene hielt ich ihr meinen Ausweis unter die Nase. »Geht's da zu ihrem Büro?« Ich zeigte auf eine Schallschutztür.

»Ja«, antwortete sie. »Das heißt, das geht jetzt nicht. Frau Meyer ist in einer Besprechung.«

Während sie sich hastig den Telefonhörer schnappte, hatte ich die gepolsterte Tür bereits geöffnet. Im gleichen Moment sauste mir ein wuscheliger Gegenstand an den Kopf, der mich beinahe in die Horizontale zwang. Ich schnappte nach dem Bündel und bemerkte, dass es sich um eine schneeweiße Katze in Übergröße handelte. Bevor ich sie auf den Boden werfen konnte, zog sie mir mit einem Fauchen einen schmerzhaften Kratzer über die Wange.

»Miststück verfluchtes«, schimpfte ich erschrocken. Die Riesenkatze verschwand im Vorzimmer. Während ich meinen Kratzer befühlte, sah ich hinter dem Schreibtisch die dunkelblonde Rechtsanwältin, die gerade den Telefonhörer auflegte. Auf ihrem Schoß saß eine identische Katze, allerdings in Tiefschwarz.

Sie setzte ihre Katze auf den fast leeren Schreibtisch und stand auf. Sie richtete ihr Businesskostüm und zupfte sich zwei oder drei Katzenhaare vom Blazer. Dann kam sie auf mich zu.

»Nanu, Polizei im Haus? Was kann ich für Sie tun, Herr – äh?«

»Palzki, Reiner Palzki«, antwortete ich. »Ihre Katze ist waffenscheinpflichtig.«

Die Rechtsanwältin lachte. »Tai und Chi sind sehr temperamentvoll. Es sind wertvolle osttibetische Springkatzen und sehr selten. Ich habe sie aus Münster mitgebracht, wo ich bis vor Kurzem gewohnt habe. Die beiden sind noch in der Eingewöhnungsphase.«

Der Dialekt der Juristin war mir sofort aufgefallen. Ich hatte ihn zwar in Richtung Ruhrgebiet verortet, doch so weit lag Münster davon gar nicht entfernt.

»Frau Meyer …«, begann ich mit der Befragung.

»Meyer mit ey«, verbesserte sie mich sofort. »Mein Name wird hell und freundlich betont, nicht so tief und brummig wie in Bayern mit dem schrecklichen ay oder ai.« Sie schüttelte sich. »In der Pfalz passiert mir das ständig, dass man meinen Namen falsch ausspricht. Dabei fühle ich mich in Speyer so wohl. Insbesondere das kulinarische Angebot überzeugt mich.«

Na ja, jeder Mensch hat so seinen Spleen, dachte ich mir. Außerdem fiel mir auf, dass sie unablässig nervös mit einem silbernen Armreif spielte.

Um von weiteren Katzenangriffen verschont zu bleiben, versuchte ich, die Rechtsanwältin in die Sprunglinie zur zweiten Katze zu bewegen, die nach wie vor auf dem Schreibtisch saß und uns beobachtete.

Mit deutlicher Betonung wiederholte ich meine Anrede. »Frau Meyer, ich benötige ein paar Auskünfte von Ihnen.«

Sie zeigte auf eine kleine Besprechungsgruppe, deren Stühle voll mit Katzenhaaren waren. Mit leichtem Ekel setzte ich mich. Die offene Kekspackung ignorierte ich gleich aus zweierlei Gründen.

»Solange ich den Schutz meiner Mandanten gewährleisten kann, helfe ich Ihnen gerne, Herr Palzki. Um was geht es denn?«

»Es geht um den Luisenpark.«

Sie wirkte wenig überrascht, wahrscheinlich war sie längst über meinem Besuch informiert.

Da in dem Moment ihre Gehilfin den Kopf zur Tür rein steckte, musste sie nicht sofort antworten.

»Frau Meyer, ich hole jetzt unser Essen bei der ›Currysau‹. Soll ich Ihnen das Übliche mitbringen?«

»Bitte heute nur vier Cheeseburger, dafür eine Portion Pommes zusätzlich.« Sie schaute mir auf den Bauch – warum passierte mir dies in letzter Zeit ständig?

»Möchten Sie auch etwas, Herr Palzki? Sie sehen aus, als könnten Sie einen deftigen Burger schaffen.«

Im Reflex knurrte mein Magen dermaßen laut auf, dass die Katze vor Schreck vom Schreibtisch fiel und aufjaulte.

»Nein danke, ich habe zurzeit eine Unpässlichkeit mit dem Magen.«

Nachdem das Büromädchen verschwunden war, nahm die Juristin den Ball wieder auf. »Luisenpark, den kenne ich. Da war ich schon mal.«

Ich beschloss, auf Kollisionskurs zu gehen. Sonst würde ich morgen noch hier sitzen und um den heißen

Brei herumreden. »Entweder Sie sagen mir jetzt, was es mit den Vermessungsarbeiten im Park auf sich hat, oder ich bringe Sie nach Mannheim. In Baden-Württemberg hat die Exekutive ganz andere Möglichkeiten als bei uns in Rheinland-Pfalz, oder von mir aus in Nordrhein-Westfalen. In Mannheim soll schon der eine oder andere Rechtsanwalt, der nicht kooperierte, spurlos verschwunden sein. Das berüchtigte dritte Untergeschoss des Polizeipräsidiums in Mannheim ist noch original 18. Jahrhundert. Die Zellen und die Befragungsmethoden ebenfalls.«

»Herr Palzki!« Meyer japste vor Lachen. »Ich bin Juristin. Mit solchen Märchen können Sie mich nicht einschüchtern. In unserem Rechtsstaat gibt es so etwas nicht. Oder wollen Sie mir ernsthaft drohen?«

»Haben Sie eine Ahnung«, entgegnete ich mit ernster Miene. »Bis vor ein paar Tagen dachte ich wie Sie. Sogar meinen Chef, den bekannten Dienststellenleiter der Schifferstadter Kriminalinspektion, hatte man im Tiefgeschoss des Präsidiums eingekerkert. Und das nur, weil er bei einer Mordermittlung in Mannheim helfen wollte. Ich bin Zeuge, Frau Meyer, was ich Ihnen erzähle, das ist die harte Realität.«

Die Juristin wusste immer noch nicht so recht, ob sie mir glauben sollte. »Das ist doch alles Humbug, Herr Palzki.«

»Sie können es gerne drauf ankommen lassen, Frau Mayer.« Provokativ hatte ich Ihren Namen so bayrisch wie möglich ausgesprochen. »Es gibt nur zwei Möglichkeiten: Entweder verlasse ich Ihr Büro mit den Informationen, die ich benötige, oder wir verlassen diesen Raum zu zweit, Sie allerdings in Handschellen.« Zum zweiten

Mal innerhalb kürzester Zeit konnte ich das psychologische Zwei-Alternativen-Auswahl-Programm fahren. In diesem Fall war die von mir vorgeschlagene zweite Alternative leider nur ein großer Bluff.

Die Rechtsanwältin holte tief Luft. »Das wird ein Skandal, wenn nur eine Silbe von Ihrem Gerede wahr sein sollte. Ich weiß mir zu helfen, Herr Palzki. Spätestens morgen sind Sie Ihren Job los, dafür werde ich höchstpersönlich sorgen.«

Ich musste sie knacken. Ohne Zweifel war sie ein harter Brocken. Ich musste tiefer in die Trickkiste greifen. Wenn das KPD erfahren würde, wäre ich tatsächlich meinen Job los.

»Das ist mir egal, Frau Meyer.« Ich grinste sie frech an. »Die aktuellen Ermittlungen sind sowieso meine letzten. Danach scheide ich aus dem Dienst aus. Krankheitsbedingt«, ergänzte ich. »Nur diese Morde will ich noch aufklären, der Rest ist mir ...«

»Morde?«, schrie sie mir entgegen. »Damit habe ich nichts zu tun.«

»Das werden die Folterknechte in Mannheim in kürzester Zeit verifizieren. Deren Möglichkeiten sind wirklich überzeugend. Wollen wir uns gleich auf den Weg machen?«

»Niemals!«

»Dann erlaube ich mir, andere Methoden anzuwenden.« Ich vermied das Wörtchen Gewalt. Ich musste sowieso aufpassen. Laut Manfred Storck sollte sie eine gewalttätige Person sein. Wahrscheinlich hatte sie sich bisher aber nie selbst die Hände schmutzig gemacht.

»Wir sind allein, Ihr Vorzimmermädchen ist weg.« Ich lächelte sie falsch an. Meyer trotzte. Mit verschränkten

Armen setzte sie sich aufrecht hin. Selbst der Armreif blieb nun unbespielt.

Ich erkannte, dass ich so nicht zum Ziel kam. Nun war es Zeit für meinen Joker mit dem Geländeplan. Umständlich öffnete ich die Pappröhre und legte den Plan auf den Tisch. »Wir wissen alles«, sagte ich zur Erläuterung.

Martina Meyer erkannte den Plan sofort. »Wo haben Sie den her?«, fragte sie erstarrt.

»Gefunden«, antwortete ich. »Die Spur führt jedenfalls zu Ihnen. Und da der Plan unmittelbar mit den beiden Todesfällen im Park zu tun hat, sind Sie eine unserer Hauptverdächtigen.«

In diesem Moment verlor sie die Fassung und zeigte ihr wahres Ich. Mehrere Minuten lang fluchte und tobte sie wie eine Verrückte. Mehrmals fielen die Worte »Storck« und »Verräter«. Die schwarze Katze strich um ihre Füße und miaute mitfühlend zu ihrem Frauchen hoch.

»Wer ist Ihr Auftraggeber?«, herrschte ich sie an, nachdem sie ihre Tobattacke weitgehend beendet hatte.

»Das kann ich Ihnen auf keinen Fall sagen. Ich weiß nur, dass es mit den Todesfällen nichts zu tun hat. Dafür lege ich meine Hand ins Feuer.«

»Schade um Ihre Hand. Passen Sie auf alle Fälle auf Ihren Armreif auf, wenn Sie die Hand ins Feuer legen.«

Für einen Moment war sie irritiert. »Ich darf Ihnen das wirklich nicht sagen.«

»In diesem Fall muss ich Sie leider mitnehmen, Frau Meyer mit ey.«

Sie begann zu zittern. Um dies zu verbergen, nahm sie ihre Katze auf den Arm und streichelte sie. »Sagt Ihnen der Name Friedrich Engelhorn etwas?«

»Natürlich, das ist der Gründer der BASF. Aber was soll der mit dem Luisenpark zu tun haben?«

»Wenn Sie wüssten!«, sagte sie und seufzte.

»Dann klären Sie mich bitte mal auf.« Ich war schon sehr gespannt, welche Lügengeschichte sie mir erzählen würde.

»Engelhorn war bereits 1851 Mitinhaber der ›Badischen Gesellschaft für Gasbeleuchtung‹ in Mannheim. Zehn Jahre später gründete er eine Teerfarbenfabrik. Da zu dieser Zeit Farbstoffe für die Seiden- und Wollfärberei sehr gefragt waren, wollte er zu dessen Herstellung ein weiteres Unternehmen gründen, und zwar die ›Badische Anilin und Soda Fabrik‹. Als Geldgeber für die Gründung trat ein gewisser Seligmann Ladenburg in Erscheinung, ein Bankier aus Mannheim.«

Jetzt war ich mit dem Seufzen an der Reihe. Jeder Kurpfälzer wusste, dass die BASF zu Beginn in Mannheim angesiedelt werden sollte, dann aber wegen irgendwelchen Streitereien in Ludwigshafen gebaut wurde. Sonst würde sie »Pfälzische Anilin und Soda Fabrik« heißen.

»Das habe ich in der Schule gelernt«, antwortete ich gelangweilt. »Den Bankier kenne ich aber nicht. Heißt der wirklich Ladenburg mit Nachnamen?«

»Ja, genau wie das Städtchen in der Nähe von Mannheim.«

Ich bedeutete ihr, in ihrem Bericht fortzufahren.

»Die beiden, also Engelhorn und Ladenburg sowie sechs weitere Mitstreiter aus Ladenburgs Familie, hatten aber nicht mit der bereits vorhandenen Konkurrenz gerechnet, die sich über den Stadtrat gegen eine Ansiedlung in Mannheim wehrte.«

»Deswegen ist Engelhorn nach Ludwigshafen gegangen«, ergänzte ich sie, um meine Bildung zu demonstrieren.

Die Juristin zitterte nicht mehr, aus welchem Grund auch immer. »Die Hintergründe sind sehr interessant, Herr Palzki. Im April 1865 wollte das Bankhaus Ladenburg im Auftrag der Fabrik 144.000 Quadratmeter Land kaufen. Der Gemeinderat und der Kleine Bürgerausschuss stimmten dem Erwerb zunächst zu, der Große Bürgerausschuss lehnte mit großer Mehrheit ab, weil ein sogenannter ›Verein Chemischer Fabriken‹ ein hohes Scheinangebot abgab, um die drohende Konkurrenz zu vereiteln. Damit platzte der Kauf des Geländes. Engelhorn und Ladenburg waren verärgert und kauften noch im gleichen Monat ein Grundstück in Ludwigshafen.«

»Und der Rest ist Geschichte«, ergänzte ich. »Was hat das mit dem Luisenpark zu tun?«

»Ganz einfach«, sagte Meyer. »Das Gelände gehörte der Stadt Mannheim und befand sich in der Gewanne Rosengarten bei den großen Neuwiesen am linken Neckarufer, direkt südwärts der heutigen Ebertbrücke.«

Jetzt kapierte ich. »Wenn der Große Bürgerausschuss nicht abgelehnt hätte, befände sich die BASF heute auf dem Gelände des Luisenparks?«

»Genau«, bestätigte Meyer. »Das ist aber noch nicht alles. Jetzt wird es erst richtig interessant.«

Ich versuchte, mich weiterhin zu konzentrieren, auch wenn es wegen der Katze sehr schwierig war. Sie saß auf dem Schoß der Juristin, gaffte mich aber die ganze Zeit an, als würde sie jeden Moment zum Sprung in mein Gesicht ansetzen.

»Nachdem der ›Verein Chemischer Fabriken‹ dieses Scheinangebot abgegeben hatte, beraumte der Gemeinderat eine öffentliche Versteigerung des Geländes an, bei der der Verein allerdings nicht erschien.«

»Und warum kam die BASF nicht zum Zug?«

Meyer lächelte. »Engelhorn und Ladenburg hatten zu diesem Zeitpunkt längst in Ludwigshafen gekauft. Das Gelände in Mannheim war für sie nicht mehr interessant.«

»Da hat sich der Gemeinderat ein ziemliches Eigentor geschossen. Immerhin konnten die das Grundstück für den Luisenpark nutzen.«

»Ganz so einfach ist es nicht, Herr Palzki. In den offiziellen Protokollen des Gemeinderats steht zwar, dass zum Versteigerungstermin niemand erschienen war. Gleichwohl wurde das Grundstück zwei Tage später verkauft. Und zwar zum halben Preis an ein Mitglied des Gemeinderates. Damals dachte man anscheinend, besser ein paar Gulden einsacken statt keine Gulden. Das Grundstück galt damals als minderwertig, da es durch die Trockenlegung einer Schleife des Alt-Neckars entstanden war.«

Die Geschichte hörte sich für mich zwar interessant an, welche Relevanz sie für meine Ermittlungen hatte, wusste ich immer noch nicht.

»Wie soll mir das jetzt weiterhelfen?«

»Indem ich Sie über den springenden Punkt aufkläre. Der Luisenpark und der in der Nähe befindliche Herzogenriedpark werden von einer städtischen Gesellschaft gemanagt. Man tut so, als wäre das Gelände immer noch im städtischen Besitz. Gleiches gilt für den TSV, der das Gelände von der Stadt gepachtet hat.«

So langsam verstand ich. »Der Park befindet sich Ihrer Meinung nach auf einem Grundstück, das nicht der Stadt gehört? Da gibt es doch bestimmt Nutzungsverträge mit dem Eigentümer?«

»Eben nicht«, beharrte die Juristin. »Der Grundstückskauf an das Gemeinderatsmitglied geriet nämlich in Vergessenheit. Der Käufer starb kurz darauf, und die Erben kümmerten sich nicht um das Gelände, weil sie nicht in Mannheim wohnten. Die Stadt Mannheim ist nach wie vor der Meinung, dass ihr das Gelände gehört, doch das stimmt nachweislich nicht. Der Eintrag im Grundbuch ist zwar etwas missverständlich, aber der dazugehörende Kaufvertrag ist eindeutig.«

»Da wird sich die Stadt freuen, wenn Sie bei ihr mit dieser These aufschlagen. Wer ist denn Ihrer Meinung nach der rechtmäßige Eigentümer?«

»Das ist keine These, Herr Palzki. Juristisch ist alles einwandfrei. Ich habe längst alles geklärt. Die Stadt hat nicht den Hauch einer Chance.«

»Und wer ist der angebliche Eigentümer?«, wiederholte ich.

Sie schüttelte energisch den Kopf. »Das kann ich Ihnen nicht verraten, Herr Palzki. Warten Sie ein paar Wochen ab, dann erfahren Sie es.«

»So viel Zeit habe ich nicht. Stammt der Plan von Ihrem Mandanten?« Ich zeigte auf den Umgestaltungsplan, der vor uns auf dem Tisch lag.

»Ein erster Entwurf«, gestand sie. »Ist er nicht genial? Jedenfalls würde ich gerne wissen, wie Sie zu dem Plan gekommen sind.«

Jetzt schüttelte ich den Kopf. »Tut mir leid, das kann ich Ihnen nicht verraten. Jetzt nicht und in ein paar Wochen nicht.«

Insgesamt war ich mit dem Besuch bei der Juristin zufrieden. Dass diese Informationen ursächlich mit den Morden in Zusammenhang standen, schien inzwischen klar zu sein. Da ich mit den Gewohnheiten der Mannheimer Befragungsmethoden eine Nuance übertrieben hatte, würde eine erneute Befragung bei den Mannheimern zu keinen weiteren Informationen führen. Hier half nur eine Überwachung der Kommunikationswege der Kanzlei und der Rechtsanwältin selbst. Einen Juristen zu überwachen, war zwar alles andere als trivial, da es für die richterliche Erlaubnis handfeste und überzeugende Gründe geben musste, doch um diesen Verwaltungskram konnten sich Gerhard und Jutta kümmern. Im günstigsten Fall konnte ich KPD einspannen. Auf der Rückfahrt würde ich mir eine gute Geschichte einfallen lassen.

Ich verabschiedete mich von Martina Meyer, die erleichtert aufatmete.

»Das muss unbedingt in den nächsten Wochen geheim bleiben«, flehte sie mich an. »Wenn das vorher herauskommt, gibt es einen unnötigen Wirbel in der Presse. Von den anderen Konsequenzen ganz zu schweigen.«

»Sie haben Probleme!«, erwiderte ich. »Mir ist die Presse so was von egal. Ich möchte einen Mörder schnappen.«

Die endgültige Verabschiedung ging reibungslos vonstatten, da das grün lackierte Vorzimmermädchen mit einer gut gefüllten Klappbox hereinkam. Wegen des Magensaftes, der mir den Mundraum flutete, konnte beziehungsweise musste ich ohne weitere Worte verschwinden.

KAPITEL 20 –
IM PFLANZENSCHAUHAUS

Während der Heimfahrt ließ ich mir die Erlebnisse der letzten Tage durch den Kopf gehen. Je länger ich darüber nachdachte, desto mehr kristallisierte sich heraus, dass nur Michael Messer der Täter sein konnte. Ich hatte zwar nichts Konkretes in der Hand, doch mein Gefühl hatte mich in der Vergangenheit nur selten getrogen. Ich vermutete außerdem, dass es einen Komplizen gab. Falls sich sein Alibi bezüglich des Turmfalls als stabil erweisen sollte, war ein Komplize oder eine Komplizin unabdingbar. Wer das sein könnte, war mir völlig schleierhaft. Mehrere Personen hatten sich in meinen Augen zwar verdächtig gemacht, doch dabei handelte es sich um keine verwertbaren Indizien, sondern höchstens um schwache Anhaltspunkte.

In der Dienststelle angekommen, ging ich schnurstracks zu KPDs Büro. Da die breite Doppeltür wie meist offenstand, trat ich ohne zu klopfen ein. KPD saß hinter seinem Schreibtisch und hielt ein Diktiergerät in der Hand.

»Ich brauche Ihre Hilfe, Chef!« Mit dieser Eröffnung hoffte ich, gleich zum Wesentlichen kommen zu können, ohne von KPD mit irgendwelchen Nebenkriegsschauplätzen zugemüllt zu werden.

»Was ist passiert, Herr Palzki? Haben Sie mit der Berlinghof einen Konflikt?« Den Namen der Polizeipräsidentin spuckte er verächtlich aus.

»Das kann man wohl sagen, Herr Diefenbach.« Ich ging zu seinem Schreibtisch, blieb aber stehen. »Ich kann den Mörder innerhalb kurzer Zeit identifizieren, doch die Mannheimer legen mir Steine in den Weg. Das ist mir bei Ihnen noch nie passiert. Jetzt weiß ich nicht, wie ich mich verhalten soll. Haben Sie für mich einen Rat?«

KPD nahm eine väterlich beruhigende Stimmlage ein. »Auf die Lösung sind Sie bereits selbst gekommen, Herr Palzki. Sie sind bei mir, ich werde Ihnen helfen.«

»Da bin ich aber froh, dass Sie immer noch mein guter Vorgesetzter sind. Es wäre übel, wenn ich in Mannheim arbeiten müsste.« Ich schleimte, was das Zeug hielt.

KPD ging um seinen Schreibtisch und tätschelte mir fürsorglich den Oberarm.

»Beruhigen Sie sich erst mal, Herr Palzki. Wollen Sie ein paar Kekse haben? Schokolade beruhigt die Nerven. Sie stammen übrigens aus einer Privatmanufaktur an der Weinstraße. Ich werde täglich frisch beliefert. Die Lachsbrötchen da vorn auf dem Tisch sind leider schon über eine Stunde alt. Ich bekomme erst nachher wieder frische Ware.«

»Kein Hunger«, entgegnete ich, obwohl dies eine meiner größten Lügen des Lebens war. »Mir ist der Fall auf den Magen geschlagen. Hoffentlich werde ich nicht krank.«

»Ich sehe schon«, begann KPD, »ohne meine Kompetenz geht nichts an meiner Dienststelle. Keine Bange, Herr Palzki. Gemeinsam werden wir die Ermittlungen nun zu Ende bringen. Sie werden sehen, mit meiner Hilfe kann ich den Täter kurzfristig festnehmen. Vergessen Sie also die inkompetenten Mannheimer, die brauchen wir nicht.«

Wunderbar, besser konnte es für mich gar nicht laufen. KPD fraß mir aus der Hand, seine Berechenbarkeit war frappierend. Ich selbst war gegen solche primitiven Suggestionen selbstverständlich immun.

KPD geleitete mich wie einen Schwerkranken zur Sitzgruppe, die nach wie vor erbärmlich nach Fisch stank, was meine Gelüste auf Kekse deutlich dämpfte.

»So, womit kann ich Ihnen helfen, Herr Palzki? Sie wissen ja, nicht nur bei Toyota ist nichts unmöglich.« Er lachte über seinen bartalten Witz. Er zog die Sonnenbrille ab, die er immer noch trug, und wischte sich die Lachtränen aus dem Augenwinkel. Sein blaues Auge schimmerte inzwischen lila, teilweise ins Braun übergehend. Als er bemerkte, dass ich ihm in die Augen blickte, setzte er kommentarlos seine Brille wieder auf.

»Wir müssen eine Rechtsanwältin aus Speyer überwachen. Ein Mandant von ihr ist der Mörder, da bin ich mir ganz sicher. Außer mir weiß das noch kein Mensch«, ergänzte ich, um ihm einzureden, dass wir beide informationstechnisch gesehen weiter als seine badische Konkurrentin waren. Zusätzlich mit dem gewählten Plural bezüglich der Überwachung der Rechtsanwältin sollte KPD auf meinen Vorschlag eingehen.

»Eine Juristin aus Speyer überwachen, ist das alles?« KPD setzte sich aufrecht hin und lachte. »Um welche Anwältin geht es denn?«

»Sie heißt Martina Meyer mit ey«, erklärte ich KPD.

»Frau Meyer?«, fragte mein Chef überrascht. »Sind Sie sich da sicher?«

»Sie kennen sie?« Ich war ebenso überrascht.

»Kennen ist vielleicht zu viel gesagt«, antwortete KPD und runzelte seine Stirn. »Hin und wieder beauftrage ich sie mit heiklen Aufgaben. Frau Meyer zeichnet sich dadurch aus, dass bei ihr nicht immer diese blöden Paragrafen im Vordergrund stehen, die jede normale polizeiliche Ermittlungsarbeit konterkarieren. Sind Sie sicher, dass sie den Mörder deckt?«

Ich versuchte zu retten, was zu retten war. »Ich vermute, dass sie nicht weiß, dass ihr Mandant ein zweifacher Mörder ist. Genau das macht die Sache so brisant. Sie beruft sich natürlich auf ihren Mandantenschutz. Aber wir beide müssen herausfinden, und das sehr schnell, wer die Person im Hintergrund ist. Vielleicht kommt es zu weiteren Kapitalverbrechen, wenn wir zu lange zögern, oder was noch schlimmer ist: Die Berlinghof ist schneller als Sie.«

Mit dieser Finte hatte ich endgültig gewonnen.

»Na gut, wenn es mir zu einem Erfolg verhilft. Ich werde das nachher gleich organisieren, sobald ich das vorhin begonnene Kapitel meines Krimis fertig diktiert habe. Wenn wir den Täter spätestens morgen festnehmen könnten, Herr Palzki, dann werden Sie mit dem Abtippen meiner Audiodateien beginnen.«

Ich überhörte seinen letzten Satz und schnappte mir eine in Leder gebundene Schreibmappe, die auf dem Tisch der Sitzgruppe lag. »Herr Diefenbach, ich notiere Ihnen ein paar Schlagworte, die helfen können, den richtigen Mandanten zu identifizieren.«

»Von mir aus«, sagte KPD. »Wenn das nicht hilft, durchsuchen wir morgen Früh die komplette Kanzlei. Da werden wir mit Sicherheit fündig.«

Ich nickte zufrieden, reichte ihm die Notiz und stand auf. »Sie finden mich bei Frau Wagner und Herrn Steinbeißer.« Ich hatte zwar vor, nur kurz bei meinen Kollegen vorbeizuschauen, doch das musste KPD nicht wissen.

Gerhard und Jutta waren dabei, meine gebunkerten Süßwaren in einen Karton zu packen. Mein ständig auf und ab schwellendes Hungergefühl stand im Moment auf Maximum.

»Na, macht ihr ein Päckchen für die Ostzone fertig?«, ärgerte ich sie.

Gerhard sah auf. »Wenn du nicht brav bist, verrate ich deinen üblen Spruch unserem Hausreporter Becker. Dann kannst du ihn in einem seiner nächsten Krimis lesen.«

»War doch nur Spaß«, versuchte ich, mich herauszureden. »Ein bisschen Alfred Tetzlaff steckt doch in jedem von uns.« Meine Kollegen kannten die TV-Reihe »Ein Herz und eine Seele« aus den 70er-Jahren des letzten Jahrhunderts.

»Jacques kommt später vorbei«, klärte Jutta die Aktion auf. »Er sprach von irgendeiner Erfindung, und dass er aus diesem ungesunden Zeug jede Menge Energie in Stromform gewinnen kann. Ich habe zwar keine Ahnung, wie das funktionieren soll, aber so sind wir das Zeug wenigstens los. Zum selber Essen ist das viel zu viel.«

»Vielleicht verbrennt er es?«, spekulierte Jürgen, der wie meist an Juttas Schreibtisch saß und am Computer spielte oder arbeitete, so genau wusste ich das nie. »Meine Mama will sich eine neue Heizung zulegen mit Pellets. Das sind diese kleinen Holzstückchen, die …«

»Wir wissen, was Pellets sind«, unterbrach ich unseren Jungkollegen. »Hast du die Aufträge erledigt?«

Jürgen schaute auf ein Blatt Papier. »Über diesen Manfred Storck kann ich nichts finden. Außer den Sachen, die im Internet stehen und mit der Friedenskirche und den Veranstaltungen zu tun haben.«

»Keine Vorstrafen?«

»Nichts, nicht einmal ein Knöllchen wegen falschen Parkens. Der Mann ist sauber.«

»Ne, höchstens geschickt«, antwortete ich. »Storck hat bestimmt einige Leichen im Keller, und damit meine ich keine Ratten.«

Mit den Ratten konnten meine Kollegen natürlich nichts anfangen. »Hast du dir die Akte zu den beiden Kapitalverbrechen in der Friedenskirche noch mal angeschaut?«

»Klar, aber ich habe keine neuen Anhaltspunkte gefunden. Tut mir leid, Reiner.«

»Und dieser Scriba aus dem Luisenpark?«

Jürgen schüttelte den Kopf. »Bis auf ein paar unbedeutende Kleinigkeiten, die viele Jahre zurückliegen, hat Dieter Scriba ebenfalls eine weiße Weste.«

Was ist nur mit Jürgen los?, dachte ich. Früher hatte er doch zu jedem Verdächtigen etwas gefunden. »Hast du auch überall nachgeschaut? Du kennst doch so ein paar Spezialdatenbanken, wo nur du drankommst.«

»Natürlich habe ich das, Reiner. Aber wo nichts ist, da ist nichts. Du kannst gerne selbst nachschauen.«

»Ich glaub's dir ja«, meinte ich resigniert.

»Für Michael Messer gilt das Gleiche«, fuhr Jürgen fort. »Auch er ist polizeilich bisher nie auffällig geworden.« Jürgen stand auf und kam zu uns an den Besprechungstisch. »Selbstverständlich kann ich dir von Storck, Scriba und Messer tausend private Dokumente wie Schulzeugnisse, Impfpass und so weiter besorgen. Ob dir das aber weiterhilft?«

»Lass mal gut sein, Jürgen. Ich hatte auf deine Recherchen große Hoffnungen gelegt.«

»Hast du jemand von den Dreien in Verdacht?«, fragte Jutta, bevor sie sich ein Twix in den Mund schob.

»Gibt's was Neues zu den Fingerabdrücken?«, fragte ich zurück.

»Hexen können wir nicht. Du bekommst die Ergebnisse so schnell wie möglich.«

Im Moment ging mir alles zu langsam. »Der Messer vom TSV könnte der Täter sein. Das Motiv ist mir zwar unklar, aber das wäre nicht das erste Mal. Ich werde heute noch in den Luisenpark fahren, um mir eine Kleinigkeit anzusehen, und anschließend geht's zum TSV, um Michael Messer noch mal kräftig durch die Mangel zu drehen.« Mir kam ein Gedanke. »Jürgen, das habe ich glatt vergessen: Was ist mit dem Alibi von Messer?«

Unser Jungkollege sah mich erstaunt an. »Habe ich dir das nicht schon gesagt oder habe ich das wirklich vergessen? Das Alibi kannst du knicken, seine Mutter, die in Ketsch wohnt, ist seit einer Woche in Urlaub auf Sylt.«

»Das passt«, sagte ich und klatschte in die Hände. »Jetzt habe ich ihn. Ich muss mich nur beeilen, weil KPD unbedingt bis morgen den Täter selbst schnappen möchte.«

»Apropos KPD«, sagte Gerhard, »der hat dir bei Jutta was auf den Schreibtisch gelegt. Und Herr Becker hat sich bereits mehrfach telefonisch nach dir erkundigt.«

Nachdem ich Juttas Schreibtisch erfolglos abgesucht hatte, zeigte Gerhard auf einen kleinen Stapel mit Audio-Kassetten, die, wie ich sofort erahnte, aus KPDs Diktiergerät stammten.

»KPD meinte, das Abtippen hätte Zeit bis morgen Früh. Dann würdest du die restlichen Bänder bekommen.«

»Der spinnt doch«, knurrte ich. »Als ob irgendjemand seinen Krimi lesen würde.« Ich nahm die Bänder und warf sie in den für Jacques bereitstehenden Karton mit den Süßigkeiten. »Mal schauen, wie viele Kilowattstunden Geschwafel auf den Bändern sind.«

»Oh, oh, das riecht nach Ärger«, sagte Jutta.

»Wenn du dich da mal nicht täuschst. Ich komme nämlich gerade von KPD. Der hilft mir sogar, eine Rechtsanwältin zu überwachen. Ganz formlos ohne Rückfrage beim Staatsanwalt oder richterliche Genehmigung und solchen Ballast. Da staunt ihr, gell?«

»Meinst du diese Martina Meyer aus Speyer?«, fragte Jürgen nach. »Nach der sollte ich auch im Computer schauen. Nur bin ich leider noch nicht dazu gekommen.«

»Kein Problem, das kannst du mir nachliefern. Welche Mandanten sie hat, kannst du nicht rausfinden, oder? Einer davon ist unser Mörder, und ich könnte schwören, dass es Michael Messer ist.«

»Nur mit einem Einbruch«, klärte mich Jürgen auf. »Die Kanzleisoftware ist heutzutage verschlüsselt, da bräuchte ich Tage, um sie zu knacken.«

»Lass mal, KPD kümmert sich bereits darum. Spätestens morgen Früh will er die Kanzlei durchsuchen, wenn wir bis dahin den Namen nicht haben.«

Gerhard grinste. »Da bin ich gespannt, wie unser Chef das erreichen will. Selbst wenn er mit Staatsanwalt und Richter Minigolf spielt, wird er diesen Durchsuchungsbeschluss nicht bekommen.«

»Vielleicht brauchen wir das gar nicht mehr. Drückt mir die Daumen, ich fahre jetzt in die badische Zone.«

Jutta rief mir nach, als ich längst im Flur stand. »Du solltest dringend etwas essen, Reiner. Du riechst stark aus dem Mund.«

Ich machte mit vorgehaltener Hand die Selbstprobe,

roch aber nichts. Dennoch wusste ich, dass dies bei leerem Magen durchaus möglich sein konnte. Zunächst ließ ich meinen Wagen im Hof der Dienststelle stehen und ging die paar Schritte zum Discounter meiner Wahl. Bisher hatte ich für die knapp 50 Meter lange Strecke immer meinen Wagen genommen.

Ich war stolz wie Bolle auf mich, als ich kurz darauf den Discounter verließ. Ich hatte das schier Unmögliche geschafft: Trotz hoher olfaktorischer Belästigung nach allem möglichen Essbaren hatte ich meinen Einkauf auf eine Tüte mit Vollkornbrötchen und einen Sixpack Mineralwasser beschränken können. So wenig Geld hatte ich noch nie an der Kasse bezahlt. Erneut hatte ich eine persönliche Bewährungsprobe zu meiner vollsten Zufriedenheit gemeistert.

Kauend fuhr ich nach Mannheim. Für eine Begegnung mit dem Notnotarzt Dr. Metzger hatte ich im Moment keine Nerven, daher fuhr ich zum Verwaltungseingang. Es machte mir nichts aus, ein paar Meter entfernt zu parken, weil es unmittelbar vor dem Gebäude nur freie Schwerbehindertenparkplätze gab. Der Pförtnerin zeigte ich meinen Ausweis und sagte, dass ich in der Festhalle etwas überprüfen müsste. Ohne Rückfragen ließ sie mich in den Park.

Die Festhalle »Baumhain« ließ ich links genauso liegen wie rechts das Pflanzenschauhaus. Mein Ziel war die Seebühne. Sie war verwaist, was mir sehr gelegen kam. Der Eingang zum Tribünenunterbau war verschlossen, was mich nicht interessierte. Ich konzentrierte mich auf die Luke zwischen Tür und Tribüne, die Scriba so auffällig unauffällig in meinem Beisein geschlossen hatte. Ich wunderte mich, dass sie nur mit einem simplen Riegel und keinem Vorhängeschloss abgesperrt war. Ein letztes Mal blickte ich mich um, dann öffnete ich ohne das leiseste Quietschen die Luke. Ich blickte in einen Tunnel, der sich im Dunkeln verlor. Zahlreiche Stromkabel waren an der Wand befestigt. Scribas Geheimnis war gelüftet. Ich zog die ersten beiden von ungefähr 20 blauen Abfallsäcken aus dem Tunnel heraus. Sie waren federleicht und bis oben hin gefüllt mit leeren Pfandflaschen. Soso, dachte ich grinsend, damit hat sich unser Seebühnenrentner offensichtlich ein nettes kleines Zubrot verschafft. Zufrieden mit der Auflösung dieses Rätsels schob ich die Säcke zurück in den Tunnel. Schied Scriba deswegen als Täter aus? Ich konnte mir nicht vorstellen, dass er wegen ein paar Hundert Pfandflaschen zum Mörder wurde. Harmlos oder nicht harmlos, was traf auf Scriba zu?

»Was machen Sie hier?«, schrie mich just in dem Moment eine weibliche Stimme an, als ich die Luke schloss.

Mir gegenüber standen zwei Frauen, die nicht aussahen, als würden sie sich leicht einschüchtern lassen, was ich natürlich ohnehin nicht versuchte. Ich wählte den leichtesten Weg und zückte meinen Dienstausweis. »Reiner Palzki, Kriminalpolizei«, erläuterte ich. »Wir ermitteln im Zusammenhang mit den beiden Kapitalverbrechen im Park. Und wer sind Sie?«

Dass es sich um Mitarbeiterinnen des Luisenparks handelte, hatte ich an ihrer Kleidung längst erkannt.

Die beiden Frauen studierten sorgfältig meinen Ausweis, was sie beruhigte. »Mein Name ist Christine Krämer von der Abteilung Zoologie. Und das ist meine Kollegin Andrea Gerstner.«

Um eine angenehme Atmosphäre zu entwickeln, gab ich beiden die Hand.

»Was haben Sie in dem Kabelschacht gesucht?« Frau Krämer ließ nicht locker.

»Er stand offen«, erklärte ich. »Ich dachte, dass Herr Scriba in dem Gang ist, doch ich konnte ihn nicht finden.«

»Kein Wunder«, sagte Frau Gerstner. »Der ist mit dem Parkdirektor im Pflanzenschauhaus. Vor fünf Minuten haben wir sie beim Affengehege in der großen Tropenhalle gesehen.«

Ich überlegte. Költzsch und Scriba? Was hatten die beiden miteinander zu tun? Das roch doch geradezu nach einer weiteren Mauschelei.

»Vielen Dank für den Tipp. Dann werde ich mich sofort zum Pflanzenschauhaus begeben.« Wenn ich schon dabei war, zwei Morde aufzuklären, konnte ich auch noch ein weiteres mutmaßliches Randdelikt aufdecken.

»Wir gehen mit«, sagten Krämer und Gerstner und folgten mir. Im Foyer trennten sich unsere Wege. Frau Gerstner erklärte mir den Weg zur Tropenhalle, obwohl ich schon hundertmal drinnen war und wir vor dem Eingang standen. Danach gingen die beiden in die andere Richtung zur Kakteenhalle.

Die Tropenhalle war ungewöhnlich leer. Zu dem Gehege mit den putzigen Lisztäffchen war es nicht weit. Für einen Moment glaubte ich, Herrn Scriba auf dem anderen Weg zu sehen, doch die tropischen Pflanzen, die in der Halle wucherten und imposant aussahen, verdeckten den Blick. Just als ich umdrehen wollte, um zu dem vermeintlichen Seebühnenchef zu gelangen, vernahm ich einen herzzerreißenden Schrei aus Richtung Affengehege. Ich benötigte nur einen kurzen Augenblick, dann stand ich schnaufend vor dem Gehege mit den Lisztäffchen.

Während die tierischen Bewohner unbeeindruckt munter in ihrer kleinen Welt herumturnten, war eine Rentnerin, die auf dem kleinen Platz vor dem Gehege stand, der Ohnmacht nahe. Mit bleichem Gesicht schaute sie zu Boden, wo Michael Messer lag. Er hatte, Nomen est Omen, ein Messer in der Brust stecken, aus dessen Wunde es stark blutete. Da die etwa 70-jährige Frau den Eindruck erweckte, jeden Moment auf die Leiche zu fallen, war die Priorität der Erste-Hilfe-Maßnahmen festgelegt. Sanft drückte ich die Seniorin auf die Sitzbank hinter ihr.

»Seit Jahren habe ich eine Jahreskarte für den Park«, stöhnte sie, ohne den Blick von Messer zu lassen. »Aber so etwas ist mir noch nie passiert.«

»Es wird gleich jemand kommen und sich um Sie kümmern«, beruhigte ich die Dame, ohne zu wissen, ob diese Szene außer uns überhaupt jemand registriert hatte. Ich kniete mich zum regungslos daliegenden Messer und fühlte seinen Puls. Dann den Herzschlag. Erfolglos. Konnte ich trotz des tief steckenden Messers mit einer Herzdruckmassage beginnen?

KAPITEL 21 – DER MÖRDER IST NICHT IMMER DER GÄRTNER

Die Entscheidung wurde mir abgenommen, Frau Krämer und Frau Gerstner kamen angerannt.

»Wie ist das passiert?«, fragten beide atemlos.

»Ich weiß nicht, ich habe ihn gerade erst gefunden. Wir brauchen einen Notarzt, ich kann keinen Puls mehr fühlen.«

Andrea Gerstner bückte sich zu Messer. »Ich war früher mal Rettungssanitäterin«, sagte sie. »Ich versuche mein Glück. Christine, rufst du den Notarzt?«

Längst hatte ich mir Gedanken darüber gemacht, wer der Täter sein könnte, ein Suizid war so gut wie auszuschließen. Ich stand auf und setzte mich neben die apathisch wirkende Seniorin.

»Haben Sie gesehen, wer das war?«, fragte ich sie in mildem Ton.

Sie schüttelte ihre grauen Haare. »Kurz bevor ich den toten Mann entdeckte, ist eine Person nach hinten zur kleinen Tropenhalle gerannt. Beschreiben kann ich die Person nicht, ich habe im Augenwinkel nur die Bewegung wahrgenommen.«

Mein erster Gedanke war, den Eingang zum Pflanzenschauhaus zu verriegeln. Der zweite Gedanke verwarf den ersten als nicht zielführend. Der Täter könnte längst das verwinkelte Gebäude verlassen haben.

Um nicht tatenlos auf die Sanitäter zu warten, ließ ich die drei Damen allein.

Am Zugang zur kleinen Tropenhalle ging es rechts zu den Terrarien, die durch ihre verwinkelte Anordnung wenig Übersicht boten. Eine offensichtlich harmlose Familie mit zwei kleinen Kindern, die nach einem Eis quengelten, verließ gerade das Terrarium und ging zurück zur großen Tropenhalle. Ich setzte alles auf eine Karte und lief mit schnellem Schritt, es war eher ein Rennen, auf dem Rundweg um den Terrariumbereich herum. Am hinteren Ende, wo es einen Zugang zu dem Baumfarnhaus gab, knallte ich um ein Haar in den Rücken des Parkdirektors.

»Nanu, Herr Palzki«, rief dieser erstaunt aus, während er hastig ein Handy einsteckte. »Wo kommen Sie so plötzlich her? Warum sind Sie so verschwitzt?«

Nachdem ich mich von dem Schreck erholt hatte, entgegnete ich: »Ihnen steht aber ebenfalls der Schweiß auf der Stirn. Was machen Sie hier?«

»Äh, ich, ja, also ich warte auf Herrn Scriba.« Költzsch sprach sehr leise. »Er musste zur Toilette.«

»Warum treffen Sie sich mit Scriba nicht in Ihrem Büro? Oder ist es ein konspiratives Treffen?«

»Nein, nein«, widersprach der Parkdirektor, und ich hatte den Eindruck, als würden seine Schweißdrüsen auf der Stirn auf Maximum arbeiten. »Es handelt sich nur um ein informelles Gespräch. Mir sind da ein paar Dinge zu Ohren gekommen, die nicht in Ordnung sind.«

Schade, ich wäre gerne tiefer in das Gespräch eingestiegen, doch vor dem Pflanzenschauhaus begann ein vielstimmiges Martinshornspektakel. Entweder war es einem enormen Echo geschuldet, oder sämtliche Krankenwagen Mannheims waren gleichzeitig angefahren.

Költzsch sah mich fragend an. »Wissen Sie, was da los ist?«

»Herr Messer vom TSV liegt tot vor dem Affengehege.«
Ich schaute ihn genau an, um seine Reaktion zu testen.
Er reagierte in meinen Augen korrekt überrascht.

»Um Himmels willen, warum haben Sie das nicht gleich
gesagt!« Ich folgte dem in Richtung Affengehege eilen-
den Parkdirektor eine Spur gemächlicher.

Der Sanitäterandrang war groß. Fast hatte ich den Eindruck, als ginge es um einen Wettstreit mehrerer Notarzt-
mannschaften. Während ich nichts anderes tun konnte als
abzuwarten, kümmerte sich Költzsch um grundlegende
Dinge wie die Evakuierung des Pflanzenschauhauses für
alle Besucher.

»Der Eingang ist dicht«, berichtete die Marketingleiterin, die kurz darauf zu uns kam. Sie wagte einen kurzen Blick zu Messer, wandte sich aber sofort wieder ab.

Die Sanitäter hatten alles gegeben, um Michael Messer
ins Leben zurückzuholen. Auf dem Boden lagen Kanü-
len, Spritzen, deren Verpackungsmaterial sowie medizini-
sche Geräte herum. Schließlich standen zwei der Sanitäter auf und schüttelten den Kopf. »Exitus«, meinte einer
der beiden. »Do is nixmehr zu mache.« Er sah sich um.
»Warum is eischentlich noch kä Bolizei do? Do häm mer
doch ähn klassische Fall vun Fremdverschulde.«

Sämtliche mir bekannten Luisenpark-Mitarbeiter inklusive dem inzwischen von seinem Toilettengang zurückge-
kehrten Scriba, schauten mich an.

Abwehrend hob ich meine Hände. »Ich bin nur Leih-
beamter. Mit Spurensicherung habe ich nichts am Hut.«

Frau Fernandez erfasste die Situation und schnappte
sich ihr Handy.

Ich konnte darüber nur den Kopf schütteln. Da wurde
eine ganze Armada an Rettungsdiensten informiert, und

die hiesige Polizei hatte davon anscheinend nichts mitbekommen. Bei uns in der Pfalz wäre solch ein Verhalten undenkbar.

In die Stille der Wartezeit kam ein weiterer Mitarbeiter hinzu: Ralf Eckl. Neugierig trat er zu den beiden Zoologie-Damen und ließ sich alles erklären. Mir selbst brannte eine Frage auf der Zunge, die ich Eckl stellen musste, doch alles zu seiner Zeit.

Ich hätte darauf wetten können: Gemeinsam mit der Spurensicherung rückten Daniela Berlinghof und Dietmar Becker an.

Trotz Rauchverbots qualmte sie wie ein Schlot. »Herr Palzki, endlich habe ich Sie gefunden. Herr Becker und ich haben Sie überall gesucht, sogar drüben in der Pfalz. Fast dachte ich, Sie hätten Fahnenflucht begangen.« Sie lachte trocken über ihren Witz und bemerkte an den Gesichtern der Umstehenden, dass er ziemlich unangebracht war.

»Haben Sie schon wieder einen Toten entdeckt, Herr Palzki?« Über ihre Frage ärgerte ich mich, da weder der aktuelle Fall noch das Wörtchen »wieder« zutraf.

»Fehlanzeige«, antwortete ich. »Eine Rentnerin war schneller. Sie wird inzwischen medizinisch versorgt.«

»Sehr gut«, meinte die Polizeipräsidentin. »Jetzt übernehmen meine Mitarbeiter. Dafür benötigen sie Platz.«

Das stimmte. Inzwischen standen ziemlich viele Menschen herum. War einer von ihnen der Mörder?

»Wir können ins Baumfarnhaus gehen«, schlug der Parkdirektor vor. »Dort gibt es einen Personalzugang und wir stehen der Spurensicherung nicht im Weg.«

Der Vorschlag wurde allgemein angenommen. Was anderes hatte ich auch nicht erwartet, da die Neugierde alle im Griff hatte.

Unauffällig drängelte ich mich neben Ralf Eckl. »Haben Sie für mich einen Detailplan des Pflanzenschauhauses?«

»Selbstverständlich, ich hole Ihnen gleich einen aus meinem Büro.«

»Später«, erwiderte ich. »Sie kommen am Eingang sowieso nicht vorbei.«

»Muss ich auch nicht«, erklärte er lächelnd und zeigte auf eine unscheinbare Tür. »Solche Türen finden Sie überall im Pflanzenschauhaus. Sie sind für die Mitarbeiter gedacht und führen fast alle nach hinten in den Betriebshof. Dort ist auch mein Büro.«

»Das heißt, jeder Mitarbeiter kann unauffällig das Gebäude betreten und ebenso unbemerkt wieder verschwinden?«

Eckl bemerkte, auf was ich hinauswollte. »Im Prinzip ja, ob das unauffällig geht, weiß ich nicht. Es sind schließlich auch die Besucher da.«

Mit dieser Erklärung wurde mir endgültig bewusst, dass ich vorhin nach dem Auffinden Messers kaum eine Chance gehabt hatte, den Täter zu finden.

Inzwischen waren wir am Übergang vom Terrarium zum Baumfarnhaus angekommen. An dieser Stelle war ich vorhin auf Költzsch gestoßen.

Ich betrachtete die Personen, um mir ein Bild zu machen. Neben den Zoologen Krämer und Gerstner waren Költzsch, Fernandez, Eckl und Scriba anwesend, alles Mitarbeiter des Luisenparks. Und außerdem meine speziellen Freunde Dietmar Becker und Daniela Berlinghof, die es auch dieses Mal für überflüssig hielt, ihre Mitarbeiter zu beaufsichtigen.

Die Gelegenheit wäre an sich günstig gewesen, um den Anwesenden von meinem unbestimmten Täterverdacht zu berichten. Doch was ich sah, verschlug mir die Sprache: Einträchtig nebeneinander und miteinander erzählend kamen Manfred Storck, der Rattentöter der Friedenskirche, sowie die Rechtsanwältin Martina Meyer vom anderen Ende des Baumfarnhauses auf uns zu.

»Guten Tag, Herr Palzki«, begrüßte mich Storck, ohne eine Miene zu verziehen. »Die Beamten am Eingang haben uns reingelassen, nachdem ich ihnen gesagt habe, dass wir wichtige Informationen für Sie haben.«

Meyer übernahm das Wort. Mit heftiger Gestik, bei der ihr Armreif nur so herumschwirrte, erläuterte sie ihre Anwesenheit. »Herr Storck und ich haben beschlossen, reinen Tisch zu machen. Wir werden Ihnen beweisen, dass die Vermessungsarbeiten im Park mit den Kapitalverbrechen nichts zu tun haben. Wir bedauern zutiefst, dass es heute ein weiteres Opfer gab.«

Költzsch, der die beiden nicht kannte, mischte sich ein.

»Sind Sie dafür verantwortlich? Warum weiß ich von den Arbeiten nichts?«

»Das werden wir gerne erklären«, beruhigte ihn die Anwältin. »Ich habe vor Kurzem ein Foto von Ihnen gesehen, Sie müssen Herr Költzsch sein. Mein Name ist Martina Meyer, Meyer mit ey. Ich bin Juristin. Und dies ist Manfred Storck. Er ist, äh, sagen wir mal, eine Art Erfüllungsgehilfe für mich und meine Mandanten.«

»Und was hat das mit dem Park zu tun? Heute Früh suchte ich vergeblich nach dem Vermessungstrupp, der sich seit Tagen im Park aufhalten soll.«

»Das wissen wir auch nicht«, bedauerte Storck. »Wir haben die beiden ebenfalls gesucht. Eigentlich sollten sie erst morgen fertig werden. Auch per Handy können wir mein Team im Moment nicht erreichen.«

Martina Meyer gingen die Erklärungen nicht schnell genug. »Wir sind erfolglos kreuz und quer durch den Park gelaufen. Dann haben wir mitgekriegt, was im Pflanzenschauhaus passiert ist.«

»Ein paar Besucher haben uns das gesagt«, unterbrach Storck nervös.

»Jaja.« Meyer wurde ungehaltener. »Jedenfalls haben wir beschlossen, alles aufzuklären. Sonst kommt noch jemand auf die Idee, wir hätten etwas mit den Mordfällen zu tun.«

In diesem Moment grölte Marius Müller-Westernhagen sein Lied »Dicke«. Es dauerte einen Moment, bis ich registrierte, dass alle Personen mich anstarrten. Erst nach einem weiteren Moment wusste ich, dass es der Klingelton meines Handys war. Dass mein Handy, das ich so gut wie nie nutzte, klingelte, kam äußerst selten vor, da nur sehr wenige Personen die Nummer kannten und es außerdem meist ausgeschaltet war. Meinem Kollegen Gerhard würde ich beim nächsten Treffen gehörig ans Schienbein treten, denn er dürfte für diesen Klingelton verantwortlich zeichnen, da er mein Handy regelmäßig mit diesen unnötigen Updates versorgte.

Um diskreter telefonieren zu können, trat ich ein paar Schritte zur Seite. Die Rechtsanwältin fuhr derweil in ihren Erklärungen fort.

»Ja?«, sprach ich ins Handy. »Ist es wichtig oder kann ich zurückrufen?«

Es war Jürgen. »Wir wissen, von wem die Fingerabdrücke im Fernmeldeturm stammen«, erzählte er freudig bewegt.

Ich musste wählen: Meyer oder Jürgen? Wer hatte die brisanteren Informationen zu bieten? Ich entschied mich für Jürgen. »Los, sag schon, ich habe wenig Zeit.«

Jürgens Enthüllungen ließen meinen Atem stocken. Die genannte Person war mir natürlich bekannt. Bisher hatte ich sogar den Hauch einer Vermutung gegen diese Person. Aber handelte es sich wirklich um den Täter? Waren Storck und die Rechtsanwältin nicht gerade dabei, ein angebliches Missverständnis aufzuklären?

Längst hatte ich das Gespräch beendet und das Handy weggesteckt. Ich vernahm gerade noch den letzten Erläuterungssatz der Juristin.

»Und deshalb hat diese Sache nichts mit den Kapitalverbrechen zu tun. Wer mein Mandant ist, verrate ich Ihnen allerdings erst in ein paar Wochen.«

»Das ganze Gelände gehört nicht der Stadt?«, hakte Költzsch nach. »Das hört sich für mich nicht sehr glaubwürdig an.«

Ich hatte keine Ahnung, wie ich weiter vorgehen sollte. Durch die Ankunft einer weiteren Person gewann ich ein wenig Zeit.

»Palzki! Da sind Sie ja!«, brüllte KPD wie ein Irrer durch das Baumfarnhaus. »Sind Sie für den Mord da vorn verantwortlich? Ich habe Ihnen doch gesagt, dass ich keinen Alleingang dulde.«

Da die meisten der Anwesenden meinen Chef nicht kannten, glotzten sie ihn, den Irren, erstaunt an.

Als KPD zu uns aufgeschlossen hatte, sagte er einen verhängnisvollen Satz: »Von Frau Wagner soll ich Ihnen ausrichten, dass der Neffe der Rechtsanwältin Martina Meyer ein gewisser Ralf Eckl ist. Kennen Sie den Mann?«

Eine Antwort erübrigte sich. Der technische Leiter zog eine Handfeuerwaffe aus seiner Jacke.

»Dumm gelaufen«, brüllte er uns an und spuckte auf den Boden. Er sah mit finsterem Blick zu seiner Tante.

»Musstest du ausgerechnet heute auftauchen, Martina? Die beiden Vermesser habe ich heimgeschickt, weil es zu gefährlich wurde.«

»Wer ist der Mann?«, fragte KPD, der den Ernst der Lage immer noch nicht begriffen hatte.

Meyer ignorierte KPD und wandte sich an ihren Neffen. »Sag bloß, du bist wirklich für die Morde verantwortlich? Warum nur, Ralf?« Die Juristin wirkte sichtlich betroffen.

Die Polizeipräsidentin wollte Heldin spielen und setzte zum Sprung an. Sofort richtete Eckl die Waffe auf Berlinghof. »Auf eine Tote mehr oder weniger kommt's jetzt auch nicht mehr an.«

Nun war wieder einmal ich als psychologisch hoch geschulter Polizeibeamter gefragt. Ich wusste, dass man mit Reden oft eine gefährliche Eskalation verhindern oder zumindest hinauszögern konnte.

»Warum musste Braun sterben?« Um es Eckl leichter zu machen, ging ich chronologisch vor. »Wusste er von dem Plan?«

»Sie haben keine Ahnung«, schrie mich Eckl an und fuchtelte mit der Waffe herum. Hoffentlich würden weder Becker noch ein anderer überreagieren und versuchen, ihm die Waffe zu entreißen. »Michael hat mich erpresst. Kurt Braun war nur ein Kollateralschaden.«

»Sie haben den Hausmeister *versehentlich* ermordet?«

Der technische Leiter nickte. »Michael Messer drohte damit, sein Wissen an die Presse weiterzugeben. Der Park war ihm egal, ihm ging es um den TSV, sagte er mir. Als ich die Gelegenheit nutzen wollte, um ihn zu beseitigen, stolperte im gleichen Moment Eirin rückwärts über die Stufe des Podests. Blöderweise stand Braun hinter Michael, der nicht einmal einen Kratzer abgekriegt hat, weil er einen Schritt zur Seite gemacht hat.«

»Und seine Kollegin?«

»Eirin Mähn? Die hat das nicht so genau registriert, weil sie zur gleichen Zeit mit ihrem Gleichgewicht kämpfte. Dass ich meine Finger im Spiel hatte, hatte sie trotzdem vermutet. Später sprach sie ihren Kollegen Michael darauf an. Und der hat sie dann als Kanonenfutter benutzt.«

»Indem er sie zu Ihnen auf den Fernmeldeturm geschickt hat«, ergänzte ich die Geschichte.

»Jetzt hatte ich es mit zwei Leuten zu tun, die sich durch mich bereichern wollten. Es ging denen nur ums Geld und nicht um den Verein, das war mir schnell klar.« Eckl hob die Stimme. »Kommen Sie nach vorn, Frau Berlinghof, damit ich Sie besser im Blick habe. Abhauen funktioniert nicht, ich habe alles unter Kontrolle.«

Eckl schaute wieder zu mir. »Ich habe ihr auf der Telekom-Etage eine Falle gestellt. Die ohnmächtige Eirin anschließend den Turm runterzuwerfen, war ein Leichtes.«

»Das hat Sie übrigens verraten«, ergänzte ich. »Ich habe Sie schon lange in Verdacht.«

»Mich? Niemals?« Eckl prustete sich auf.

»Doch«, widersprach ich. »Als ich Sie das erste Mal sah, hatten Sie fettige Finger. Später, als ich die Wendeltreppe im Turm nahm, hatte ich die auch. Sie haben doch nach Frau Mähns Ermordung aus Sicherheitsgründen ebenfalls die Treppe nach unten genommen?«

»Und wenn schon«, sagte Eckl, ohne eine Spur unsicher geworden zu sein. »Ein Beweis sieht anders aus.«

»Ihre Fingerabdrücke in Ihrem geheimen Büro auf dem Turm?«

Für eine Sekunde war Eckl baff. »So, das haben Sie also entdeckt? Die Mannheimer Kripo war nicht so schlau. Aber trotzdem, Herr Palzki, diese Erkenntnis bringt Ihnen nichts. Die Zeugen beziehungsweise die Erpresser sind tot. Und das Gelände des Luisenparks und des TSV gehört mir allein.«

Ich verzichtete darauf, ihm zu sagen, dass ihm das Grundstück nicht viel nutzte, da er ein einwandfreies Schuldeingeständnis abgelegt hatte. Lebenslänglich plus anschließender Sicherheitsverwahrung dürfte recht sicher sein.

»Du hast mich enttäuscht«, platzte seine Tante heraus. »Du hast alles kaputtgemacht. Weil du so impulsiv reagiert hast, hast du alles verdorben. Was nützt der Nachweis, dass die Grundstücke dir gehören, wenn du im Knast sitzt?«

Eckl lächelte. »Daran habe ich natürlich gedacht, Tante. Hier wird es gleich eine nette Explosion geben, dann wird alles wieder gut sein. Für gewisse Notfälle bin ich immer gewappnet.«

»Nichts wirst du tun«, herrschte ihn die Rechtsanwältin an. Mit zwei, drei raschen Schritten erreichte sie ihren Neffen und schlug ihm mit Hand und Armreif verblüffend schnell die Waffe aus der Hand. »Du hast genug angestellt, Junge.«

Der Angriff kam zwar überraschend, doch ich war vorbereitet. Weder KPD noch Berlinghof, von Becker ganz zu schweigen, reagierten auf diese Situation. Ein kurzer Griff, und ich hatte Eckl, der aufgrund der Aktion seiner Tante wie betäubt dastand, auf den Boden gezwungen. Erst jetzt bekam ich Schützenhilfe von der Mannheimer Polizeipräsidentin, die Eckl Handschellen anlegte.

Sämtliche Anwesenden, insbesondere die Mitarbeiter des Stadtparks, atmeten auf. KPD kam zu mir. »War jetzt dieser Eckl der Mörder?«

Ich ersparte mir eine langatmige Erklärung und nickte. KPD war von meiner nonverbalen Antwort begeistert. »Wunderbar, dann habe ich also den Fall gelöst. Wenn ich Ihnen nichts von der Verwandtschaft zu der Anwältin gesagt hätte, würden Sie noch lange im Dunkeln tappen.« KPD streckte seine Brust heraus. »Dann kann ich jetzt beruhigt nach Hause fahren und meine Statistik der gelösten Kapitalverbrechen auf ein neues Allzeithoch schrauben. Drei durch mich gelöste Mordfälle in einem anderen Bundesland, das wird erneut den Innenminister von meinen Qualitäten überzeugen.« KPD wandte sich zum Gehen, doch dann drehte er sich noch mal zu mir um. »Erledigen Sie noch schnell die Formalitäten, Palzki. Morgen Früh sind Sie wieder in Schifferstadt tätig. Ich brauche Sie dort.« Mit seinen Fingern machte er Tippbewegungen auf einer virtuellen Tastatur. Sekunden später war mein Chef verschwunden.

Die Polizeipräsidentin rollte mit den Augen. »Ihr Chef soll froh sein, dass seine Unschuld bewiesen ist«, sagte sie in gemeinem Ton. »Die Klärung der Ermittlungen geht ganz klar auf das Konto von mir und meiner Mannschaft. Selbstverständlich hatte ich seit Tagen Ralf Eckl in Verdacht. Meine Ermittlungen im Hintergrund waren nur nicht so offensichtlich erkennbar wie Ihre, Herr Palzki.«

Eckl wurde in diesem Moment von mehreren Beamten abgeführt. Ob er ein Alleintäter war, sollte Berlinghof herausfinden, für mich galt dieser Fall als abgeschlossen. Eine kleine Spitze erlaubte ich mir noch.

»Na, Herr Scriba, hatten Sie den Fall ebenfalls längst gelöst?«

Der Seebühnenbeauftragte zog seine XXL-Brille ab und antwortete: »Eigentlich schon, aber ich hatte keine richtigen Beweise. Natürlich wollte ich Ralf nicht in falschen Verdacht bringen. Aber kurz, nachdem Kurt Braun ermordet aufgefunden wurde, sah ich bei Ralf, der sich im Hintergrund aufhielt, Blutspuren an seinen Fingern, die er sich gerade abwischte.«

»Ich hatte unseren technischen Leiter einen Moment lang ebenfalls in Verdacht«, mischte sich Rena Fernandez ein. »Nach dem Todesfall von Frau Mähn war Ralf Eckl verblüffend schnell bei uns am Turm, obwohl er dringende Arbeiten im Verwaltungsgebäude zu erledigen hatte.«

Na prima, dachte ich. Anscheinend wusste jeder, dass Eckl der Mörder war. Nun traten auch noch die beiden Zoologie-Damen Krämer und Gerstner vor. »Christine und ich«, Andrea Gerstner zeigte auf ihre Kollegin, »waren kürzlich in seinem Büro, als er nicht da war. In einem Nebenraum hat er ein kleines Lager. Uns fiel auf, dass dort gefährliche Chemikalien lagern, die man in einem Park eigentlich nicht benötigt. Im Spaß sagten wir zu uns, dass Herr Eckl heimlich Bomben baut.«

»Mir fällt da auch gerade etwas ein«, sagte nun der Parkdirektor. »Herr Eckl hat mich kürzlich gefragt, ob ich bereit wäre, eine neue Großanlage mit zu gestalten und zu organisieren. Ich dachte, dass mich vielleicht ein anderer Park abwerben wolle und habe selbstverständlich verneint. Mein Herzblut liegt am Luisen- und am Herzogenriedpark. Hier will ich bleiben.«

ENDE

EPILOG

Die bisherigen Ermittlungen ergaben, dass Ralf Eckl als Alleintäter unterwegs war. Ob die Ankündigung einer Explosion im Pflanzenschauhaus nur ein Bluff oder durchaus möglich war, wird ebenfalls noch überprüft. Die gefundenen Chemikalien in seinem Privatlager mussten jedenfalls aufwendig entsorgt werden. Hierzu musste man einen Tag den kompletten Park sperren. In den sterblichen Überresten von Eirin Mähn fand man eine hohe Dosis eines Betäubungsmittels.

Wie die Sache mit dem Grundstück ausgeht, wird man erst in einigen Jahren wissen. Die Stadt Mannheim hat eine Armada von Rechtsanwälten mit der Klärung der Eigentumsverhältnisse beauftragt. Insgesamt sieht es bisher nicht gut aus für den Park. Der Grundbucheintrag scheint authentisch zu sein. Die regionale Presse wird die Bevölkerung auf dem Laufenden halten.

KPD und Berlinghof befinden sich im postalen Literaturstreit. KPD musste aufgrund unauffindbarer Audiokassetten Teile seines Krimis neu aufnehmen. Nachdem ich ihm eine Probeseite meiner Abtipparbeit gezeigt hatte, verzichtete er auf meine weitere Mithilfe. KPDs Debüt wird demnächst unter dem Titel »Ich und der Park« erscheinen.

Daniela Berlinghof hat sich von Dietmar Becker getrennt, da sie ihren Anteil an der Lösung des Falles nicht ausreichend gewürdigt sah. Ihr Lehrbuchprojekt hat sie auf Eis gelegt, um die mörderische Geschichte im

Luisenpark in Romanform selbst zu veröffentlichen. In wenigen Tagen wird ihr Regionalkrimi »Der Park und ich« erscheinen.

Auch der Parkdirektor Költzsch ist unter die Literaten gegangen. Gemeinsam mit seiner Direktionsassistentin Michaela Ballosch schreibt er im Moment an dem Thriller »Mein Luisenpark«.

Ob Rena Fernandez oder Dieter Scriba an einem Buchprojekt arbeiten, ist mir unbekannt. Vielleicht würde es Ralf Eckl tun, denn er dürfte dazu genügend Zeit haben.

Zeit zum Schreiben hat auch Dietmar Becker. Losgelöst von KPD und Berlinghof schreibt er ebenfalls zurzeit die Erlebnisse zu diesem Fall auf. Wie er mir vertraulich mitteilte, werden in seinem Werk, dessen Name noch nicht feststeht, sowohl KPD als auch Berlinghof ihr Fett abbekommen.

Der Rechtsanwältin Martina Meyer konnte keine Tatbeteiligung nachgewiesen werden. Ihre Hilfe bei der Entwaffnung ihres Neffen dürfte bei dieser Einschätzung sicherlich geholfen haben.

Manfred Storck wurde durch uns gründlich überprüft. Doch weder ihm noch seinem zweiköpfigen Außenteam konnten irgendwelche Vergehen nachgewiesen werden.

Dieter Scriba hat nicht nur seine Pfandflaschenaffäre. Er gestand auch, mehrere Kopien seiner Ehrenkarte zu besitzen. Eine davon hatte er dem Hausmeister Kurt Braun geliehen, damit dieser seine Familie kostenlos Gondoletta fahren lassen konnte.

Worum es im Streit zwischen Michael Messer und Kurt Braun ging, kann man mangels lebender Zeugen nicht klären. Ob der Streit wegen den Blankomitgliedskarten zustande kam, wer weiß?

Die Pillen von Jacques habe ich im neuen Aquarium in KPDs Büro entsorgt. Wenn ich vorher gewusst hätte, dass danach die kleinen Goldfische das Glas des Aquariums mit einem Flossenschlag zum Bersten bringen konnten, hätte ich davon bestimmt Abstand genommen. Trotzdem, die Szene, in der KPD auf dem nassen Boden herumrutschte und seine Fische einsammelte, werde ich so schnell nicht mehr vergessen.

Vergessen und verschweigen muss ich dagegen, was Paul in der Garage unter anderem mit den Pedalen des Crosstrainers gebastelt hatte.

Mein anspruchsvolles Selbstprojekt, also die Reduzierung meiner Leibesfülle, liegt voll im Plan. Meine beiden Mädels sind sehr stolz auf mich. Nicht immer will die Waage so, wie ich es gern hätte, doch langsam und stetig komme ich meinem Fernziel näher. Nur Paul schmiedet Pläne, ins Ausland abzuhauen.

Vorhin habe ich mir von Herrn Költzsch einen Schlüssel ausgeliehen. Niemand außer ihm weiß, dass ich mich im Moment am Fuß der Treppe des Fernmeldeturms aufhalte. Heute will ich es wissen. Ich muss da jetzt rauf.

DANKSAGUNG

Mein herzlicher Dank gilt dem Team des Luisenparks. Ohne dessen tatkräftige Unterstützung hätte dieser Parkkrimi nicht entstehen können. Daher ist es auch kein Wunder, dass so viele Mitarbeiter als Realfiguren mitgespielt haben. Vielen Dank an den Parkdirektor Joachim Költzsch, seine Direktionsassistentin Michaela Ballosch, die Marketingleiterin Renate Fernando, die mich reichlich mit Informationen versorgt hat und von der die Idee stammt, die Entstehungszeit des Parks zu durchleuchten. Mein Dank gilt auch Dieter Scriba von der Seebühne (ich glaube, ich habe noch eine leere Pfandflasche, die Ihnen gehört), Frau Krämer und Frau Gerstner von der Zoologie (insbesondere für die interessanten Informationen) und zu guter Letzt dem technischen Leiter Ralf Eckl, der mir die *Geheimnisse* des Fernmeldeturms zeigte.

Es hat mir sehr viel Spaß bereitet, im Luisenpark zu recherchieren und hinter die Kulissen zu schauen. An einer Stelle habe ich übrigens wahrheitswidrig berichtet. Selbstverständlich müssen die Besucher des Fernmeldeturms im Ernstfall nicht die Nottreppe im Inneren des Turms hinabsteigen, die in der Realität gar nicht so schlimm ist wie beschrieben. Die Aussichtsplattform und das Restaurant sind durch mehrere Rauch- und Brandabschnittstüren gesichert.

Bedanken will ich mich auch bei Rene Ulrich, dem Geschäftsführer des TSV Mannheim v. 1846 e.V. für die Unterstützung und die Bereitstellung der Informationen über den Verein.

Das Gleiche gilt auch für Manfred Storck und Christa Jung von der Friedenskirche im Ludwigshafener Stadtteil Friesenheim. Beide haben ebenfalls in diesem Buch unter ihrem richtigen Namen mitgespielt. Wie bitte, Sie können sich nicht daran erinnern, von Frau Jung gelesen zu haben? Immer mit der Ruhe, Sie haben das Buch ja noch nicht zu Ende gelesen …

Auch Marco Fraleoni, der Geschäftsführer der Peregrinus GmbH ist mit seinem Alter Ego Marco Fratelli wieder dabei. Seit seinem Erstauftritt in »Pilgerspuren« ist er häufig Gast im Palzkiversum.

Mein Lieblingsimbiss »Currysau« in Speyer sowie Robert, der Herr der Würste, haben dieses Mal leider nur einen kleinen Auftritt. Trotz allem lohnt sich natürlich immer noch der weiteste Weg, um diesen Kulttempel der Imbisskunst kennenzulernen.

Der Diplom-Recherchator Gunter Engler, dem ich die Nibelungenschauplätze im Band »Sagenreich« zu verdanken habe, in dem er übrigens als Realfigur mitspielt, hat abermals im Hintergrund mitgemischt. Wie bereits im Band »Mordsgrumbeere« hat er die Hintergründe des Falls recherchiert und so authentisch wie möglich aufbereitet. Hier liste ich seine wichtigsten Erkenntnisse auf, damit Sie sich über die Hintergründe des Geländes, auf dem sich heute der Luisenpark und der TSV befinden, informieren können. Es macht Spaß, in den alten Unterlagen zu stöbern.

Landesarchivverwaltung, Artikel zum 02.12.1925 »Die BASF und die Gründung der IG-Farben«:
http://goo.gl/Bt92cc

Gesammelte Reden und Vorträge von Heinrich Caro, Amalie Caro, Springer-Verlag, 1913. Seite 153, Beabsichtigter Kauf des Mannheimer Geländes durch Seligmann Ladenburg:
https://goo.gl/cUoWQH

Wikipedia zu Friedrich Engelhorn, inklusive Hintergründe zur Entstehung der BASF:
https://goo.gl/KRtFn3

Internetseite von Albert Gieseler aus Mannheim zu den Themen Kraft- und Dampfmaschinen. Hier: Unternehmensgeschichte der »Badische Anilin und Sodafabriken«:
http://goo.gl/2iXJH2

Wie Sie inzwischen bestimmt bemerkt haben, gibt es drei Arten von Personal in den Palzki-Romanen. In der ersten Gruppe tummelt sich das vermutlich fiktive Stammpersonal wie z. B. KPD, Dietmar Becker oder auch Reiner Palzki.

In der zweiten Gruppe, die dieses Mal wieder sehr groß ist, spielen Mitarbeiter der in der Handlung beteiligten Unternehmen mit, entweder mit richtigem Namen oder auf Wunsch mit Pseudonym. Den Überblick können Sie sich im anschließenden Personenglossar verschaffen.

Die dritte Gruppe betrifft das fiktive »Einmalpersonal«, das kein reales Spiegelbild besitzt. Zumindest keines, das ich zugeben werde. Hier habe ich das erste Mal eine, beziehungsweise zwei Ausnahmen gemacht.

In meinem Newsletter habe ich eine »Lebendrolle« in »Parkverbot« verlost. Von der Resonanz wurde ich regelrecht überrannt, sodass ich mich entschloss, gleich zwei Rollen zu verschenken. Beide Gewinnerinnen spielen mit ihrem echten Namen mit.

Die in Altrip wohnende Daniela Berlinghof ist eine der beiden. Als kettenrauchende Mannheimer Polizeipräsidentin debütiert sie in diesem Roman. In Wirklichkeit ist sie allerdings überzeugte Nichtraucherin und Vegetarierin.

Martina Meyer (ganz wichtig: mit ey) aus Münster hat sich als gleichnamige Rechtsanwältin zur Verfügung gestellt. Armreif, Katzen – die Ähnlichkeit zur Realität ist auffallend. Wie sie mir verriet, verschlägt es sie des Öfteren nach Speyer, wo der Erwerb und Genuss des Palzki-Burgers bei dem weltbesten Imbiss »Currysau« Pflicht ist.

Auch in Zukunft werde ich im Newsletter Rollen für die kommenden Palzki-Krimis verlosen. Werden Sie Mitglied im Palzkiversum! Anmeldung zum Newsletter unter www.palzki.de .

Parallel empfehle ich Ihnen, sich das aktuelle Krimi-Journal des Gmeiner-Verlags zu besorgen. Unabhängig von der Newsletter-Aktion wird auch im Krimi-Journal eine Lebendrolle verlost.

BILDNACHWEISE

Stadtpark Mannheim: S.22, S.31, S.105, S.108, S.121, S.122, S.123, S.268

Polizeiinspektion Schifferstadt: S.59

TSV Mannheim v. 1846 e.V.: S.165

Prot. Kirchengemeinde Friedenskirche Ludwigshafen: S.227, S.230

Sven Lange: S. 243

PERSONENGLOSSAR

Stammpersonal (mutmaßlich fiktiv)

Reiner Palzki	Kriminalhauptkommissar in der Schifferstadter Kriminalinspektion
Stefanie Palzki	Seine Ehefrau
Melanie, Paul, Lars, Lisa	Kinder von Reiner und Stefanie
Klaus P. Diefenbach	Dienststellenleiter und Palzkis Chef
Gerhard Steinbeißer	Kollege von Palzki
Jutta Wagner	Kollegin von Palzki
Jürgen	Kollege von Palzki
Dietmar Becker	Krimi schreibender Journalist
Dr. Matthias Metzger	Notarzt, der seine Kassenzulassung zurückgegeben hat
Jacques Bosco	Erfinder
Frau Ackermann	Palzkis Nachbarin

Luisenpark und TSV 1846

Joachim Költzsch	Parkdirektor (Echtname)
Michaela Ballosch	Direktionsassistentin (Echtname)
Rena Fernandez	PR und Marketing (Echtname Renate Fernando)

Ralf Eckl	Technischer Leiter (Echt-name)
Dieter Scriba	Leiter Seebühne (Echt-name)
Christine Krämer	Leiterin Zoologie (Echt-name)
Andrea Gerstner	Kollegin Frau Krämers (Echtname)
Kurt Braun	Hausmeister Festhalle Baumhain (Echtname)
Michael Messer	TSV 1846
Eirin Mähn	TSV 1846

Weitere Personen

Daniela Berlinghof	Polizeipräsidentin Mann-heim (Echtname, fiktiver Beruf)
Manfred Storck	Friedenskirche Ludwigs-hafen (Echtname)
Christa Jung	Friedenskirche Ludwigs-hafen (Echtname)
Robert Schmidt	Inhaber »Currysau« (Echtname)
Martina Meyer	Rechtsanwältin in Speyer (Echtname)
Marco Fratelli	Geschäftsführer Peregri-nus GmbH (Echtname: Marco Fraleoni)

BONUS 1: PALZKI IN DER LUDWIGSHAFENER FRIEDENSKIRCHE

(Erschienen in: Slevogts Tod: Kriminalgeschichten aus der Pfalz, 2015, Agiro Verlag)

Es hätte so ein schöner Tag werden können.

Kapitalverbrechen gehören verboten. Zumindest am Montag. Aber leider nehmen in unserer schönen Pfalz heutzutage selbst die Verbrecher keine Rücksicht mehr auf Polizeibeamte. Das Wochenende, in früheren Zeiten von Gewerkschaften zur Erholung der arbeitenden Bevölkerung den Arbeitgebern mühevoll abgepresst, hatte schon lange seine diesbezügliche Funktion verloren. Frau und Kinder, die ehrfurchtsvoll zu Hause auf den Familienernährer warteten, um ihn einen entspannten und ruhigen Feierabend oder sogar das ganze Wochenende genießen zu lassen – solche Szenen kannte man höchstens noch aus alten Filmen und Berichten der 50er-Jahre des letzten Jahrhunderts. Die Ansprüche an das Familienoberhaupt hatten sich seitdem grundlegend gewandelt: Trat der Ernährer freitags spät ab 14 Uhr daheim über die Türschwelle, war es schlagartig vorbei mit der Ruhe. »Daddy, mein Fahrrad ist schon wieder platt«, ruft der Sohn aus dem Obergeschoss herunter, ohne sich die Mühe zu machen, seinem Vater persönlich gegenüberzutreten. Ein Hauch von Überraschtsein überkommt mich, als mich meine zwölfjährige Tochter mit einer flüchtigen Umarmung und einem grenzenlosen Lächeln im Flur begrüßt.

Die Motivation ihres ungewöhnlichen Tuns erfahre ich Sekunden später. »Gell, du holst mich um Mitternacht von der Party ab? Ist auch nicht weit weg, nur in Neustadt. Ach, du musst das noch Mama beibringen, die will mich nicht auf die Party lassen.«

Ich schaffe es, meine Schuhe auszuziehen und halbwegs ins Wohnzimmer zu gelangen. Dort erwartet mich eine genervt dreinblickende Ehefrau. »Hallo Reiner, gut, dass du schon da bist! Der Abfluss in der Küche ist verstopft, kannst du bitte gleich mal nachschauen? Zum Essenkochen bin ich deswegen leider noch nicht gekommen. Und denkst du nachher ans Rasenmähen? Du hast letzte Woche nicht gemäht – sonst wächst uns das Zeug über den Kopf.«

Das sind Momente, in denen jeder Mensch seine Restlebensplanung überdenkt und zu keinem zufriedenstellenden Ergebnis kommt. Schon allein aus einem Grund nicht: Man hat gar nicht die Zeit, gedanklich zu einem Ergebnis zu kommen, denn im Nebenzimmer plärren im gleichen Moment die im Frühjahr geborenen Zwillinge los. »Lisa hat Durchfall«, berichtet mir im Vorbeirennen meine Frau Stefanie. »Heute Nacht bist du dran mit dem Windelwechseln«, höre ich sie drohend aus dem Kinderzimmer.

Ich hoffe, nachvollziehbar erläutert zu haben, warum Polizeibeamte mit Familie den Montag als Höhepunkt der Woche herbeisehnen. Frühmorgens um elf Uhr gab es die wöchentliche Lagebesprechung, die KPD, wie wir unseren Dienststellenleiter Klaus P. Diefenbach nannten, in einem nicht enden wollenden Monolog zur Selbstbeweihräucherung nutzte. Der erholsamen Stunde, die ich jede Woche im Halb- oder Ganzschlaf genoss, folgte die Mittagspause. Punkt zwölf Uhr stand der Pizza-Lieferdienst an der Pforte und überbrachte sein großes, manchmal auch sehr großes Paket.

Die Pizza »Familia«, die ich mir heute neben Beilagen-Pommes und zwei Cheeseburgern bestellt hatte, lag noch zu zwei Dritteln vor mir, als das Unheil seinen Lauf nahm. KPD kam, ebenfalls kauend, zur Tür herein. »Herr Palzki«, vernahm ich undeutlich. »Sie müssen sofort los. Ein Todesfall in Ludwigshafen, höchstwahrscheinlich Fremdeinwirkung. Man erwartet Sie.«

Er reichte mir einen Zettel, und eine Sekunde später war er verschwunden. Da das Opfer nun mal bereits tot war, beschäftigte ich mich zunächst mit meiner Restpizza. Nicht vorzustellen, wenn der oder die Tote aufgrund irgendeiner Verletzung übel aussah. Den Rest des Tages konnte ich nach dem Anblick von übel zugerichteten Leichen jedenfalls nichts mehr essen.

Pappsatt fuhr ich anschließend nach Ludwigshafen-Friesenheim zur Friedenskirche. Die Rundkirche, etwa 80 Jahre alt und nach der Teilzerstörung im Zweiten Weltkrieg leicht verkleinert wieder aufgebaut, war wegen ihrer Formgestaltung berühmt. Der Kirchturm befand sich freitragend auf dem aus zwölf Pfeilern bestehenden Außenskelett, was seinerzeit eine ziemlich große Herausforderung für die Statiker bedeutete.

Die Spurensicherung war längst vor Ort, wie ich an der Absperrbandorgie rund um die Kirche und den zahlreichen Einsatzwagen erkennen konnte.

Gewalttaten im kirchlichen Milieu gab es selten. Zuletzt musste ich vor einiger Zeit rund um den Speyerer Dom und das Bischöfliche Ordinariat ermitteln. Die Friedenskirche, auf deren Portal ich zuging, gehörte dieses Mal allerdings zur protestantischen Abteilung. Ein mir persönlich bekannter Schutzpolizist kam mir mit einem latent provozierenden Blick auf seine Armbanduhr entgegen. »Kummen Se mit, Herr Palzki, ich zeig Ihnen de Weg noch owwe.«

In der großen Eingangshalle gingen wir eine geschwungene Treppe nach oben, die eher nach Theater als nach Kirche aussah. Oben angekommen, konnte ich nur staunen.

»Gell, do gucken Se, Herr Palzki«, sagte mein Begleiter. »Vun inne wirkt die Kerch viel greßer als vun auße. Do gehen iwwer 700 Leit nei.«

Durch die fehlenden Stützpfeiler, wie ich es aus anderen Kirchen kannte, wirkte der runde Innenraum fast wie ein gigantisches UFO. Auch gab es keine gewöhnlichen Kirchenbänke, sondern eine richtige Theaterbestuhlung mit gepolsterten Sitzen.

»Gehn mer weiter nuff?«, fragte der Beamte. Jetzt erst drehte ich mich um und erblickte die Orgel im hinteren Bereich, die sich auf einer Empore gemeinsam mit einigen Logenplätzen befand. Sportlich, wie ich war – auch wenn meine Frau und alle anderen stets das Gegenteil behaupteten –, erklomm ich die Orgelempore ohne größere Anstrengungen. Hier wuselten einige Spurensicherer herum, und ich erkannte schließlich, dass das Orgelgebilde durch eine seitliche Tür begehbar war. Begehbar war vielleicht etwas zu viel gesagt, immerhin konnte man in gebückter Haltung mitten durch die Apparaturen, Gestänge, Schlauchleitungen und Orgelpfeifen hindurchkriechen. Aufgrund meines vollen Magens verzichtete ich darauf, die Orgel von innen zu begutachten.

»Da drin liegt der Tote?«, fragte ich meinen Begleiter.

Er schüttelte den Kopf. »Es is ä Fraa, Herr Palzki. Wollen Se mol nei in de Kaschte?«

Jetzt schüttelte ich den Kopf. »Ich will die Arbeit der Kollegen nicht unnötig behindern. Was ist genau passiert?«

»Dess wissen mer a noch net. Do drin isses mordsmäßisch eng. Die Fraa is mit ähm Hammer erschlache worde. Ob das do drin in de Orchel war, wisse mer noch net. Die Kollesche sinn noch bei de Unnersuchung. Erscht wenn die ferdisch sinn, ziehe mer die Fraa raus.«

»Weiß man bereits, wer das Opfer ist?«

»Eijo, wissen mer dess. Dess is, äh, war, die Sigrid Vogt, die Organistin vun derre Kerch do.«

Seit meinen Ermittlungen im Speyerer Dom wusste ich natürlich, dass ein Organist nichts mit Organhandel zu tun hatte, sondern den Orgelspieler bezeichnete. In diesem Fall die weibliche Form.

»Wer hat die Tote gefunden?«

Der Beamte zeigte auf einen kreidebleichen Mann, der auf einem der Emporenstühle saß und mit einer Frau sprach. Ich ging auf die beiden zu.

»Guten Tag, mein Name ist Reiner Palzki. Darf ich Ihnen ein paar Fragen stellen? Sie haben die Organistin gefunden?«

Er stand auf und gab mir die Hand. »Ja, ich heiße Manfred Storck und bin unter anderem für das Veranstaltungsmanagement unserer Kulturkirche zuständig. Das ist meine Kollegin Christa Jung.«

»Veranstaltungsmanagement? Kulturkirche?«, fragte ich zurück. Irgendwie war hier vieles nicht so, wie ich es von anderen Kirchen her kannte.

Storck nickte eifrig. »Bei uns werden nicht nur Gottesdienste gefeiert. Wir bieten ein reichhaltiges Kulturangebot. Die Prinzen waren zum Beispiel schon zweimal bei uns. Aber auch viele andere Veranstaltungen richten wir aus, bis hin zu Krimilesungen.«

Ich verzog meine Mundwinkel. Ausgerechnet Krimilesungen. So etwas würde ich mir nicht antun. »Erzählen Sie mir, wie Sie die Tote gefunden haben.«

Storck liefen ein paar Tränen über das Gesicht. »Bei meinem Rundgang durch die Kirche fiel mir auf, dass die Seitentür der Orgel aufstand. Ich bin hoch und wollte die Tür schließen, als ich im Innern einen Schuh entdeckte. Ich leuchtete mit meiner Taschenlampe, die ich immer dabei habe, hinein und entdeckte Sigrid. Ich habe sofort den Notarzt und die Polizei informiert.« Seufzend ließ er sich wieder auf seinen Stuhl nieder.

»Herr Palzki!«, rief ein weiterer Beamter. »Wir haben etwas Interessantes gefunden.« Er kam näher und gab mir eine Plastiktüte, in der sich viele weitere kleine Tütchen befanden, die allesamt mit einem Pulver gefüllt waren.

»Drogen?«

»Vermutlich«, antwortete er. »Ich lasse das gleich ins Labor bringen.«

Eine Organistin mit Drogen?, dachte ich. Sehr ungewöhnlich. Und warum hatte der Täter das Pulver nicht mitgenommen? Ging es um etwas anderes? Mir blieb wohl nichts anderes übrig, als die Berichte der Kollegen abzuwarten. Mit einer letzten Frage wandte ich mich an Herrn Storck.

»Ist Ihnen bei der Organistin in der letzten Zeit etwas aufgefallen? Merkwürdigkeiten, die Sie sich nicht erklären können? Vielleicht im Zusammenhang mit Drogen?«

»Drogen?«, fragte der Veranstaltungsmanager überrascht. »Nein, Sigrid hat mit so etwas ganz bestimmt nichts zu tun. Die war ausgesprochen bieder und konservativ. Sie war weder verheiratet noch hatte sie Kinder. Sie konnte aber Orgel spielen wie keine andere.«

»Das mit den vielen Reparaturen in den letzten 14 Tagen war aber schon auffällig«, bemerkte Christa Jung. »Fast jeden zweiten Tag steckte sie im Orgelkasten, um irgendwelche Reparaturen durchzuführen. Sie hatte zwar auf jede Frage eine passende Antwort, so ganz plausibel war das aber nicht.«

Zwei Stunden später saß ich in meinem Büro in der Dienststelle und dachte nach. Ludwigshafen war eigentlich noch nie ein besonderer Brennpunkt bei Drogendelikten gewesen. Auf der anderen Seite: Gab es eine bessere Tarnung als eine unverdächtige Kirche? Zumal es eine Kirche war, die für ihr vielfältiges Veranstaltungsangebot bekannt war. Ohne Verdacht zu schöpfen, könnte die entsprechende Klientel die Kirche aufsuchen und ihren Deal machen. Ich notierte mir, sicherheitshalber den Pfarrgarten nach verdächtigen Anpflanzungen absuchen zu lassen, man konnte ja nie wissen.

Der Feierabend war wie immer. Zuerst räumte ich das Chaos in der Garage auf, weil Paul auf die Idee gekommen war, dort ein Baumhaus aus Winterreifen, den Bierzeltgarnituren und den Getränkekisten bauen zu wollen. Danach beseitigte ich den täglichen Hundehaufen der sogenannten *Tierliebhaber* auf unserem Gehweg. Nach dem Abendessen kam unsere Nachbarin, die redeextreme Frau Ackermann, auf einen Sprung vorbei, um uns mitzuteilen, dass sie sich neue Vorhänge für die Küche gekauft hatte. Als sie kurz vor Mitternacht schließlich ging, war der Tag bereits Vergangenheit.

Dienstage sind eine heikle Sache. Meist ist nicht viel los, und wir können uns im Büro um die wichtigen Dinge des

Beamtendaseins kümmern: das Entkalken der Kaffeemaschine, das Leeren des Lochers, einen Preisvergleich bei
den hiesigen Pizza-Lieferdiensten durchführen und weitere existenziell relevante Aufgaben. Wenn es dumm lief,
kamen irgendwelche Störfeuer hinzu, verursacht durch
kriminelle Elemente in unserem Zuständigkeitsgebiet.
Durch den gestrigen Montag war der normale Wochen-
ablauf gehörig durcheinandergeraten, und die diversen
Berichte der Kollegen landeten gefühlt im Minutenrhyth-
mus auf meinem Schreibtisch. Da ich immer um Effizienz
bemüht bin, beachtete ich die Akten zunächst nicht weiter
und stapelte sie lediglich in einem Ablagekorb. Erst wenn
alles komplett war, würde ich mich mit meiner geballten
kriminalistischen Erfahrung auf den Fall stürzen. Doch
leider kam es anders. KPD riss die Tür meines Büros auf.

»Was haben Sie jetzt schon wieder angestellt, Palzki?«,
donnerte er ohne Begrüßung los. »Kann man Sie nicht
einmal alleine nach Ludwigshafen zu einem ganz normalen Mordfall schicken? Wie haben Sie die Aufnahmeprü-
fung zum höheren Dienst geschafft?«

Da ich KPD kannte und wusste, dass dies sein normaler
Umgangston den Untergebenen gegenüber war, reagierte
ich nur mit einem lässigen »Was ist passiert?«

»Was passiert ist?«, brauste er auf. »Gestern eine Tote,
und Sie waren als Ermittler am Tatort. Und heute erneut
ein Toter in der Friedenskirche – wo soll das hinführen?«

KPD tat so, als wäre meine Anwesenheit ursächlich
für die Toten. Ich stand auf. »Wen hat es denn dieses Mal
erwischt?«

Mein Chef wusste es nicht. »Keine Ahnung, das müssten Sie eigentlich wissen. Sie waren doch gestern vor Ort!
Oder sind Sie die ganze Zeit an der Imbissbude gegenüber

der Kirche gestanden, während die anderen die Arbeit gemacht haben?«

Ohne eine Antwort zu geben, verließ ich mein Büro. Warum kam es nicht mal zu einem unerklärlichen Todesfall in unserer Dienststelle? Falls es, natürlich nur rein zufällig, KPD erwischen sollte, würde ich die Ermittlungen übernehmen und blöderweise nie zu einem Resultat kommen. Wäre ja noch schöner, einen Wohltäter vor Gericht zu stellen!

Mit solchen abstrusen Gedankengängen schluckte ich meinen Ärger über KPD herunter, während ich nach Friesenheim fuhr. Ich überlegte, tatsächlich einen kurzen Abstecher zum Imbiss zu machen, entschied mich aber dagegen.

Heute wurde ich trotz ähnlicher Absperrung wie gestern nicht empfangen. Erst als ich in der Kirche die imposante Treppe nach oben nehmen wollte, rief eine Stimme von unten: »Wo wollen Se denn hi? Do unne sinn mir.«

Ich drehte um und nahm die Treppe zum Kellergeschoss. Hier gab es einen großzügigen Vorraum. Ein Schild mit der Aufschrift »Toiletten« zeigte auf einen breiten Durchgang. Dort stand der Dialekt sprechende Kollege von gestern. »Dass mer uns so schnell widder sehe, hätt isch net gedenkt. Kumme Se mit.«

»Zu den Toiletten?«, fragte ich neugierig.

»Ach was«, winkte er ab. »Mer misse do hinnere, um zu de Katakombe zu kumme.«

Ich war auf vieles vorbereitet, aber auf das, was sich mir bot, als der Kollege eine Metalltür öffnete, nicht. Die komplette vordere Hälfte des Kirchenrundes bestand aus einem einzigen Raum und sah absolut beängstigend aus. Alle paar Meter standen, scheinbar völlig ungeordnet, mal dicke Pfeiler aus Beton und mal dünnere aus Ziegelsteinen und trugen offensichtlich die Last des gesamten Gebäudes. Die Decke und die Außenwand waren im Rohzustand, und hier und da blitzten Armierungseisen durch. Bis auf den hinteren Teil, der mit grellen Scheinwerfern ausgeleuchtet war, lag der Raum im Halbdunkel.

Am Ende der Katakomben sah ich den Schlamassel: eine männliche Person mit eingeschlagenem Schädel.

»Weiß man schon, wer der Tote ist?«

»Eijo, dess is de Herbert Knifflinger, der war do in de Kerch Pressbitter oder wie ma do so sagt.«

In dem Moment nahm ich Manfred Storck und Christa Jung wahr, die abseits standen und wenig erbaut wirkten. »Guten Tag«, begrüßte ich die beiden. »Wer hat die Leiche heute gefunden?«

Storck schaute verlegen zu Boden. »Ich schon wieder. Es ist wie verhext.«

»Was wollten Sie hier unten? Soviel ich sehe, ist der Keller leer. Von dem Graffiti in der hinteren Ecke mal abgesehen.«

»Da haben früher Musikbands geprobt«, klärte er mich auf. »Bei meinem Rundgang heute Morgen ist mir die offen stehende Tür aufgefallen. Normalerweise ist sie immer abgeschlossen, es gibt nur diesen einzigen Zugang. Dann habe ich festgestellt, dass die Beleuchtung ausgefallen ist.« Er deutete auf einige Leuchtstofflampen, die ausgeschaltet waren. »Die wurden erst vor wenigen Wochen installiert, als das Bodenfundament eingebracht wurde. Vorher gab es in den Katakomben nur zwei provisorische Notleuchten. Alles war hier unten voller Schutt und Gerümpel.«

»Und wie haben Sie den Toten gefunden?«

»Ich wollte wissen, was los ist, und bin mit meiner Taschenlampe rein. Ich war schon tausendmal in diesem Keller. Und hier, in der hintersten Ecke, fand ich unseren Presbyter Herbert Knifflinger.«

»Herr Palzki?« Ich blickte mich um und glaubte, ein Déjà-vu zu haben: Einer der Spurensicherer hielt eine Plastiktüte in der Hand, in der sich viele kleinere Tütchen mit Pulver befanden. »Haben wir unter dem Körper gefunden.«

»Der auch?«, fragte ich überrascht. War die Friedenskirche eine Drogenhochburg? So ganz schien mir die Geschichte nicht zu gefallen, die Drogentüten waren zu offensichtlich.

»Wie lange ist der schon tot?«

Der untersuchende Arzt blickte kurz zu mir auf.

»Nicht länger als drei oder vier Stunden.«

Damit stand fest, dass die Toten in der chronologisch richtigen Reihenfolge aufgefunden wurden. Ich wandte mich an Herrn Storck. »Wissen Sie inzwischen, warum die Leuchten ausgefallen sind?«

Er nickte. »Die Sicherung wurde herausgedreht. Die Spurensicherung hat mir allerdings verboten, eine neue reinzudrehen. Die wollen erst den Sicherungskasten unter die Lupe nehmen.«

Ich beschloss, die Katakomben zu verlassen. Ein Raum, in dem man Horrorfilme drehen konnte, war kein Ort, in dem ich mich gerne aufhielt.

»Herr Storck, Frau Jung, ich werde mich bei Ihnen melden, sobald ich die Untersuchungsberichte habe. Kann ich Sie morgen erreichen?«

Die beiden nickten, und Herr Storck überreichte mir seine Visitenkarte. Jetzt aber zur Imbissbude, dachte ich und atmete auf. Hoffentlich geht die Woche nicht so weiter.

Während Kriminalhauptkommissar Reiner Palzki den einen oder anderen Cheeseburger verdrückte, kam es gegenüber der Straße in der Kirche zu einem vertraulichen Gespräch.

»Das haben wir prima gemacht, Christa«, flüsterte Manfred Storck seiner Begleiterin zu. »Niemand wird uns auf die Schliche kommen. Damit haben wir drei Fliegen mit einer Klatsche erschlagen.«

»Ich bin wirklich froh, dass wir nun endlich die blöden Drogen los sind, die wir während der Renovierung der Katakomben gefunden haben«, antwortete Christa Jung ebenso leise und ergänzte: »Und den beiden nervigen Kollegen weine ich auch keine Träne nach.«

Manfred Storck lächelte etwas verstohlen. »Dass man jemanden so leicht aus dem Weg räumen kann, hätte ich nicht gedacht. Aber das Beste ist, dass wir mit unserer kleinen privaten Aktion deutschlandweit in die Presse kommen. Das Fernsehen kommt nachher auch vorbei. Vergiss bitte bei den Interviews nicht, deutlich auf unsere Veranstaltungen hinzuweisen.«

BONUS 2: RATEKRIMI –
PALZKI UND DER ASTRONAUT

Es hätte so ein schöner Tag werden können.

Das Weltall hatte schon immer eine mystische Faszination auf mich ausgeübt. Sei es als kleines Kind beim Betrachten des nächtlichen Firmaments oder als Jugendlicher bei den vielen Besuchen im Planetarium. Meine Eltern behaupteten, meine Neigung zu astronomischen Themen wäre seit dem Tag meiner Geburt vorhanden. Zugegeben, ich kam just in der Nacht der ersten Mondlandung im Jahre 1969 auf die Welt, doch zu diesem Zeitpunkt war mir dieses Ereignis noch so ziemlich egal. Trotzdem, das Technik-Museum Speyer mit der größten Weltraumausstellung Europas besuchte ich auch als Erwachsener mindestens einmal im Jahr. Vor ein paar Jahren hatte ich den Fehler gemacht, die Ausstellung zusammen mit meinen Kindern zu besuchen, doch so einen Fehler macht man kein zweites Mal. Die Kinder, ständig von einer innerlichen Unruhe getrieben, rasten durch das Museum, um ja nichts zu verpassen und überall gewesen zu sein. Als Erwachsener ließ man den Besuch eher geruhsamer angehen und neigte zudem dazu, die vielen Erklärungen und Informationstafeln zu den Ausstellungsstücken zu lesen. Dies stand absolut im Widerspruch zu den Wünschen unserer Kinder, denen die Erklärungen fast immer egal waren.

Erfreut hatte ich in der letzten Woche in der Zeitung gelesen, dass ein Astronaut und Physiker nach Ludwigshafen in den Pfalzbau kam, um einen seiner Vorträge zu halten. Der Name des Vortragenden sagte mir zwar nichts, doch auch ich kannte natürlich nicht alle Experten aus diesem Fach.

Voller Vorfreude fuhr ich an diesem betreffenden Tag nach Ludwigshafen. Die Zahl der interessierten Zuhörer hielt sich leider stark in Grenzen, was meine Erwartungshaltung aber nicht trübte.

John Walkings kam auf die Bühne und stellte sich vor. Er war etwa 60 Jahre alt und wirkte sehr fit. Zu Beginn zeigte er ein Stück eines originalen Mondsteins. »Den habe ich von meinem Vater Elroy«, erklärte er. »Elroy war ein Kamerad von Buzz Aldrin. Kennengelernt haben sie sich 1951 im Koreakrieg, als beide Kampfflieger waren.«

Natürlich wusste ich mit dem Namen Buzz Aldrin etwas anzufangen, doch Walkings erklärte es für alle. »Buzz Aldrin war mit Apollo 11 der zweite Mann auf dem Mond, gleich nach Louis Armstrong. Als zweiter Mensch auf dem Mond ist er leider nicht so bekannt wie Armstrong.« Er schaute sich um. »Weiß von Ihnen jemand, wie der dritte Mann hieß, der bei der Apollo 11 Mission dabei war?«

Sofort streckte ich meine Hand und rief: »Michael Collins!«

Dass mich die anderen Zuhörer anstarrten, machte mir nichts aus. »Hervorragend«, antwortete Walkings, kam zu mir und schüttelte mir die Hand. »Collins hat den Mond aber nie selbst betreten. Er blieb in der Kommandokapsel und umrundete mit ihr den Mond, während Louis Armstrong und Buzz Aldrin den Mond betraten.«

Im Hintergrund liefen nun auf einer Leinwand alte Schwarz-Weiß-Aufnahmen von der Mondlandung. Dann sah man einen Astronauten. Dieses Bild war sehr bekannt. Walkings trat erneut vor und erklärte: »Fast jeder meint, die berühmte Aufnahme zeigt Armstrong. Doch dies ist leider falsch. Die erste Aufnahme auf dem Mond, auf der ein Astronaut abgebildet ist, zeigt Buzz Aldrin. Es gibt fast keine Aufnahme von Louis Armstrong auf dem Mond.«

Nun schlug Walkings einen Bogen zu seiner eigenen Tätigkeit als Astronaut. Sie hatte aber nichts mit den spannenden Apollo-Missionen zu tun, und auf dem Mond war er auch nicht. Dennoch war es interessant, aus dem Leben eines Astronauten berichtet zu bekommen. Blöderweise hatte ich ein seltsames Gefühl in der Bauchgegend. Es lag nicht am Hunger, sondern an einem Fehler in der Berichterstattung Walkings, der mich stutzig gemacht hatte. So etwas dürfte eigentlich nicht passieren. Ob er wirklich der Experte war, für den er sich ausgab?

Lösung siehe www.palzki.de

BONUS 3: REINER PALZKIS WEIHNACHTSGESCHICHTE ›UND JÄHRLICH GRÜSST DAS WEIHNACHTSFEST‹

Es hätte so ein schönes Jahr werden können.

»Ich kann nicht mehr. Ich bleibe dieses Jahr zu Hause.« Mit flehendem Blick sah ich zu meiner Frau Stefanie auf.

»Selbst schuld, warum musstest du beim Abendessen so viel in dich reinstopfen. Los, steh endlich von der Couch auf, in einer halben Stunde beginnt die Christmette.«

Gemeinsam mit unseren ebenfalls wenig erfreuten Kindern (Pauls Kommentar: Ich habe keine Zeit, ich muss den Star-Wars-Bausatz unbedingt fertig montieren. Melanies Kommentar: Bevor ich nicht alle Apps auf meinem neuen Handy habe, gehe ich nicht aus dem Haus.) gingen wir kurz darauf zur Kirche. Die Krawatte und das Hemd zwickten fürchterlich, mein Bauch fühlte sich wie ein zu fest aufgepumpter Medizinball an, die Kinder nervten um die Wette, nur an Stefanie war der Stress des Tages offenbar spurlos vorbeigegangen.

Die Kirche war rappelvoll, der Pfarrer strahlte. Meine Frau nahm Melanie das Handy ab und Paul den Bausatz, den er mit in die Kirche geschmuggelt hatte.

Zugegeben, die Messe war abwechslungsreich und nicht uninteressant, dauerte für meine Verhältnisse aber deutlich zu lang, was vor allem an meinem momentanen

Befinden lag. Daher trafen mich die Abschiedsworte des Pfarrers wie ein Faustschlag: »Liebe Gemeinde, nach der Messe wird Frau Poem Ihnen ihre neuen Weihnachtsgedichte vortragen. Als Besonderheit steht sie heute als Engel verkleidet auf unserem neu renovierten Glockenturm.« Während Stefanie strahlte, fielen dem Rest der Familie die Kinnladen hinunter.

Fünf Minuten später standen wir mit allen anderen Kirchenbesuchern auf dem Vorplatz und starrten zum Turm hoch. Techniker hatten sogar für eine entsprechende Verstärkeranlage gesorgt.

Von Frau Poem sah man meist nur wenig. Voller Elan und übertriebener Betonung trug sie ihr selbst Gereimtes vor. Ich fror entsetzlich, doch die Länge und vor allem die Zahl der Gedichte nahmen kein Ende. Mir wurde schwindlig, und gleich würde ich umkippen. Mit glasigen Augen guckte ich noch mal nach oben und sah, wie Frau Poem vom Turm stürzte.

*

Durch den markerschütternden Todesschrei wachte ich auf: Ich saß noch in der Kirchenbank. Die Messe hatte gerade begonnen. Stefanie zischte mich böse an: »Wir sind keine fünf Minuten hier und schon bist du eingeschlafen. Jetzt reiß dich mal zusammen!« Ich tat mein Möglichstes. Nach gefühlt zwei Stunden war ich an den Grenzen meiner körperlichen Möglichkeiten angekommen. Alles, was sich im Altarbereich abspielte, begann sich vor meinen Augen zu drehen. Dann fielen sie zu.

*

Doch gerade in diesem Moment wachte ich auf, weil mich jemand kräftig schüttelte. Stefanie stand vor mir: »Nun mach endlich, in ein paar Minuten beginnt die Christmette und du liegst da und schläfst!« Ein Déjà-vu hatte ich schon lange nicht mehr. Und ausgerechnet heute! Musste ich diese Nacht wirklich ein weiteres Mal erleben? Die Antwort war eindeutig. Ein paar Minuten später machten wir uns auf den Weg zur Kirche. Ich glotzte auf den Kirchturm, konnte dort oben aber weder eine Person noch eine Lautsprecheranlage erkennen. In dem Moment machte sich mein Magen beziehungsweise Darm bemerkbar. Es war eindeutig: Ich hatte viel zu viel gegessen. Und das musste ich heute bitter bereuen. Wenn ich in meinem Zustand mit in die Kirche ging, würde der Abend in einem Desaster enden. Während ich über eine passende Ausrede nachdachte, wurde mir schummrig vor den Augen.

*

Doch in dieser Sekunde wachte ich auf. Mein Sohn Paul war mit einem Hechtsprung auf meiner vollen Blase gelandet. »Steh endlich auf, du alter Mann! Es ist Weihnachten, und heute Abend gibt's Geschenke. Wehe, wenn der Star-Wars-Bausatz nicht unter dem Weihnachtsbaum liegt!«

Nachdem ich mich geistig und körperlich wieder unter Kontrolle hatte, fand ich meine Frau in der Küche. Sie lächelte mich an und zeigte auf Unmengen von leckeren Lebensmitteln. »Heute ist Heiligabend, mein Schatz. Die nächsten drei Tage darfst du ausnahmsweise mal so richtig reinhauen. Na, wie gefällt dir das?«

Ich nahm Stefanie in den Arm. »Wie wäre es, wenn wir uns diese Weihnachten mit dem Essen ein wenig zurückhalten würden? Du weißt ja, wie oft ich in letzter Zeit Bauchschmerzen hatte.« Meine Frau sah mich fassungslos an. Ich legte nach. »Vielleicht sollte ich wirklich sofort mit einer Diät beginnen. Was meinst du?«

In dem Moment kamen Melanie und Paul in die Küche gestürmt. »Können wir endlich fahren, Papa? Du hast uns doch versprochen, dass wir heute Mittag nach Speyer zur ›Currysau‹ fahren, damit Mama in Ruhe den Braten für heute Abend vorbereiten kann.«

HARALD SCHNEIDER
Mordsgrumbeere
. . . .
978-3-8392-1925-6 (Paperback)
978-3-8392-5107-2 (pdf)
978-3-8392-5106-5 (epub)

NACHTSCHATTENMORD Woher kommt die unbekannte Tote auf dem Biobauernhof »Kartoffel-Käfer« in Iggelheim? Kommissar Reiner Palzki steht vor einem Rätsel, als er im Büro der Vorarbeiterin eine Leiche findet, die niemand identifizieren kann. Er beginnt mit verdeckten Ermittlungen, als kurz darauf weitere Leichen gefunden werden. Dabei trifft er auf die Lehrerin Avril Walters, die aus England gekommen ist, um als selbsternannte Miss Marple in einer längst vergangenen Sache zu ermitteln. Gemeinsam kommen die beiden einem lang gehegten Geheimnis auf die Spur, das zu einem Schatz führen könnte.

GMEINER SPANNUNG

WWW.GMEINER-VERLAG.DE
Wir machen's spannend

HARALD SCHNEIDER
Sagenreich
. . . .
978-3-8392-1743-6 (Paperback)
978-3-8392-4749-5 (pdf)
978-3-8392-4748-8 (epub)

NIBELUNGENSCHATZ Gibt es den Schatz der Nibelungen tatsächlich?

Während der Festspiele in Worms wird eine Komparsin erstochen. Hat der Mord etwas mit dem wiederentdeckten Originaltext des Nibelungenliedes zu tun? Könnte dieser zum Schatz führen? Zum sagenumwobenen Gold der Nibelungen? Weitere Bluttaten folgen und für Hauptkommissar Reiner Palzki beginnt eine gefährliche Jagd zwischen Sage und Realität.

HARALD SCHNEIDER
Weinrausch
. . . .
978-3-8392-1686-6 (Paperback)
978-3-8392-4649-8 (pdf)
978-3-8392-4648-1 (epub)

MÖRDERISCHE WEINIDYLLE Palzkis Chef Klaus Pierre Diefenbach lädt einen Teil seiner Mitarbeiter auf den Bad Dürkheimer Wurstmarkt ein. Ein Todesfall mit vergiftetem Wein am benachbarten Schubkarchstand katapultiert Palzki mitten hinein in die für ihn fremde Welt des Weingenusses. Weitere spektakuläre Todesfälle im Geilweilerhof, dem Institut für Rebenzüchtung, und in einer Nudelfabrik sorgen für Ungemach. Und als Palzki schwer verletzt und von seinen Aufgaben entbunden wird, recherchiert er undercover weiter …

GMEINER SPANNUNG

WWW.GMEINER-VERLAG.DE
Wir machen's spannend

Das Neueste aus der Gmeiner-Bibliothek

Unser Lesermagazin

Bestellen Sie das
kostenlose Krimi-
Journal in Ihrer
Buchhandlung
oder unter
www.gmeiner-verlag.de

Informieren Sie sich ...

www ... auf unserer Homepage:
www.gmeiner-verlag.de

@ ... über unseren Newsletter:
Melden Sie sich für unseren Newsletter an
unter www.gmeiner-verlag.de/newsletter

f ... werden Sie Fan auf Facebook:
www.facebook.com/gmeiner.verlag

Mitmachen und gewinnen!

Schicken Sie uns Ihre Meinung zu unseren Büchern
per Mail an gewinnspiel@gmeiner-verlag.de
und nehmen Sie automatisch an unserem
Jahresgewinnspiel mit »mörderisch guten« Preisen teil!